普通高等院校汽车工程类规划教材

汽车工程概论

（第2版）

凌永成 主编

李雪飞 崔永刚 曹师今 参编

U0362149

清华大学出版社

北京

内 容 简 介

本书是按照教育部关于车辆工程专业本科和"卓越工程师教育培养计划"的总体目标,并结合汽车类专业的实际需求编写的。

本书共分 10 章,紧紧围绕汽车工程,在简要介绍汽车发展史、汽车分类与性能、汽车基本构造等内容的基础上,重点阐述汽车工程材料、汽车设计工程、汽车试验工程、汽车制造工程等内容,对汽车认证与新车评价以及汽车报废回收与循环经济等相关知识也作了充分的介绍,是一本内容较为广泛、简明扼要地反映当代汽车及汽车工业新知识的教材。

本书可作为普通高等院校车辆工程(汽车)类专业教材,也可作为高等工程专科学校、高等职业技术学院以及自学考试、成人教育类汽车运用、汽车服务、汽车维修类专业教材,还可作为广大汽车工程技术人员和汽车爱好者的参考读物。

图书在版编目(CIP)数据

汽车工程概论/凌永成主编. —2 版. —北京:清华大学出版社,2018(2024.1 重印)
(普通高等院校汽车工程类规划教材)
ISBN 978-7-302-50264-7

Ⅰ. ①汽… Ⅱ. ①凌… Ⅲ. ①汽车工程-高等学校-教材 Ⅳ. ①U46

中国版本图书馆 CIP 数据核字(2018)第 100617 号

责任编辑:许 龙 赵从棉
封面设计:傅瑞学
责任校对:赵丽敏
责任印制:宋 林

出版发行:清华大学出版社
    网 址:https://www.tup.com.cn,https://www.wqxuetang.com
    地 址:北京清华大学学研大厦 A 座   邮 编:100084
    社 总 机:010-83470000   邮 购:010-62786544
    投稿与读者服务:010-62776969,c-service@tup.tsinghua.edu.cn
    质量反馈:010-62772015,zhiliang@tup.tsinghua.edu.cn
印 装 者:三河市人民印务有限公司
经 销:全国新华书店
开 本:185mm×260mm 印 张:20 插 页:1 字 数:486 千字
版 次:2010 年 2 月第 1 版 2018 年 6 月第 2 版   印 次:2024 年 1 月第 5 次印刷
定 价:59.80 元

产品编号:076508-03

第 2 版 前言

教材是教学之本,是教学质量稳步提高的基本保障。教材内容必须与时俱进,紧跟技术发展的步伐,反映工程技术领域的新结构、新工艺、新特点和新趋势。

随着近几年来国内外汽车技术的迅猛发展,《汽车工程概论》第 1 版的部分内容已显陈旧,需要删减和更新;同时,许多汽车新技术、新材料、新标准则需要补充和加强。为此,我们组织力量对《汽车工程概论》第 1 版进行了全面的修订。

本书是按照教育部关于车辆工程专业本科和"卓越工程师教育培养计划"的总体目标,并结合汽车类专业的实际需求编写的。

本书共分 10 章,紧紧围绕汽车工程,在简要介绍汽车发展史、汽车分类与性能、汽车基本构造等内容的基础上,重点阐述汽车工程材料、汽车设计工程、汽车试验工程、汽车制造工程等内容,对汽车认证与新车评价以及汽车报废回收与循环经济等相关知识也作了充分的介绍,是一本内容较为广泛、简明扼要地反映当代汽车及汽车工业新知识的教材。

本书可作为普通高等院校车辆工程(汽车)类专业教材,也可作为高等工程专科学校、高等职业技术学院以及自学考试、成人教育类汽车运用、汽车服务、汽车维修类专业教材,还可作为广大汽车工程技术人员和汽车爱好者的参考读物。

本书是按照授课时数约为 60 学时编写的,各学校在选用本书作为教材时,可根据自己的教学大纲适当增、减学时。

本书条理清晰,层次分明,语言简练,图文并茂,内容全面,重点突出,详略得当,删除了冗长的理论分析,强化了汽车工程实用技术的介绍,教材内容的取舍以充分满足汽车工程师知识结构的要求为出发点,特别注重理论与实践的紧密结合,内容具有极强的针对性和实用性,旨在开阔学生的专业知识视野,切实培养和提高学生的技术应用能力,是一本具有鲜明特色的实用规划教材。

本书第 1 章、第 2 章由曹师今编写,第 3 章、第 4 章、第 9 章、第 10 章由李雪飞编写,第 5 章由崔永刚编写,第 6 章、第 7 章、第 8 章由凌永成编写,全书由凌永成统稿。

沈阳大学黄晓云教授作为主审,对全书进行了认真的审阅,并提出了许多宝贵意见,使本书结构更为严谨,在此深表谢忱!

在本书编写过程中,曾得到许多专家和同行的热情支持,并参考和借鉴了许多国内外公开出版和发表的文献,在此一并致谢!

由于时间仓促,水平有限,书中难免存在不足或疏漏之处,恳请广大读者批评指正,以便再版时修订。

为方便选用本书作为教材的任课教师授课,编者还制作了与本书配套的电子课件。有需要的教师可致信凌永成邮箱 lyc903115@163.com 索取,编者会无偿提供。

凌永成

2018 年 5 月

第 1 版 前 言

    本书是根据教育部关于车辆工程专业本科教育目标和培养方案及课程教学大纲的要求编写的。

    本书共分 14 章,紧紧围绕汽车工程,在简要介绍汽车发展史、汽车分类与性能、汽车基本构造等内容的基础上,重点阐述汽车工程材料、汽车设计与试验、汽车制造技术、汽车性能检测、汽车法规等内容,对汽车营销、运用、维修以及汽车报废回收与循环经济等相关知识也作了充分的介绍,是一本内容较为广泛、简明扼要地反映当代汽车及汽车工业新知识的教材。

    本书可作为普通高等院校汽车类专业教材,也可作为高等工程专科学校、高等职业技术学院以及职业培训学校的汽车运用、汽车服务、汽车维修类专业教材,还可作为广大汽车工程技术人员和汽车爱好者的参考读物。

    本书是按照授课时数约为 60 学时编写的,各学校在选用本书作为教材时,可根据自己的教学大纲适当增、减学时。

    本书条理清晰,层次分明,语言简练,图文并茂,内容全面、重点突出,详略得当,删除了冗长的理论分析,强化了汽车工程实用技术的介绍。教材内容的取舍以充分满足汽车工程师知识结构的要求为出发点,特别注重理论与实践的紧密结合,内容具有极强的针对性和实用性,旨在开阔学生的专业知识视野,切实培养和提高学生的技术应用能力,是一本具有鲜明特色的实用规划教材。

    本书由凌永成和崔永刚主编,王妍和王夙囡为副主编。具体写作分工如下:第 1 章和第 10 章由王妍编写,第 2 章由李雪飞编写,第 3 章由刘国贵编写,第 4 章由赵炬编写,第 5 章由崔永刚编写,第 6~8 章由凌永成编写,第 9 章由白东哲编写,第 11 章由王夙囡编写,第 12 章由曹师今编写,第 13、14 章由张桂卿编写。

    沈阳理工大学赵海波教授作为主审,对全书进行了认真的审阅,并提出了许多宝贵意见,使本书结构更为严谨,在此深表感谢!

    在本书编写过程中,曾得到许多专家和同行的热情帮助,并参考和借鉴了许多国内外公开出版和发表的文献,在此一并致谢!

    由于时间仓促,水平有限,书中难免存在不足或疏漏之处,恳请广大读者批评指正,以便再版时修订。

    为方便选用本书作为教材的任课教师授课,编者还制作了与本书配套的电子课件。有需要的教师可致信凌永成邮箱 lyc903115@sohu.com 索取,编者会无偿提供。

编 者

2010 年 1 月

目 录

第 ◇1◇ 章　汽车工业简史

！教学提示：作为改变世界的机器,汽车对人类社会生活产生了深远的影响。回顾汽车工业发展简史,对激发学生的学习热情,弘扬和传播汽车文化具有重要意义。

！教学要求：本章主要介绍汽车工业发展简史和汽车对人类社会生活的影响,重点内容是汽车工业发展简史。要求学生了解汽车对人类社会生活的深远影响,熟悉汽车发展的历史进程。

1.1　汽车——改变世界的机器

汽车社会的前提是大众可以普遍享受汽车文明。汽车极大地扩张了人们的生活半径,也改变了社会的产业结构、生产和生活方式。汽车已渗透到现代社会活动的各个方面,从生产活动到日常生活,从体育竞技到军事行动,哪里都离不开汽车。

1. 汽车——世界工业经济发展的龙头

在世界工业化进程中,汽车扮演了极其重要的角色。汽车是世界上唯一兼有零件数以万计、产量数以千万计、保有量数以亿计的综合性、高精度、大批量生产的工业产品,汽车工业的发展促进了先进生产方式的产生与发展。

汽车工业的发展,有力地带动了交通、能源、冶金、制造、化工、电子等一大批相关产业的发展,汽车工业是世界上第一个全球化的工业。在很多发达国家及发展中国家,汽车工业已成为非常重要的支柱产业。

世界经济发展到今天的水平,汽车工业有不可磨灭的贡献。在当今世界经济中,汽车产业起着举足轻重的龙头作用。

2. 汽车——科学技术的舞台

走进汽车科技的殿堂,你会发现数不胜数的科技成果。100 多年以来,多少人为汽车技术的发展呕心沥血,贡献出他们的聪明才智,使汽车从一种简单的机械逐渐演变为一个集多学科、高技术于一身的现代化机电产品。

在汽车发展的各个时期,都折射出当时科学技术发展的辉煌。由于汽车在社会、经济、生活中的影响力,机械、电子、化学、材料、光学等众多学科技术领域取得的成就都力图在汽车上一显身手。汽车也给各种先进技术提供了一个展示的舞台,让各学科都能在这里有用武之地。

电子技术突飞猛进的发展,为汽车拓展出一片新的天地。电子技术、信息技术在现代汽车上的广泛应用,使汽车这个传统的机械产品嬗变为机电一体化产品,而现代汽车中"电"的部分已占到其技术含量的 40％以上。反映在汽车上的科学技术,可谓博大精深。

3. 汽车——代表着现代文明的辉煌

汽车推动着世界经济的车轮向前滚动,也改变着人类的社会生活,汽车把人们从手拉肩扛、跋山涉水的艰辛中解放出来,把消耗在漫漫旅途上的时间节省下来。

汽车在空间上使世界变小,在时间上加快了社会进步的步伐。汽车使人们眼界更宽,心胸更广,生活更加丰富多彩。除了带来运输的便捷,汽车对社会更深层次的影响是它改变了我们的生活方式,形成了汽车文化。

人们上班、工作、购物、游玩,不能没有汽车,汽车给人们带来舒适,带来愉悦,带来物质上和精神上的追求和享受。在现代生活中,人们已经离不开汽车了。

在国防方面,汽车不仅是运送军事物资和后勤给养的主要工具,而且是完成作战部队快速调动的重要手段。此外,不少武器装备本身就是以车辆系统为其重要组成部分的,如坦克、战车、自行火炮等。汽车,代表着人类现代文明的辉煌!

4. 汽车——优化交通结构的主力军

现代交通结构基本上是由火车、汽车、飞机、船舶等现代交通工具组成的,各自在交通结构中发挥着重要作用,而汽车所具有的普遍性和灵活性则是其他现代交通工具所无法比拟的。

普遍性体现在汽车既可作为公共交通工具,又可作为家庭和个人的交通工具;既适于大批量客货运输,也适于小批量客货运输。灵活性体现在汽车属于面上交通工具,只要有道路就能行驶,它既可通向各个城市,又可通向广大农村,实现"门对门"服务,而火车、飞机等则不可能实现。

由于汽车所具有的普遍性和灵活性,才使得现代交通结构实现公共交通与个人或家庭相结合,大批量运输与小批量运输相结合,从而使现代交通结构达到了完美的地步。

5. 汽车——也是一把双刃剑

汽车在给现代人带来速度、便利、享受和满足的同时,也造成了石油资源大量消耗、废气排放、噪声污染和交通安全等问题。

汽车的排放污染、噪声污染,在很多城市已经成为环境污染的罪魁祸首。汽车造成的交通事故,使世界每年逾 20 万人、我国每年逾 4 万人命丧车轮之下,远远超过中等规模的常规战争造成的人身伤害。汽车对石油的大量消耗,不禁使人担心地球的能源资源还能负担多少年。

这一切,说明汽车不仅仅是在造福于人类,同时也给人类社会和人类社会赖以生存的环境带来了威胁。汽车公害,是遮掩汽车辉煌的一层阴霾。

社会在发展进步,人民的生活质量在提高,人们对自然环境和地球资源的保护意识在增强,对汽车的要求也相应地越来越高。汽车的公害问题亟待解决。

多年来,各国科学家、技术工程人员为此进行了不懈的努力,取得了卓有成效的进展。目前,安全气囊、防抱死制动系统等安全辅助装置已开始步入大量应用阶段;防撞报警系统、疲劳驾驶报警系统等亦在开发之中。

由上述可知,现代汽车在与能源、环境、交通安全等问题的抗争中不断以新的面貌出现,继续伴随着现代人去创造更加灿烂的明天。

1.2 汽车的产生与发展

1.2.1 愿望与设想时期

1. 我国的古代车辆

在我国古代车辆发展进程中,有重要技术价值的要数指南车和记里鼓车。

在三国时期,有一位叫马钧的技术高明的大技师发明了指南车(见图1-1)。指南车是一种双轮独辕车,车上立一个木人伸臂指南。只要一开始行车,不论向东或向西转弯,木人的手臂始终指向南方。

记里鼓车(见图1-2)是在公元3世纪时,中国最先发明的记录里程的仪器,可惜最初结构已失传,到宋代才由燕肃重新制造成功。

指南车和记里鼓车都是利用齿轮传动原理来工作的。它的出现,体现了1700多年前我国车辆制造工程技术已达到的水平,是我国古代车辆技术的卓越成就。

2. 自走式车辆的幻想与探索

图 1-1 马钧发明的指南车(复制品)

1420年,有人制造出了一种滑轮车(见图1-3)。人坐在车内,借用人力使绳子不停地转动滑轮。车虽然走了起来,但由于人力有限,这辆车的速度不能充分地得以发挥,比步行还要慢。

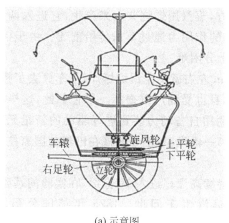

(a) 示意图

(b) 复制品

图 1-2 记里鼓车

1649 年,德国一个钟表匠汉斯·郝丘制造了一台发条式的汽车(见图 1-4)。但是这台发条车的速度不到 1.6km/h,而且每前进 230m,就必须把钢制发条卷紧一次,这个工作的强度太大了,所以发条车也没有能够得到发展。

图 1-3　滑轮车　　　　　　　　　　　　　　　　图 1-4　发条车

到了 17 世纪后期,利用火药爆发力、蒸汽压力、活塞运动机构等技术的发明纷纷出现,终于导致 1705 年纽可门(Thomas Newcomen)的活塞往复运动压板式蒸汽机作为扬水泵而付诸实用。接着,在 1759—1769 年间,瓦特(James Watt)进一步改良了蒸汽机,将利用蒸汽冷凝产生真空从而产生动力的方式改为直接利用蒸汽压力的方式,制成了以曲轴变往复运动为回转运动的人类最初的通用动力机械,使蒸汽机进入了实用阶段,同时也加速了依靠自身的动力驱动车轮回转的车辆诞生。

蒸汽汽车是在 18 世纪后半期开始进入实用阶段的。到了 19 世纪末期已有了制作得非常精巧的汽车问世。可以说这些技术是产生今天以内燃机为动力的现代汽车的母体。从这个意义上讲,不断发展并一直延续至今的汽车的历史是与蒸汽汽车的历史密切相连的。

1.2.2　汽车早期探索时期

1. 蒸汽汽车

毫无疑问,世界上最初可载人的自备动力的车辆就是蒸汽汽车了。最早的一辆是法国人居纽(Nicolas Joseph Cugnot)在 1769 年制造的。这是一辆用来拉炮的蒸汽三轮车(见图 1-5),一个硕大的铜制锅炉被放置在前轮的前方,蒸汽用燃烧柴火来产生,它进入两个汽缸,使两个活塞交替运动。由于没有曲轴,故活塞的作用力通过车爪传给前轮。由于锅炉、汽缸等机件的重量都加在前轮上,使得操纵方向十分困难。

这辆车试车时速度仅 3.6km/h,只行驶了 1km 左右就发生锅炉爆炸,汽车失去了控制,结果车仰人翻,还撞坏了路边房屋的墙壁,车子本身也受到严重损坏。尽管如此,这毕竟使汽车朝实用化方向迈出了第一步,开创了轮式车辆用自备动力装置进行驱动的新纪元。第二年,亦即 1770 年,这辆车经过修整作为世界上第一辆汽车,至今珍藏在巴黎的国家技术及机械产品博物馆内。

此后,各国机械师开发设计蒸汽汽车的热情持续高涨。进入 19 世纪,在实验的基础上,设计与制作都有了进步,逐渐开始有实用的蒸汽汽车问世。1825 年英国公爵古涅(Goldsworthy Gurney)制成了第一辆蒸汽公共汽车(见图 1-6)。

图 1-5 蒸汽三轮车

图 1-6 第一辆蒸汽公共汽车

这辆车的发动机装在后部,后轴驱动,前轴转向。它采用了巧妙的专用转向轴设计,最前面两个轮并不承担车重,可由驾驶者利用方向舵柄轻便地转动,然后通过一个车辕,引导前轴转动,使转向变得轻松自如。

1831 年古涅利用这辆车开始了世界上最早的公共汽车运营业务,在相距 15km 的格斯特夏和切罗腾哈姆之间进行有规律的运输服务,跑完单程的时间约 45min。所以这辆车也被认为是世界上最早的公共汽车。

19 世纪末 20 世纪初,蒸汽汽车的燃料由煤转为石油,行驶速度不断增加(至 50km/h左右),操作简便性和乘坐舒适性也大为改善。当然这些与 1839 年固特异(Charles Goodyear)提出的加硫橡胶的利用和 1845 年汤姆逊(William Thompson)发明的充气轮胎所作出的贡献是分不开的。

2. 电动汽车

就在蒸汽汽车产生的初期,已有许多人投入对电动汽车的研制中。一般认为,1873 年英国戴维森制造的四轮卡车是最早的电动汽车。19 世纪 80 年代,在法国已制造了多辆名副其实的电动汽车。在美国,爱迪生和福特都对电动汽车的开发作出了很大贡献。

19 世纪 90 年代,电动汽车有了较快的发展,于 1898 年创立的哥伦比亚电气公司当时曾生产了 500 辆电动汽车。1899 年,法国的杰那茨(Camille Jenatzy)驾驶着电动汽车创造了 105km/h 的最高车速记录(见图 1-7)。

在以后的 20 年间,电动汽车与蒸汽汽车展开了激烈的竞争。但无论是电动汽车还是蒸汽汽车,最后都在竞争中让位于后起之秀——装有内燃机的汽车。其主要原因是电动汽车一次充电的续驶里程太短,而且蓄电池的质量和体积都很大(这一直是制约电动汽车发展的"瓶颈"问题),在车上为安放电池使室内空间过于狭小。对蒸汽汽车来说,则存在给水繁琐,起动时为达到必要的蒸汽压力所需时间太长以及存在安全性和公害方面的缺陷等。

图 1-7 1899 年杰那茨驾驶的电动汽车

1.2.3　近代汽车的诞生与技术发展期

1. 近代汽车的诞生

蒸汽汽车的缺陷促使人们寻求一种质量轻、功率大,可直接使燃料在汽缸中燃烧做功的内燃机来作为汽车动力。1838年,英国人巴尼特(Barnett)研制了原始的两冲程煤气机,后来英国人克拉克(Clerk)试图进一步完善它,但都未能投入实际使用。1860年,法国人雷诺(Etienne Lenoir)终于制成了第一辆可供实用的常压煤气发动机,并申请了专利。当时的煤气机无压缩行程,煤气用电火花点火燃烧而产生动力。由于无压缩行程,这种发动机的热效率很低。

1862年,法国人罗彻斯(Beau de Rochas)提出了四冲程发动机循环理论(该理论至今仍为内燃机所采用),并取得四冲程发动机的专利。

1876年,一直从事煤气机试验的德国人奥托(Nieolaus August Otto,见图1-8)运用循环理论,试制成功了第一台活塞与曲轴相结合,将煤气与空气的混合气经压缩冲程后再点火燃烧的往复式四冲程煤气机,为提高内燃机工作效率开辟了新途径。

这种内燃机利用活塞往复四冲程,将进气、压缩、燃烧膨胀(做功)、排气四个过程融为一体,使内燃机结构简化、整体紧凑。为了纪念奥托对内燃机发展所作的贡献,人们称这种循环为奥托循环。奥托的试制车间后来发展成为赫赫有名的道依茨(DEUTZ)发动机公司。

随着石油开始取代煤气,以及汽油汽化性好这一特点被研究者所注意,在奥托四冲程煤气机和梅巴克关于汽化器设想的基础上,1886年,戴姆勒将他制造的排量为0.46L、功率为0.82kW、转速为650r/min的发动机(见图1-9)装在一辆据说由美国制造的马车上,最高车速达到18km/h。这辆车被公认为是世界上第一辆汽油发动机驱动的四轮汽车(见图1-10)。

图1-8　奥托

图1-9　戴姆勒制造的汽油发动机

也是在 1886 年,另一位德国人卡尔·本茨(Carl·Benz,见图 1-11)研制成功一台单缸两冲程汽油机,并将其装在一辆三轮车上于 1886 年进行了公开试车(见图 1-12)。

图 1-10　1886 年戴姆勒的装有汽油机的四轮汽车

图 1-11　卡尔·本茨

这辆车可以说是近代汽车的原型。该车的单缸发动机排量为 0.576L,输出功率约 0.52kW,转速为 300r/min,车速约 15km/h,并具备了近代汽车的一些基本特点,如:电火花点火、水冷循环、钢管车架、后轮驱动、前轮转向、带制动手把等。这辆车(见图 1-13)现保存在慕尼黑科学博物馆内。

图 1-12　卡尔·本茨的妻子(贝尔塔)在试车

图 1-13　1886 年卡尔·本茨制造的
装有汽油机的三轮汽车

1886 年 1 月 29 日,卡尔·本茨向德国皇家专利局申请汽车专利,同年 11 月 2 日获得批准。图 1-14 为属于卡尔·本茨的世界上第一张汽车专利证书,专利号为 37435,类别属于空气及气态动力机械类,专利名为气态发动机车。

为了纪念这两位发明家,人们把戴姆勒和卡尔·本茨并称为汽车之父,并把 1886 年作为现代汽车诞生元年。

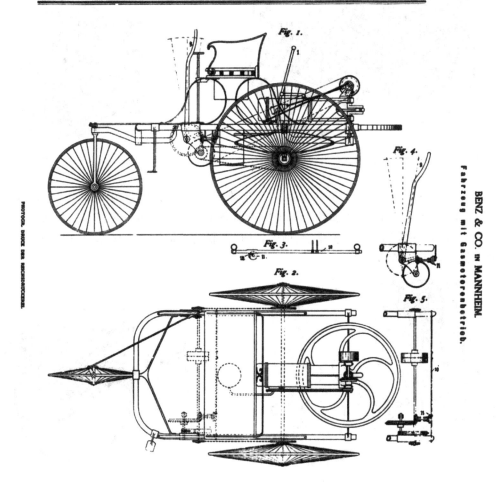

图 1-14　第一张汽车专利证书

2. 汽车的发展完善

德国人发明了汽车,但在促进汽车初期发展方面作出贡献最多的却是法国人。

1889 年法国人标致(Peugeot)研制成功齿轮变速器、差速器;1891 年法国人首次采用前置发动机后轮驱动,开发出摩擦片式离合器;1895 年法国人开发出充气式橡胶轮胎;1898 年法国的雷诺 1 号车采用了箱式变速器、万向节传动轴和齿轮主减速器;1902 年法国的狄第安首次采用了流传至今的狄第安后桥半独立悬架。

德国在 1893 年发明了化油器；1896 年英国首次采用转向盘和石棉制动器片。

1）发动机的完善

在这一时期，车用汽油机逐渐完善起来，汽油汽化与点火问题得到了解决。内燃机的冷却最初是用一根长而弯的管子让水循环流动来实现的，1901 年，迈巴赫发明了蜂窝状的冷却水箱，为高效率冷却打下了基础。

早期的汽车是靠手摇转动曲轴来起动发动机的。这种方式既费力又不方便，需要有两个人配合才行。最初消除手摇起动的设想是将压缩空气按点火顺序依次送进各缸以使曲轴转动。压缩空气是靠发动机工作时带动一个气泵而储存的，除了用于起动发动机外，还可给轮胎充气及带动千斤顶工作。但是这种起动方法并不成功。

1917 年，美国凯迪拉克公司研制了第一个电力起动机，它是用一个小电动机带动与曲轴相连的飞轮转动来起动发动机的。这项发明的关键在于认识到电动机能在瞬时超负荷运转，所以一个小电动机就可以带动曲轴转动至发动机点火起动。

有趣的是，这项发明最初是凯特林（Kettering，见图 1-15）为电动点钞机设计的，却歪打正着地用到了汽车上。

到了 1930 年，虽然摇动手柄（俗称"摇把子"）仍然是汽车的一个附件，但是摇动曲轴起动发动机的事，除极偶然的情况外，已经不大出现了。

2）传动系统的完善

汽车靠传动轴传递功率后，在传动轴与发动机之间安置了变速器，使发动机在一定的转速内工作，而汽车可以有不同的行驶速度。变速器中是靠齿轮传动的，主动齿轮与发动机连接，从动齿轮与驱动轴连接，行驶中换挡由于两个齿轮转速不同而啮合困难，强行啮合就有打齿的危险。

一开始，人们在变速器的前后各装一个离合器，换挡时，用这两个离合器将变速器中的齿轮轴与发动机和驱动轴都脱开。但是由于惯性，两齿轮转速达到同步还得有一段时间，再加上两个离合器配合操纵很复杂，使行驶换挡非常困难。

1929 年，凯迪拉克公司首先研制出同步器（见图 1-16），通过同步器中锥面相互摩擦使两个齿轮转速相同时才允许啮合。这样只要有一个离合器就行了，换挡时既轻便又不打齿，换挡时间也大大缩短了。

图 1-15　凯特林在修理一辆别克汽车

图 1-16　同步器

3）制动系统的完善

最初的汽车制动器是照搬马车上的结构,即用手刹带动一个单支点的摩擦片来抱住后轮。但是汽车所需的制动力要比马车大得多,而且汽车倒退时这种制动器常常失灵。当时一些汽车在底部安装一根拖针,当汽车在坡路上下滑时,拖针会扎入地下使车停住。

后来在车上又增加了脚刹,控制传动轴的转动。1914 年开始出现轮内鼓式制动器(见图 1-17)。1919 年,法国海斯柏诺-索扎公司制成用脚踏板统一控制的四轮鼓式制动器,并由变速器驱动一个机械伺服机构来增加制动力,使制动效果大为改善。

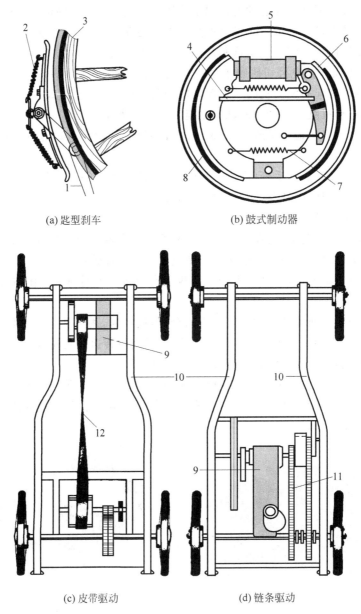

(a) 匙型刹车   (b) 鼓式制动器

(c) 皮带驱动   (d) 链条驱动

图 1-17　早期的汽车制动与传动装置

1—操作杆;2—弹簧;3—车轮;4—平衡棒;5—车轮分泵;6—制动蹄;7—回位弹簧;
8—制动蹄片(摩擦片);9—发动机;10—车架;11—链条;12—皮带

1921 年,美国的杜森伯格公司又推出了液压助力器,由一个主液压缸来放大制动力;以后又出现了气动助力的制动器。制动装置逐渐形成了脚刹控制轮边制动,手刹控制传动轴制动的普遍的结构形式。

4) 行驶系统的完善

初期的汽车还是使用实心木轮的,但很快大部分汽车都采用了自行车所用的辐条式的铁制轮毂,外套实心橡胶轮。采用这种实心轮,当车速超过 16km/h 时,车轮就会剧烈跳动,使驾驶员和乘客颠簸得无法忍受。这种实心轮有个非常形象贴切的名字——震骨架!

邓洛普发明了用于自行车的充气轮胎后不久,1895 年,法国的米其林兄弟(Andre and Edouard Michelin,见图 1-18)就制造出了用于汽车的充气轮胎。

当时这种轮胎虽然改善了汽车的舒适性,但漏气问题却成了驾驶员最头痛的事。当时汽车轮子还是不可拆卸的,所以补胎和换胎都要花费很多时间。为了解决这个问题,先是出现了辅助轮缘。当轮胎漏气后,靠这个轮缘行驶到最近的修车场去更换轮胎;后来出现了可拆卸的车轮,轮胎也分为内胎、外胎两层,外胎中用金属丝予以加强,从而使轮胎寿命大为提高,更换车轮(见图 1-19)也成了一件比较容易的事了。到了 20 世纪 20 年代后期,一般妇女都能完成更换车轮的工作。

图 1-18　米其林兄弟

图 1-19　更换车轮

5) 对道路建设的促进

当汽车发展起来后,公路却还是由碎石和泥土填成的,汽车行驶时不仅颠簸,而且扬起大量尘土。后来,人们发现沥青既可以消除尘土又可使路面平坦。

1910 年,英国成立了"公路署",专门负责修筑沥青公路。1914 年又开始出现水泥公路。

1924 年,意大利首先建造了高速公路,当然它还达不到现代高速公路的标准。1942 年,为了战时的需要,德国修筑了符合现代标准的高速公路。

以后,尤其是第二次世界大战之后,欧美各国都相继修筑大量的高速公路,其中美国的高速公路修得最长,多达 70000km。

高速公路的特点是每个行驶方向都有两条以上的行车道,相反方向的行车道之间有草地或灌木的隔离带,行车道之间没有平面交叉,也没有陡坡、急弯和其他不利于汽车行驶的障碍。在高速公路上行驶的汽车车速一般都在 80km/h 以上,欧洲一些国家车速可超过 120km/h,这就使得汽车的运行效率大为提高。

3. 汽车的大量生产和销售

汽车技术的日益成熟使生产销售成为可能。1901 年,美国人奥得尔生产和销售了 425 辆奥斯莫比尔牌(Oldsmobile,见图 1-20)汽车,1905 年达 6500 辆,从此开始了汽车大量生产的新纪元。

图 1-20　奥斯莫比尔牌汽车

1913 年,福特首先发明了科学设计的汽车流水生产线(见图 1-21),并且很快被其他汽车厂商所仿效而风行一时。

图 1-21　汽车流水生产线

福特汽车公司的 T 型车从 1908 年到 1927 年共生产了 1500 万辆,这一大量生产的世界纪录,到 20 世纪 60 年代才被德国大众公司的伏克斯瓦根牌(Volkswagen)甲壳虫汽车(见图 1-22)打破。据记载,到 1923 年美国已有 2/3 的家庭拥有一辆汽车。

为了使汽车能大量销售,在 1927 年以前,汽车技术集中解决经济性(包括购置、使用和维修费用在内)、可靠性和耐久性这类基本要求。例如 1915 年以前,前轮因转向而没有装设制动装

图 1-22　德国大众公司的甲壳虫汽车

置,而在这以后,出现了机械式四轮制动方式,大大提高了汽车的安全可靠性。

1926 年,汽车上开始有了液压制动器。为了提高燃油经济性,这一时期汽油机的压缩

比有了较大的提高,一些载货车上采用了更省油的柴油发动机。

1905 年,在美国的圣·路易斯发生了最初的汽车被盗事件,于是发明了带钥匙的点火开关。1917 年发明了电动起动机,这大大方便了驾驶员,否则驾驶员每次都要下车起动汽车。雨刷、制动灯、后视镜等也逐渐在这一时期被开发和使用。

1922 年,在仪表板上出现了燃油表,1929 年出现了车用收音机。渐渐地,现代汽车的基本要素均已具备。

4. 注重美观和舒适时期

1) 马车型汽车

最早出现的汽车,其车身造型基本上沿用了马车的形式,因此称为"无马的马车"。英文 Sedan 就是指欧洲贵族乘用的一种豪华马车,它不仅装饰讲究,而且是封闭式的,可防风雨和灰尘,并提高了安全性。

1908 年福特推出 T 型车时,车身由原来的敞开式改为封闭式,其舒适性、安全性都有很大提高。福特将他的封闭式汽车称为 Sedan。著名的福特 T 型车(见图 1-23)、1892 年的标致汽车(见图 1-24)、1902 年的梅赛德斯汽车和雷诺汽车都属于马车型汽车。

图 1-23　1908 年开始生产的福特 T 型车　　　　图 1-24　1892 年的标致汽车

2) 箱型汽车

随着车速的提高,迎面风使乘员难以忍受,为此考虑到改变汽车的外形,出现箱型汽车。这种造型的汽车从整体上看是四方形的,形似箱子,并装有车门和车窗,称箱型汽车。

DUESENBERG J 型汽车(见图 1-25)、1928 年的奥斯汀 12 型汽车和 1932 年的杜森博格 SJ 高级轿车都属于箱型汽车。

图 1-25　1930 年的 DUESENBERG J 型汽车

箱型汽车在造型中没有引进空气动力学原理,可以说是技术尚未成熟时代的产物。

3)甲壳虫型汽车

1934 年,流体力学研究中心的雷依教授,采用模型汽车在风洞中试验的方法测量了各种车身的空气阻力,这是具有历史意义的试验。

1934 年,美国的克莱斯勒公司首先采用了流线型的车身外形(见图 1-26)设计。

1937 年,德国设计天才费尔南德·波尔舍开始设计类似甲壳虫外形的汽车(见图 1-27)。甲壳虫不但能在地上爬行,也能在空中飞行,其形体阻力很小。波尔舍博士最大限度地发挥了甲壳虫外形的长处,使甲壳虫汽车成为当时流线型汽车的杰出代表。

图 1-26　1934 年的克莱斯勒流线型汽车　　　图 1-27　德国大众公司的甲壳虫汽车

此外,1940 年的林肯高级汽车、1946 年的福特汽车等采用流线型车身外形设计的汽车也属于甲壳虫型汽车。

从 20 世纪 30 年代流线型汽车开始普及到 40 年代末的 15 年间,是甲壳虫型汽车的黄金时代。

4)船型汽车

前面提到的甲壳虫型汽车存在着乘员空间过分狭小、车身过长过矮、对横向风的稳定性差等问题。甲壳虫型汽车的全盛时期从 1934 年起,大约延续了 15 年时间。1949 年起,无论是美国还是欧亚大陆均风靡船型车身。这种车身是福特汽车公司首先推出的,既考虑了机械工程学、流体力学诸因素,又强调了以人为主体,注重乘员舒适性和驾驶员操纵性。

如图 1-28 所示,1952 年的福特汽车是船型汽车的典型代表。此外,1952 年的别克汽车、1956 年的雪佛兰汽车和 1959 年的凯迪拉克汽车也都属于船型汽车。

图 1-28　1952 年的福特汽车

船型汽车改变了以往汽车造型的模式,使前翼子板和发动机罩、后翼子板和行李舱罩融为一体,大灯和散热器罩也形成一个平滑的面,车室位于车的中部,整个造型很像一只小船,所以人们把这类车称为船型汽车。

　　船型汽车是设计者首次把人体工程学应用到汽车设计上,强调以人为主体的设计思想。船型汽车不论从外形上还是从性能上来看都优于甲壳虫型汽车,而且还解决了甲壳虫型汽车对横风不稳定的问题。

　　从 20 世纪 50 年代开始一直到现在,不论是美国还是欧亚大陆,不管是大型车或者是中、小型车都大量地采用了船型车身,从而使船型造型成为世界上数量最多的一种车型。

　　5）鱼型汽车

　　为了克服船型汽车的尾部过分向后伸出,在汽车高速行驶时会产生较强的空气涡流作用这一缺陷,又开发出像鱼的脊背的鱼型汽车。

　　1952 年,美国通用汽车公司的别克牌汽车(见图 1-29)开创了鱼型汽车的时代,而 1969 年的 jaguar 汽车(见图 1-30)则把鱼型汽车的设计推向极致。

图 1-29　1952 年生产的别克牌汽车

图 1-30　1969 年的 jaguar 汽车

　　如果仅仅从汽车背部形状来看,鱼型汽车和甲壳虫型汽车是很相似的。但如仔细观察,会发现鱼型汽车的背部和地面所成的角度比较小,尾部较长,围绕车身的气流也就较为平顺,所以涡流阻力也相对较小。另一方面,鱼型汽车是由船型汽车演变而来的,所以基本上保留了船型汽车的长处,诸如车室宽大、视野开阔、车身侧面的形状阻力较小、造型更具动感、乘坐舒适等,这些都远远地超过了甲壳虫型汽车的性能。

　　另外,鱼型汽车还特别增大了行李舱的容积,所以更适合于家庭外出旅行等使用。正因为如此,鱼型汽车才得以迅速发展。但它也同时存在着一些致命的弱点:一是由于鱼型车的后窗玻璃倾斜得过于厉害,致使玻璃的表面积增大了 1～2 倍,强度有所下降,产生了一些结构上的缺陷;二是当汽车高速行驶时汽车的升力较大。

　　鉴于鱼型汽车的缺点,设计师在鱼型汽车的尾部安了一个上翘的"鸭尾巴",以此来克服一部分空气的升力,这便是"鱼型鸭尾式"车型(见图 1-31)。

图 1-31　1992 年的 porsche turbo 鱼型鸭尾式汽车

6) 楔型汽车

为了从根本上解决鱼型汽车的升力问题,汽车工程师们设想了种种方案,最后终于找到了一种楔型的设计方法。就是将车身整体向前下方倾斜,车身后部像刀切一样平直,这种造型能有效地克服升力。1963年阿凡提(Avanti)第一次设计了楔型汽车。楔型汽车在高速汽车设计方面已接近于理想的造型。

现在世界各大汽车生产国都已生产出带有楔型效果的汽车,这些汽车的外形清爽利落、简洁大方,具有现代气息,给人以美的享受。未来汽车的造型必然是在楔型汽车的基础上加以改进。例如,使前窗玻璃和发动机罩进一步前倾,尾部去掉阶梯状,成为真正的模型;车窗玻璃和车身侧面齐平,形成一个平面,后视镜等将通过合理的造型,以使风阻最小,或者由车内的电视屏幕来代替。总之,未来汽车的造型将更为平滑、流畅。

雪佛兰子弹头多功能汽车、兰伯基尼康塔什跑车、法拉利 521 型跑车(见图 1-32)、阿库拉 NSX 跑车和 1996 年的莲花跑车都是典型的楔型汽车。

图 1-32　法拉利 521 型跑车

5. 注重节能、环保和安全的时期

汽车保有量的不断增加使汽车排放物对人类健康的危害越来越明显,公众越来越注意到环境保护问题,各国竞相制定了环境保护法规,限制汽车排放物。最早立法的是美国加利福尼亚州,规定 1961 年新车应装有防止曲轴箱窜气的装置。1966 年以后,又规定新车需符合 CO、HC 的排放浓度限值(七工况法)。

1968 年,美国联邦政府采纳了加利福尼亚州法规;1971 年又增加了对 NO_x 的限制。环保要求对汽车技术,特别是对车用发动机的技术发展起了很大的推动作用。曲轴箱强制通风系统(positive crankcase ventilation,PCV)、废气再循环系统(exhaust gas recirculation,EGR)、排气三元催化系统、分层燃烧系统、稀混合气燃烧系统等新措施和新技术不断推出,缓解了汽车排放对人类健康和环境的威胁。

节能是汽车技术发展的永恒课题。1973—1974 年以及 1979—1980 年两次大的能源危机,使得汽车节能问题得到了进一步的重视。美国生产的大排量汽车逐步被日本和欧洲生产的小排量到中等排量的汽车所取代,继而美国各大汽车制造厂家也开始减小所生产的汽车的排量和车型尺寸。1980 年,美国公布实行的综合平均燃油经济性法规促进了汽车节能技术的快速发展。与此同时,寻求其他能源(代用燃料)在汽车上应用的研究也受到广泛注意,特别是甲醇燃料、液化石油气和压缩天然气燃料已有一定的商业应用。

汽车增多、车速提高以及人类对生存环境的进一步关心,促使公众越来越重视汽车的安全性。为解决安全性问题,汽车碰撞试验和设计中的人体工程学成为热门课题。

美国联邦安全委员会制定了一系列的安全法规,包括汽车碰撞时对乘员的保护、撞击时转向柱向后的位移量限制、车顶抗撞强度和侧门强度要求以及燃油系安全性要求等。

为了满足安全法规要求,汽车设计中发展了可吸收冲击能量的转向柱和前、后保险杠,安全挡风玻璃,软化的仪表板、遮阳板、头枕,强化的前门柱(A 柱)和中立柱(B 柱),抗撞击的车门等,从而显著提高了汽车的安全性。

1956 年,美国福特公司率先在汽车上使用安全带,随后其他厂商纷纷效仿,以后安全带则成为法定必装器具。近年来,安全性问题又得到进一步关注。例如,在车身结构中,提高最接近乘客处的车身骨架结构强度;制动系统中普遍采用防抱死装置(ABS),以提高制动效能和制动时的操纵稳定性;撞车时自动吹涨的安全气囊(见图 1-33)逐步成为汽车的必备装置;各种安全报警装置不断为用户所接受,等等。

图 1-33　安全气囊

6. 电子技术与计算机技术的应用

尽管在 20 世纪 80 年代以前电子技术与计算机技术已开始在汽车上得到应用,但广泛而大量的应用则是在 20 世纪 80 年代以后。目前,汽车的设计依靠计算机辅助设计(computer aided design,CAD),通过大量设计计算、方案优化,使各部分构件的设计更合理,材料利用率更高,汽车进一步轻量化,性能指标进一步提高。汽车制造依靠计算机控制的柔性生产线,各种机器人保证了产品的制造质量与生产节奏,一条生产线可同时生产几种不同的车型。

电子技术在汽车上的应用快速增长。美国 1980 年每辆车平均装用的电子装置价值不到 300 美元,到了 1990 年这个值已增加到每辆车 872 美元。电子装置的应用改善了排气污染,降低了燃料消耗,提高了驾车、乘车的舒适性。许多操作和控制均可由电子器件自动完成。在高速公路上恒速行驶(巡航行驶)时可不踩油门;行驶中遇有危险时,自动报警器会给驾驶员以提示;在车内可享受与家里一样的高保真音响;当遇到道路堵塞时,车上的导航计算机可指示驾驶员如何避开堵塞路段;修车这种工作可由车内的故障自诊断系统和维修站的功能齐全的智能化检测设备完成。总之,计算机技术和电子技术的应用已成为衡量汽车技术水平高低的重要标志。

除了在燃料供给系统中采用电控喷射技术之外,电子控制技术还逐步渗透到内燃机的点火正时、废气再循环、可变配气正时系统中,并与自动变速器、主动悬架、全自动空调、自动巡航、防抱死制动系统等实现协同控制,组成整车控制网络,控制系统综合化、网络化的特点日益明显。

1.3　汽车工业的发展

从第一辆汽车诞生至今已有 100 多年的历史。这期间,汽车工业历经了规范化的变革、经济危机的打击和第二次世界大战后无节制的疯狂发展及市场的空前繁荣,从一国经济走向多国经济,成为世界上第一个全球性充满剧烈竞争的产业。目前,美国、日本和欧洲三个区域是世界汽车生产中心。

1.3.1 汽车工业的形成

具有现代汽车雏形的汽车虽然是欧洲人发明的,然而美国在汽车的推广和生产方面从一开始就超过了欧洲。

汽车发明之初,由于售价高昂,只是少数绅士贵族们的娱乐工具,还不能体现其交通工具的本质。从19世纪末到20世纪初,欧洲和美国相继出现了一批汽车制造公司,如德国的戴姆勒-奔驰公司(Daimler-Benz AG,1890年戴姆勒发动机公司建立,1883年奔驰公司和莱茵煤气发动机厂成立,1926年两公司合并为戴姆勒-奔驰公司),美国的福特公司(Ford,1903年创建),英国的劳斯-莱斯公司(Rolls-Royce),法国的雪铁龙公司(Citroen,1919年在一个齿轮公司的基础上创立),意大利的菲亚特公司(Fiat,1899年创建)等,但在当时由于技术发展还不具备生产汽车这种大型复杂机械产品的水平,加之汽车成为贵族们的奢侈品,他们一味追求豪华,使汽车售价昂贵,销售量不大,无论是欧洲还是美国,都未形成具有一定规模的汽车工业。

汽车诞生于欧洲,但最早形成汽车工业的却是在美国。说到汽车工业的形成,汽车大王——美国人亨利·福特(Henry Ford)功不可没。

福特于1903年成立了福特汽车公司,提出了将汽车由奢侈品变为人们必需品的主张,要求汽车可靠、耐用、操作简便、售价低廉、使用和维护费用低,即生产普及型汽车。此后,福特致力于普及型汽车T型车的开发。

1908年秋,令人瞩目的福特T型车(见图1-34)隆重问世了。T型车在设计思路、生产工艺、零售定价、销售组织、售后服务等许多方面都采用了与众不同的方法。

T型车的各种零件被首次设计成统一规格,实现了总成互换;在大型总装车间,钟表制造业采用的总成装配法被发展成为由机械传送带运送零件和工具的流水线装配法(见图1-35),极大地提高了工作效率;采用低定价(每辆车只售

图1-34　福特T型车

850美元,后又降至360美元)的销售策略,使大多数人都能购买得起;提供充足的零部件和及时的售后服务保障,消除了用户的后顾之忧;大幅度提高工人工资,以求提高工作效率、降低生产成本(1914年,公司以不足13000人生产了730000辆汽车,获利3000万美元)。

由于该车价格低廉、使用方便、维护容易,因此销售异常火爆。累计1500多万辆的产量更是创造了空前的纪录,图1-36所示为第1500万辆福特T型车下线纪念仪式。

T型车使福特获得了巨大的成功,为福特赢得了汽车大王的美誉。同时,T型车成为普通民众的交通工具,改变了人们的生活方式、思维方式和娱乐方式,将人类带入了汽车时代。

图1-37所示为美国农民开着福特T型车给蔬菜销售网点送货的情形。

福特生产T型车的经验不仅为美国,也为世界汽车工业发展奠定了基础。美国汽车工业的形成和发展与当时美国在资本、国民收入、石油资源、市场等各方面都优于欧洲的具体

图 1-35　福特汽车公司的装配流水线

图 1-36　第 1500 万辆福特 T 型车下线纪念仪式

条件有关,加之美国政府十分重视国民交通工具的现代化,有意识地引导人们购买汽车,巨大的国内市场造成了美国汽车工业的大发展。通用汽车公司(General Motors)、克莱斯勒公司(Chrysler)等汽车公司纷纷建立,最多时全美国曾有 181 家汽车厂。到 1927 年通过竞争存留了 44 家,其中汽车三巨头的销售量占全国汽车总销售量的 90% 以上。那时,欧洲由于受第一次世界大战的影响,刚刚形成的汽车工业几乎停产达 5 年,这使得美国成为第一个以汽车工业为支柱产业的国家。美国在世界汽车生产中的霸主地位从此确立,这种优势直到 20 世纪 70 年代才遭到日本、西欧的挑战。

　　这一时期在汽车大规模生产的组织模式上出现了以福特公司为代表的全能厂模式,和以通用汽车公司为代表的通过专业化协作,由一些汽车制造企业联合起来,建立集中管理和销售体系的模式。事实表明,后者优于前者,并为世界上许多企业所效仿。

图 1-37　美国农民开着福特 T 型车给蔬菜销售网点送货

1.3.2　汽车工业的全面发展

汽车工业是关联产业最广、工业技术涉及面最大的综合性工业。因此,汽车工业的发展不仅依赖于汽车行业本身的技术进步,而且还取决于相关产业的技术进步、汽车工业应用这些技术的能力、世界汽车市场的容量、能源和原材料的供应、人们对环境的要求、国家政策和意外变化等。

例如,在第一次世界大战中显示了汽车运输的机动性,而且还训练出了不少军用汽车驾驶员,他们中很多人还学到了一些汽车技术,于是,在战后出现了汽车需求的迅速增长,汽车市场买卖兴隆。但时隔不久,资本主义世界的经济萧条使汽车的需求量一落千丈。

由于欧洲汽车工业发展缓慢,美国汽车大量销往欧洲,美国汽车厂家为了降低运输成本并避免整车运输造成的车身外壳损伤,就采用所谓全散件组装(completely knocked down,CKD)方式,将美国生产的零部件运到欧洲,然后在欧洲就地装配成车出售。最早是福特公司 1911 年在英国建立了一个 CKD 总装厂。

到了 1929 年,福特公司和通用公司已分别在 21 个国家和 16 个国家建立了 CKD 总装厂。到 1930 年,欧洲各国为了保护本国的汽车工业,开始对美国汽车增加进口关税,尤其对汽车零部件进口课以重税,致使美国在欧洲各国的 CKD 总装厂改为全部零部件就地生产的汽车制造厂。

当时,欧洲各国的汽车制造厂虽不能在售价上与美国竞争,但它们凭借技术优势,在品种上、车型风格上、道路适应性上以及某些性能上具有特色,因此,也占据了一定的市场份额。有许多新技术,例如发动机前置前轮驱动、后置后轮驱动、承载式车身、节能型微型轿车等,都首先出现在欧洲,从而为欧洲汽车工业的大发展奠定了基础。

第二次世界大战期间,各国汽车工业均为军事目的服务,生产坦克、装甲车等军用装备和物资。这也起到了缓和美国与欧洲汽车工业竞争的作用。

战后,随着经济复苏与政府支持的加强,欧洲汽车工业开始大发展。特别是联邦德国在战后仅用了 5 年时间,就使汽车产量达到 30 万辆,超过了其战前的最高水平。

1960 年,联邦德国的汽车年产达 205.5 万辆,超过了英国,成为当时仅次于美国的世界第二汽车制造国。联邦德国汽车高速发展的主要动力是将汽车迅速普及到国内劳工阶层。以国内市场为基础,同时扩大国际市场,如大众汽车(Volkswagen)公司的甲壳虫(Beetle)普及型车对德国汽车的普及起了关键作用。

到 1973 年,甲壳虫型汽车成了全世界的畅销车型。欧洲汽车工业的大发展使世界汽车工业的重心逐步由美国移向欧洲。例如,第二次世界大战以前,西欧各国的汽车产量仅为北美(美国和加拿大)的 11.5%;到战后 1950 年,这一数字提高到 16%;而到 1970 年,北美仅生产 749.1 万辆,而西欧各国比北美产量高 38.5%,达到 1037.8 万辆。

许多欧洲汽车厂家,如德国大众(Volkswagen)、奔驰(Benz)、宝马(BMW),法国雷诺(Renault)、标致(Peugeot)、雪铁龙(Citroen),意大利菲亚特(Fiat),瑞典沃尔沃(Volvo)等,均已闻名遐迩。

总而言之,在这一时期汽车工业保持了大规模生产的特点,世界汽车保有量急剧增加,汽车工业发展的重心由美国转移到西欧。汽车技术的高科技含量增加,汽车品种进一步增多。汽车工业界对于汽车造成的安全问题、污染问题在政府的督促和支持下制定了许多对策,并使汽车在结构、性能等方面都得到了大幅度的改善。

1.3.3 德国汽车工业的发展

第二次世界大战前,德国汽车工业已有很好的基础,戴姆勒-奔驰、奥迪、大众、宝马等汽车公司均形成一定规模。第二次世界大战期间,汽车工业转为为战争服务,大部分工厂遭到破坏(见图 1-38)。

图 1-38 被炸成一片废墟的宝马工厂

第二次世界大战后,德国处于战败国地位,但在比较困难的条件下,汽车工业仍得到较快恢复和发展,1950 年汽车产量达到 30 万辆。随着德国高速普及汽车以及汽车出口竞争能力不断提高,汽车产量大幅度上升。1960 年,德国汽车产量达到 200 万辆,10 年内,汽车产量增长 5.7 倍,年均增长率 21%,德国从此成为欧洲最大的汽车生产国和出口国。然后继续以高速增长,到 1971 年,汽车产量进一步达到 400 万辆。

在这以后,由于受两次石油危机的影响,德国汽车已基本普及,同时汽车出口势头减慢,而进口量有较大增加,从而使汽车产量呈现下降、徘徊和低速增长状态。20 世纪 70 年代,汽车产量波动在 300 万～400 万辆之间；20 世纪 80 年代以来，汽车产量波动在 400 万～500 万辆之间，1998 年达到 570 万辆。

在德国汽车工业发展史上，值得一提的是甲壳虫汽车的发展。

20 世纪 30 年代初，德国经济危机到了严重的地步，失业率剧增，罢工运动高涨，德国政府也不断更迭。1933 年，希特勒上台执政。1934 年 1 月 17 日，著名汽车设计大师波尔舍(Porsche)向德国政府提交了一份设计一种新型的、广大群众买得起的"大众"牌汽车的建议书。波尔舍的建议得到了"汽车迷"希特勒的支持，并迅速投入设计和试制。同时，德国政府提出一项计划，筹建了由 34 万人集资入股的大众汽车公司。在希特勒的亲自过问下，这种大众汽车的外形被设计成甲壳虫状，因而得名"甲壳虫"。

1938 年，甲壳虫的样车试制完成。1939 年 8 月 15 日，第一批甲壳虫汽车问世。随后，由于第二次世界大战爆发，甲壳虫汽车的生产中断了，这种问世不久的新型汽车在第二次世界大战前总共才生产了 800 辆。

第二次世界大战后，大众汽车公司被同盟国监管。1948 年，恢复了甲壳虫汽车的生产，但年产量仅为 1.9 万辆。由于这种汽车结构简单、价格低廉、外形可爱，而第二次世界大战后人们恰好能承受该车的价格，于是需求猛增。1949 年，大众公司归还联邦德国后，进入稳定发展阶段，甲壳虫汽车开始大批量生产，到 1955 年，这种颇受市场青睐的甲壳虫车累计生产量达 100 万辆，出口到 100 多个国家。10 年后的 1965 年，由于畅销不衰、产销两旺，累计产量已达 1000 万辆。1972 年 2 月 17 日，甲壳虫车累计生产量达 15007034 辆。1974 年，甲壳虫在生产了近 30 年之后，由于产品进入不可抵御的衰落期，除在其他分厂和子公司继续以日产 3300 辆的速度生产外，在大众总部沃尔夫斯堡全部停产。1981 年，第 2000 万辆甲壳虫车在墨西哥的大众分厂开下了装配线。尽管后来这种车被新型车高尔夫取代，但无论如何，甲壳虫汽车仍然是世界上最畅销和最流行的车型。

德国的汽车厂总数不多，但是却个个大名鼎鼎，奔驰(Benz)、宝马(BMW)、大众(Volkswagen)、奥迪(Audi AG)、欧宝(Adam Opel AG)、波尔舍(Porsche AG，国内也称保时捷)、曼(Man AG)都是在全球范围内久负盛名的企业。

1.3.4　日本汽车工业的发展

日本汽车制造业的开山者应属吉田真太郎，1904 年他开办了东京汽车制造厂(现五十铃汽车公司)，3 年后制造出第一辆汽油机汽车"太古里 1 号"。随后日本国内出现了众多汽车制造厂，情形不亚于 20 世纪 80 年代的中国。出于军事扩张的需要，日本政府颁布了《军用汽车补助法》，对汽车厂商进行扶持，这成为早年日本汽车业发展的原动力。

在第二次世界大战期间，日本的汽车工业为侵略战争服务，到 1941 年年产量 5 万辆，绝大部分是载货汽车，几乎全部投入侵华战争。

1950 年，朝鲜战争爆发。日本的特殊地理位置使它成为美国军需的一个重要供应地，美国为不景气的日本汽车工业输血，极大地刺激了日本汽车工业的发展。

1955 年，日本通产省公布了发展国民车的大胆构想，他们提出鼓励企业发展一种供日本民众使用的微型汽车的计划。当时通产省的设想是：要求企业设计生产出一种 400kg 以下，时速 100km/h 以上，乘坐 4 人或 2 人并可以同时携带 100kg 货物，发动机排量 350～

500mL,行驶 10 万 km 无大修的汽车。而且这种汽车生产成本限制在 15 万日元以下,售价 25 万日元以下。通产省要求各汽车厂家都来投标,然后评选出优秀车型,政府给予支持。国民车构想发布后在日本国内引起极大反响,各大汽车公司竭力想在这场竞争中分得一杯羹。

1960 年日本汽车年产量仅为 16 万辆,远远低于同时期美国和西欧各主要汽车生产国的产量。然而仅仅过了 7 年时间,日本汽车年产量就奇迹般达到 300 万辆,超过欧洲各主要汽车生产国产量,跃居世界第二位。

20 世纪 70 年代世界发生两次石油危机,油价的提高使欧美汽车生产厂商纷纷减产,而这时日本却以其小型汽车油耗低的特点博得了消费者的青睐,3 年内日本汽车出口量翻了一番。日本凭借着汽车国内销售和出口量双高速增长的现实创造了世界汽车工业发展的奇迹。丰田、本田、日产、富士重工、铃木等公司迅速成为世界级的汽车生产厂,丰田公司在 1972 年到 1976 年 4 年间就生产了 1000 万辆汽车。1980 年,日本汽车总产量达到 1104 万辆,超过美国而成为世界最大的汽车生产国和出口国,日本终于成为美国和欧洲之后世界第三个汽车工业中心。

日本汽车工业之所以能在较短时间内赶上并超过西欧、美国,主要是他们在生产组织管理方面以及先进工艺的广泛应用方面取得了突破。丰田汽车公司提出的"丰田生产方式"就是一个典型的例证。所谓"丰田生产方式",就是将生产过程的各个环节联系在一起,组成一个完整体系,并以"精益思想"为根基,以寻求"消除一切浪费,力争尽善尽美"为最佳境界的新的生产经营体系。

这一体系从制订产品计划开始,通过汽车制造的全过程、全系统的协调协作一直延伸到用户,一改以往制造业在大量生产方式体制下的经营思想,以"看板方式"为代表的"三及时",即"在必要的时间、按必要的数量、生产必要的产品"作为理念精髓,以"及时生产"(just in time,JIT)——不断地降低成本、无废品、零库存和无止境的产品更新为追求目标,因而被理论界称为精益生产方式。

可以说,这一思想是丰田集体智慧的结晶,它由丰田普及到日本汽车工业,又从汽车工业扩展到整个制造业,从而将日本推向制造业强国之列,丰田汽车公司也因此享誉全球。

日本现有汽车生产厂 11 家,分别是丰田、日产、本田技研、东洋工业(马自达)、三菱、铃木、大发、富士重工、五十铃、日野和日产柴油机工业公司。日本的汽车生产厂总数不多,但实力强劲,在全球范围内具有举足轻重的地位。

1.4 我国汽车工业简史

1.4.1 无汽车工业时期

1. 中国第一辆进口汽车

1901 年(清光绪二十七年)是慈禧皇太后的 66 岁寿辰,直隶总督袁世凯买了一辆汽车,献给慈禧作为寿礼(见图 1-39)。而今,这辆珍贵的汽车——中国头号古董汽车,仍然静静

图 1-39　慈禧太后的御用汽车

地停放在北京颐和园的德和园内,这是中国第一辆进口汽车。

经考证,该车是由设在美国马萨诸塞州的图利亚汽车与弹簧公司于 1896 年制造的图利亚(DURYEA)牌汽车。

这是一辆白色木质车厢、黄色木质车轮车辐条、铜质车灯、两轴四轮的敞开式古典汽车。乍看上去,就其外观与其说是一辆汽车,倒不如说它更酷似昔日的一辆四轮马车。在车厢内设有两排座位,前排座位是驾驶员席,后排座位则是乘客席,前排只能乘坐一人,后排可以乘坐两人。

该车的动力装置是一台横置式汽缸、7.35kW(10 马力)的汽油发动机。发动机旁的齿轮变速器将动力传递给后轴,最高速度为 19km/h。前悬架是一横置钢板弹簧,后悬架是两个普通钢板弹簧。车厢两侧的翼子板系三合板制成。论模样,这一"老爷车"虽与今日飞驰在公路上的现代汽车的长相已相差很远,但其工作原理、发动机、悬架系统、转向系统、传动系统已与今日汽车很接近。

1901 年,上海的商人进口了两辆汽车,这是中国使用汽车的开始。1908 年,福特公司大量生产 T 型车,揭开了工业化生产汽车的帷幕,此后外国汽车源源不断地进入中国。1912 年,我国汽车保有量达 300 辆,汽车维修业应运而生。

2. 中国第一辆国产汽车

我国第一辆汽车是 1929 年 8 月在沈阳问世的。

1928 年,辽宁迫击炮厂(沈阳"五三"工厂前身,在今沈阳新北站附近)厂长李宜春等人提出利用兵工厂设备制造汽车的建议。经张学良将军批准后,决定在辽宁迫击炮厂附设民生工厂,专门研制汽车,并以重金聘请美籍技师,集中 300 名汽车修理工人,拨款 75 万元作为研制经费。从美国购进"瑞雷"号整车一辆,作为样车,设计制造我国第一辆国产汽车。李宜春对"瑞雷"号整车进行了拆卸,除发动机、后轴、电路装置和轮胎等由国外进口外,对其他零件进行重新设计、制造,终于试制成功我国第一辆国产汽车。

1929 年 8 月,我国第一辆自制的载重汽车在人们的殷切盼望中诞生了(见图 1-40)。此车定名为"民生牌"75 型载重汽车,其发动机输出功率为 48.49kW,额定载质量 1.82t,设计车速为 25km/h。此车曾于 1931 年 9 月 12 日在全国道路协会主办的上海市展览会上展出,蒋介石派张群作为代表参加展览会,当时的外交部部长王正廷、实业部部长孔祥熙等亲自到会祝贺。

由于发生"九一八"事变,这辆汽车没能返回沈阳。民生工厂 80 多辆待装的汽车零件被日本侵略者掠走,工厂也被改为"同和自动车工业株式会社"。日本帝国主义入侵东三省,扼杀了中国汽车工业的萌芽。

图 1-40　辽宁迫击炮厂研制的中国第一台
载重汽车(摄于 1929 年 8 月)

1933 年,山西省利用太原兵工厂的装备和技术,试制成两辆载货汽车。1936 年,湖南省机械厂仿制美国道奇牌汽车发动机成功,并试制了两辆货车。但后来这些货车都由于战乱等原因而夭折。

1936 年,以中国银行为主,筹集资金 160 万元,成立官商合办的中国汽车制造公司,与德国奔驰公司签订合同,先以 CKD(CKD 是英文 completely knocked down 的缩写,本意为"完全拆散",引申意思为"以散件进行组装生产"。换言之,以 CKD 方式生产汽车,就是在进口或引进国外汽车时,汽车先以完全拆散的状态(散件状态)进入国内,亦即引进汽车的全部零、部件,之后再把零、部件组装成整车。以 CKD 方式生产汽车,往往是自身技术水平较低,无力生产重要核心部件时的无奈之举)方式组装柴油机货车,计划 5 年内达到全部国产化的目标,总厂设在湖南株洲。1937 年开始建厂时发生了"七七"事变,后来该厂辗转迁至桂林、重庆,5 年中只组装了一些飞鹏牌柴油货车和一些柴油机,后因无法维持而倒闭。

1939—1940 年,当时的国民政府中央资源委员会计划在昆明建立汽车制造厂,购买了美国一家汽车厂的图样和部分工装设备,所有的进口设备在运输途中被日军从越南劫走,汽车生产遂成泡影。

1937 年,我国汽车保有量达到 64635 辆。抗日战争爆发后,沿海港口被封锁,国外汽车配件难以进口,内地汽车配件制造业得以发展。在抗战时期,汽车配件厂达到 400 余家,其中最大的是重庆中央汽车配件厂,能生产 100 多种汽车配件。抗战胜利后,美国汽车和配件的倾销迫使许多汽车配件厂停产,1949 年,我国汽车配件厂只有 9 家还在生产。

由上可知,1949 年前我国没有真正的汽车工业,只有一些小型的汽车配件制造厂、汽车维修厂和客车改装厂。虽有一些仁人志士曾数次筹划发展中国的汽车工业,但是由于帝国主义的侵略及政府的腐败无能,都未能成为现实。

1948 年,中国汽车保有量为 69154 辆,由于石油供应不足,许多汽车都带上一个煤气发生炉或一个大气包。直到 1949 年后随着我国石油工业的发展才改变了这种落后状态。

1.4.2　起步阶段

1953—1984 年是中国汽车工业的起步阶段。

1949 年后,建立自己的汽车工业被提到重要的议事日程上来。1950 年初,毛泽东主席和周恩来总理在莫斯科与斯大林会谈时,建设汽车制造厂被作为第一个五年计划期间苏联援助中国的重要项目之一。1950 年 4 月,中央人民政府重工业部成立了汽车工业筹备组,确定在吉林省长春市建立第一汽车制造厂。

1951 年批准初步设计方案,1952 年开始进行技术设计和施工设计。1953 年 6 月,中央指示力争 3 年建成第一汽车制造厂,同年 7 月 15 日正式破土动工,并由毛泽东主席亲自题写奠基纪念(见图 1-41),该奠基纪念碑至今仍保存在长春第一汽车制造厂(简称"一汽")正门(见图 1-42)前面,成为所有参观访问第一汽车制造厂的客人照相留念的必到之地。

1956 年 7 月 14 日,第一批解放牌 CA10 型 4t 载货汽车出厂,当年生产了 1600 多辆。此后,经过改进设计,陆续开始生产解放 CA10B 型(见图 1-43)、CA15 型等载货汽车。

如同第一汽车制造厂的厂名和"解放"品牌一样,中国汽车在诞生伊始便被打上了浓重的时代烙印。而这种非企业、非经济本身的带有政治色彩的社会责任一直贯穿了中国汽车工业的风雨历程。

图 1-41　毛泽东主席亲自题写的"第一
汽车制造厂奠基纪念"

图 1-42　长春第一汽车制造厂正门
（今一汽集团公司 1 号门）

图 1-43　解放 CA10B 载货汽车

　　起步初期的中国汽车步履还是很平稳的。1957 年，一汽稳步发展，生产了近 8000 辆汽车。

　　此后，全国一些较大的汽车修理厂在"破除迷信、解放思想"的号召下，投入制造汽车的热潮，全国试制成各种汽车达 200 余种。这种一哄而起的汽车热，对汽车生产的特点、规模经济效益、质量要求和技术指标等均考虑甚少，多数企业及其产品缺乏生命力，能够坚持下来的只有 5 家：南京汽车制配厂试制成跃进牌 NJ130 型 2.5t 货车，后改名南京汽车制造厂；上海汽车装配厂先后试制成 58-1 型三轮汽车和上海牌 SH760 型中级乘用车，后改名上海汽车厂；上海货车修理厂试制成交通牌 SH140 型 4t 货车，后改名上海重型汽车厂；济南汽车配件制造厂仿制捷克斯洛伐克的斯可达柴油车，后改名济南汽车制造厂，并于 1960 年试制成黄河牌 8t 柴油车；北京汽车配件厂从 1958 年起试制了 9 种车型，1963 年研制 BJ212 型越野吉普车，成为批量生产吉普车的北京汽车制造厂。这些厂不靠国家集中投资，从中、小型汽车修配厂通过开发汽车产品和专业化合作，建成了大、中型汽车制造厂。这有别于依靠国家集中投资建设的第一汽车制造厂，开创了我国汽车工业发展的另一模式。

　　1960 年，全国汽车总产量已从 1955 年的 61 辆提高到 22574 辆，与日本、韩国等邻国相比，按照苏联模式发展起来的中国汽车的起点并不算低。要知道在 20 世纪 50 年代初日本本田还只会造两轮的摩托车，而韩国现代尚没有生产汽车的计划。

　　1965 年，出于国际形势和国家安全等方面的考虑，开始在湖北十堰筹建第二汽车制造厂（简称"二汽"）。4 年之后，二汽破土动工，并从一汽抽调技术人员援建二汽。全国 500 多家机床厂、大专院校和科研单位为二汽设计、制造了各种设备一万多台，以一汽为主的国内

30 多家工厂、企业包建二汽的各个分厂,从产品设计、工艺工装、人员培训直至调试生产完全是自力更生。1976 年 6 月建成东风牌 2.5t 越野车生产基地。

东风牌 EQ240 2.5t 越野汽车从 1968 年提出方案,到 1969 年出样车,再到 1976 年正式投产(见图 1-44),经历了 8 年的开发历程。后又经过不断改进,产品品质有较大提高。在 1978 年底,EQ240 和 EQ140 交付部队,深得部队官兵好评。

图 1-44　东风 EQ240 2.5t 越野汽车下线仪式

二汽的建成标志着我国已具备自己设计制造汽车和建设大型货车制造厂的能力。二汽所产车型是一汽刚刚研发的新型卡车(即 EQ140),而一汽则继续生产"老解放"。在此后很长一段时间里,特别是 20 世纪 80 年代之后,一汽都因车型不如二汽而在市场上苦苦挣扎。直到 1986 年,解放牌卡车实现垂直换型,CA141 问世才扭转了被动局面。

除此之外,四川汽车制造厂于 1974 年正式生产红岩牌 CQ260 型军用 6t 越野车,1968 年开始建设的陕西汽车制造厂于 1975 年生产延安牌 SX250 型 5t 军用越野车。

在中国汽车的起步阶段里,乘用车也曾短暂地繁荣过。1958 年,一汽相继生产了"东风"(见图 1-45)和"红旗"(见图 1-46)两款乘用车,并在"乘东风,展红旗,造出高级汽车去见毛主席"的口号中,把乘用车送进了中南海。

图 1-45　中国第一辆乘用车——"东风"牌乘用车　　　图 1-46　中国第一辆"红旗"牌高级乘用车

客观地说,1953—1984 年中国汽车工业基本上是卡车工业,这一时期是中国汽车工业的起步阶段。

1.4.3　合资合作阶段

1984—1994年是中国汽车工业与国外汽车制造商合资合作阶段。

1984年1月,中国汽车的第一个中外合资企业——北京吉普汽车公司诞生了。当时的北京吉普可是国内越野车企业绝对的"老大"。

有了问路石的中国汽车很快就进入了第一轮合资浪潮。1985年,上海大众汽车公司成立。同年,南京汽车制造厂引进了意大利菲亚特的依维柯汽车;广州汽车公司与法国标致的合资项目也获批准,被桎梏了30余年的乘用车工业开始大步向前发展。

在1986年的六届四次人大会议上,"把汽车制造业作为重要支柱产业"被写进了"七五"计划。当年,全国乘用车总量就突破了1万辆,是上一年的2.3倍。此后连年大幅上升,到1994年,乘用车产量就已超过25万辆,上海大众这样的单一乘用车生产企业也逐渐超越了一汽、二汽等大集团,成为中国汽车的领头羊。

良好的形势使国务院开始审慎研究乘用车的发展。1987年的北戴河会议上,确定了"三大三小"的总体格局,尽管现在来看计划经济的味道过浓,但其毕竟确定了乘用车产业向规模化发展的大方向。

1990年,乘用车产业的三大基地进一步调整,上海汽车工业总公司宣告成立。同年,投资上百亿元,规划年产量为15万辆的一汽大众、神龙项目签约。但因种种原因,直到20世纪90年代中后期,捷达、富康才在市场上初露锋芒。

1.4.4　快速发展阶段

从1994年至今,是中国汽车工业的快速发展阶段。

1994年是中国汽车史,特别是乘用车史上值得纪念的一年。在这一年,左右中国汽车近10年的《汽车产业发展政策》出台了。虽然用现在的眼光来看,这个产业政策还有许多局限之处,但它还是解决了汽车发展中的许多问题,特别是将汽车与家庭联系到了一起。家庭汽车概念所引发的热情迅速扩散至全国,当时有20多个省、市将汽车作为支柱产业。而全国的主要工科大学也都开设了汽车专业,一批又一批带着汽车设计师梦想的青年人走进了汽车知识的殿堂。

1994年之后,汽车消费不再受宏观政策的限制。但事实上,在要不要发展汽车工业,特别是是否鼓励乘用车进入家庭的问题上还是有很大争议的,由于当时并没有明确鼓励汽车消费,各种税费、地方保护仍十分严重。

同时,汽车工业本身散、乱、规模小的劣势也愈发明显。如在1995年,全国汽车产量只有144万辆,尚不如国外一家汽车企业的产量多,但却分散在122家整车生产企业中。其中年产量超过10万辆的只有5家,产量在1万至10万辆的有14家,剩下的企业平均年产量只有1700辆左右。

到了1998年,中国汽车的总产量达到了162.8万辆,从而成为世界第十大汽车制造国。就在这一年,中国乘用车的第二轮合资热潮开始了,上海通用、广州本田破土动工,而后别克、雅阁在中国的生产,使国产汽车的词典里又多了个"中高档乘用车"的名词。

在此期间,一汽大众、神龙公司也站稳了脚跟,开始向连续多年位居国内汽车企业榜首的上海大众发出挑战。近年来,又陆续成立了北京现代、华晨宝马、东风日产等合资汽车公司,使我国的汽车产品生产能力进一步提高。

在 2001 年的"十五"计划中,汽车进入家庭已经被明确提出。赛欧、夏利 2000 等一批旨在重新定义家庭汽车的新车型涌入了市场。一时间 10 万元成为界定家庭汽车的分水岭。同时,国家计委也将汽车价格放开,汽车终于从高高在上的生产资料还原成了走进平民百姓家庭的商品。在企业层面,新的合资项目越来越多,而像吉利、奇瑞这样的民企也得以进军乘用车生产领域。

1.4.5　成绩与不足

1. 成绩

经过近年来的快速发展,我国汽车产品的质量得以提高,品种增加,产品全面更新换代,汽车产品构成趋向合理,缩短了与国外发达国家的差距,形成了一汽、东风、重型、南汽、上海、北京、天津、沈阳等 8 个主要的汽车工业生产基地。

目前,我国汽车产业的总体布局见表 1-1。

表 1-1　我国汽车产业布局

制 造 商	车 型
第一汽车集团	一汽轿车:红旗明仕、红旗世纪星、红旗旗舰、奔腾 B50、奔腾 B70 等
	一汽大众:奥迪 A6、宝来、速腾、迈腾、捷达等
	天津一汽:夏利、威乐、威姿、威志、骏派等
	一汽丰田:锐志、雅力士、凯美瑞、普拉多、普锐斯、汉兰达、酷路泽、皇冠、花冠、卡罗拉等
	一汽华利:特锐(TERIOS)和一汽佳星幸福使者
	一汽马自达:睿翼、马自达 3、马自达 5、马自达 6、马自达 8、CX-7、MX-5 等
	一汽吉林:佳宝、雅森、奥星等
上海汽车集团	上汽大众:帕萨特、波罗、途安、高尔夫、桑塔纳超越者、普通桑塔纳等
	上汽通用:别克 GL8、别克赛欧、别克君威、别克凯越等
	上汽通用五菱:SPARK、五菱兴旺、五菱扬光、五菱之光、五菱鸿途、五菱荣光、五菱宏光等
东风汽车集团	东风雪铁龙:C2、新爱丽舍、萨拉、毕加索、世嘉、凯旋、C5 等
	东风标致:标致 307、标致 308、标致 508 等
	东风日产:蓝鸟、阳光、天籁、颐达、骐达、轩逸、骏逸、骊威、逍客等
	东风锐达起亚:千里马、嘉华、K5、K3、K2、新福瑞迪、智跑、新狮跑等
	东风本田:艾力绅、CR-V、思铂睿、思域等
北京汽车集团	北京吉普:狂潮、新城市猎人、切诺基、挑战者、帕杰罗 SPORT、欧蓝德等
	北京现代:雅绅特、伊兰特、悦动、i30、名驭、索纳塔、途胜、御翔、领翔等
华晨汽车	华晨金杯:中华系列、金杯智尚、金杯海星、金杯格瑞斯、金杯大力神等
	华晨宝马:宝马 3 系、宝马 5 系、宝马 1 系
长安汽车	长安福特:福克斯、致胜、新蒙迪欧、蒙迪欧、翼博、翼虎等
	长安铃木:羚羊、奥拓、雨燕、天语、SX4 等
	逸动、致尚、XT、CX20、悦翔、奔奔、奔奔 MINI、奔奔 LOVE、睿骋等
石家庄双环	双环来宝、双环 SCEO、小贵族等

制 造 商	车 型
华泰汽车	圣达菲、特拉卡、宝利格、路盛 E70 等
中兴汽车	中兴 SUV、中兴 C3、昌铃、威虎、无限、旗舰 A9 等
郑州日产	帕拉丁、D22 皮卡、NV200、ZN6493 等
长城汽车	长城哈弗、嘉誉、精灵、酷熊、迷你、赛弗、赛影、炫丽等
哈飞汽车	路宝、中意、民意、骏意、赛马、赛豹、路尊等
南京菲亚特	周末风、派利奥、西耶那、派朗等
奇瑞汽车	奇瑞 A 系列、风云系列、瑞虎系列、旗云系列、QQ 系列、威麟系列、瑞麒系列、新东方之子、开瑞、优优、优雅、优胜、优派、优劲等
广汽集团	广汽乘用车、广汽本田、广汽丰田、广汽菲克、广汽三菱等
吉利汽车	豪情、全球鹰、自由舰、金刚、金鹰、远景、熊猫、帝豪、美人豹、中国龙以及沃尔沃公司旗下的所有车型
江铃	陆风、全顺、凯悦、凯威、域虎、宝典、驭胜等
海南马自达	普力马、福美来、海马王子、海马骑士、丘比特等
昌河汽车	北斗星、爱迪尔、利亚纳、福瑞达、浪迪、派喜等
东南汽车	菱帅、菱绅、菱利、菱悦、菱致、菱仕、富利卡、得利卡、蓝瑟、戈蓝、君阁、翼神、希旺等
长丰猎豹	猎豹、飞腾、黑金刚、奇兵、CS6、CS7、帕杰罗、皮卡、SUV、DUV 等
江淮汽车	格尔发、威铃、康铃、帅铃、小薇、瑞风、瑞鹰、同悦、和悦、宾悦、悦悦等
比亚迪	比亚迪 F0、F3、G3、G5、G6、L3、M6、E6、S6、S7、思锐、速锐等

纵观我国汽车工业的发展历程,尽管遭受了各种艰难险阻,但经过多年建设,特别是近20年来的加快发展,已经初步建立了具有一定规模的汽车工业体系,取得了不少经验和教训,培养了一大批从事汽车研究、设计、生产、管理的人才,这些都为我国汽车工业的持续发展奠定了基础。

2. 不足

中国汽车工业虽然取得了长足的发展,但是,汽车企业仍不具备自主开发能力,这也是中国汽车业最大的软肋。

尽管经过了 20 多年的快速发展,但中国汽车企业仍不具备强劲的自主开发能力。国产汽车,特别是乘用车的新产品开发和推出等重要环节基本上被外商所控制。

我国汽车企业有沦为跨国公司附庸的危险。还在业内为我国汽车工业应采用韩国模式(产业主导型即自主开发型)还是巴西模式(产业依附型即外资主导型)争论不休的时候,为了短期的利润等考虑,我国汽车工业事实上已不自觉地转向了"巴西模式"。上海大众和一汽大众这两个我国最大的乘用车生产企业都是德国大众公司的子公司,广州本田和上海通用也成为日本本田和美国通用在全球赢利最高的子公司。在汽车企业的成本中,有很大一部分是购买外方的汽车零部件和付给外方的技术开发费用。而且,在汽车企业所赚取的巨额利润中,外方还要再分走一大块。

在目前政策上不允许外方控股的情况下,跨国公司出于自身全球战略和占领我国汽车市场的考虑,有意削弱合资企业中我方自主开发汽车新产品的能力,并控制技术开发的关键环节,以取得合资企业的实际控制权。在基本上没有乘用车整车开发能力的情况下,汽车合资企业中,中方一直处于尴尬境地。国内汽车市场已成为世界几大跨国公司角逐的天下,这已成为影响我国汽车产业发展的重大隐患。

在提升自主开发能力方面,上海同济同捷科技有限公司(同济大学汽车系雷雨成教授创办,号称中国汽车设计师的黄埔军校)在汽车造型与内饰设计方面取得了一定的成绩;民营企业吉利汽车公司通过收购沃尔沃,消化吸收其核心技术之后,预期可以有一个较大的升华;由军工企业衍生而来的长安汽车公司展现出较强的自主开发能力,也肩负着民族汽车工业提升自主开发能力的希望。

复习思考题

1. 汽车对人类社会生活有哪些影响?
2. 汽车的产生与发展经历了哪几个历史时期?
3. 汽车外形的演变经历了哪几个历史时期?
4. 简述美国、日本、欧洲等国家和地区的汽车工业发展历程。
5. 简述我国汽车工业的发展历程。

第 2 章 著名汽车公司概览

!**教学提示**：著名汽车制造公司、典雅优美的汽车标志和经典车型共同构成了精彩的汽车世界。

!**教学要求**：本章主要介绍著名汽车制造公司及其汽车标志和经典车型，重点内容是各个汽车公司的汽车标志。要求学生了解著名汽车制造公司的经典车型，熟悉汽车标志。

2.1 德国汽车公司

2.1.1 奥迪汽车公司

1899 年，汽车制造天才奥古斯特·霍希（August Horch，1868—1951，见图 2-1）开创了

奥迪的历史。他于 1902 年正式成立了霍希汽车公司（Horch AG），从而成为德国东部汽车制造业百年历史的缔造者。

1910 年，霍希创办了第二家霍希汽车公司，但却遭原公司的控告要求改名，后来霍希将公司名称由德文"Horch"（听）改为拉丁文"Audi"（听），从此开创了奥迪的历史，推出了各款汽车。

第一次世界大战以后，奥迪首创汽车方向盘左置技术，并将换挡杆移至汽车中部，使得驾驶更为方便。从此，奥迪在众多汽车品牌中脱颖而出。

1932 年，由奥迪公司（1910 年创建）、DKW 公司（1916 年创建）、汪德勒公司（1911 年创建）和霍希公司（1902 年创建）合并成汽车联合公司。1969 年，奥迪汽车公司由汽车联合公司和纳苏发

图 2-1 奥古斯特·霍希

动机股份公司合并而成，总部设在德国的因戈尔施塔特（Ingolstadt），主要生产乘用车、发动机和三角转子发动机。

奥迪汽车公司以四个连接在一起的圆环作为标志（见图 2-2），意为四个公司的联合。从标志仿佛看到：兄弟四人正手挽着手、雄赳赳地向我们走来，表明团结就是力量。

四个相同的紧扣着的圆环，象征了公司成员向往那种平等、互利、协作的亲密关系和奋发向上的敬业精神。

图 2-2 奥迪汽车公司标志

每辆奥迪汽车的散热器前面和车尾都镶有奥迪公司四个圆环相互连接的图形标志，1985 年又在车尾使用文字商标"Audi"。

奥迪汽车公司现为大众汽车公司的子公司，主要产品有 A3 系列、A4 系列、A5 系列、A6(见图 2-3)系列、A8 系列、Q 系列和敞篷车及运动车系列等。

图 2-3 奥迪 A6L

2.1.2 宝马汽车公司

宝马汽车公司的前身是宝马飞机公司，后为巴依尔发动机公司(Bayerische Motoren Werhe)，1918 年改称 BMW 汽车公司。

BMW 是巴依尔发动机公司 Bayerische Motoren Werke 三个单词首位字母的缩写。最初，BMW 在中国被译为"巴依尔"，1992 年之后，才被称作宝马。

1916 年，工程师卡尔·拉普(Karl Rapp)和马克斯·佛里茨(Max Fritz)在慕尼黑创建巴依尔飞机公司；1917 年改为巴依尔发动机有限公司，这就是巴依尔公司简称(BMW)的来历；1918 年 8 月改为宝马汽车公司。

由于宝马公司是以生产航空发动机开始创业的，所以宝马公司标志中的蓝色为天空，白色为螺旋桨(见图 2-4)，即所谓的"蓝天、白云、螺旋桨"标志。

图 2-4 宝马汽车公司标志

宝马汽车产品标志采用了内外双圆圈的图形，并在双圈圆环的上方标有 BMW 字样的商标。在内圆的圆形间隔图案中，采用蓝天、白云和运转不停的螺旋桨，喻示宝马公司渊源悠久的历史，象征该公司在航空发动机技术方面的领先地位，又象征公司的一贯宗旨和目标：在广阔的时空中，以先进的科学技术、最新的观念，满足顾客的最大愿望，反映了公司蓬勃向上的气势和日新月异的新面貌。

"蓝天、白云、螺旋桨"标志是"宝马"汽车的第一个特点，其第二个特点是发动机散热器前部的中间位置永远是两个银光闪闪的合金框进气格栅(肾形进气格栅，俗称鬼脸)。如图 2-5 所示，虽然车身造型在不断演化，但其双肾形进气格栅元素永远存在。

图 2-5　宝马 5 系双肾形进气格栅的演变

宝马汽车公司致力于推动中国汽车工业在高科技应用方面的发展。1994 年 4 月,宝马汽车公司在北京设立了代表处。2003 年 5 月,与华晨汽车公司组建华晨宝马汽车有限公司,在中国生产宝马汽车。

宝马汽车公司以生产宝马跑车、宝马乘用车、宝马摩托车为主,其产品享誉全球。目前,宝马汽车公司拥有迷你(MINI)、劳斯莱斯(Rolls-Royce)等品牌。

宝马汽车公司主要生产 1 系列、3 系列、5 系列、7 系列、8 系列、X 系列、Z 系列(见图 2-6)、阿尔宾娜(Alpina)等车型。宝马汽车公司在十多个国家和地区设有子公司。

图 2-6　Z4 跑车

2.1.3　大众汽车公司

大众汽车公司是世界十大汽车公司之一,1938 年创建于德国的沃尔斯堡,创始人是世界著名的汽车设计大师费迪南德·波尔舍(Ferdinand Porsche,1875—1952,也译为保时捷。他同时也是保时捷汽车公司的创始人,见图 2-7)。大众汽车公司经营汽车产品占主要地位,是一个在全世界许多国家生产汽车的跨国汽车集团。

大众汽车公司(VolksWagen Werk)是德国最大、最年轻的汽车公司,是一家国际性集团公司,总部在沃尔夫堡(Wolfsburg,亦称狼堡)。Volks 在德语中意为"国民、平民",Wagen 在德语中

图 2-7　费迪南德·波尔舍

意为"汽车"，VolksWagen 全名的意思即"国民汽车"或"平民汽车"。大众汽车（VolksWagen）在台湾译为福斯汽车，在港澳则译为大众汽车或福士汽车。

大众汽车的图形商标几经演变（见图 2-8），才形成目前的标志。大众汽车现在使用的车标（见图 2-9）是将德文 VolksWagen 单词的首字母 V 和 W 叠合后，再镶嵌在一个大圆圈内，然后把整个商标镶嵌在发动机散热器格栅的中间。

图 2-8　大众汽车公司图形商标的演变

其图形商标似三个"V"字（见图 2-9），像是用中指和食指作出的"V"形手势。在手语中，用中指和食指作出的"V"形手势，表示胜利之意（取英文 Victory 的字头），意喻大众公司及其产品"必胜—必胜—必胜"。文字商标则标在车尾的行李厢盖上，以注明该车的名称。大众商标简捷、鲜明，引人入胜，令人过目不忘。

目前，大众汽车公司旗下拥有众多汽车品牌，已经形成大众自身品牌和收购品牌两大品牌群，产品覆盖面极为广泛。

图 2-9　大众汽车公司标志

大众自身的品牌群包括桑塔纳（Santana）、捷达（Jetta）、甲壳虫（Beetle）、高尔夫（Golf）、帕萨特（Passat）、波罗（Polo）、速腾（Sagitar）、迈腾（Magotan）、辉腾（Phaeton）、途锐（Touareg，见图 2-10）等。

通过股权收购、兼并重组等方式获得的品牌群包括奥迪（Audi）、西亚特（Seat）、兰博基尼（Lamborghini）、斯柯达（SKODA）、宾利（Bentley）、布加迪（Bugatti）、保时捷（Porsche）等乘用车品牌，以及曼（Man）、斯堪尼亚（SCANIA）等商用车品牌。

图 2-10　大众途锐（Touareg）高端 SUV

2.1.4 戴姆勒-奔驰汽车公司

戴姆勒-奔驰汽车公司是德国汽车制造业最大的垄断企业,是世界商用车最大的跨国集团,并且以生产优质、舒适、豪华汽车而闻名于世。

1886 年,现代汽车的发明人卡尔·本茨(Carl Benz,1844—1929,见图 2-11)创建了奔驰汽车公司;1890 年,戈特利布·戴姆勒(Gottlieb Daimler,1834—1900,见图 2-12)和威廉·迈巴赫(Wilhelm Maybach)联手创建了戴姆勒汽车公司。1926 年两家汽车公司合并后,更名为戴姆勒-奔驰汽车公司。

图 2-11　卡尔·本茨

图 2-12　戈特利布·戴姆勒

1. 奔驰汽车公司的产品标志

从 1893 年开始,奔驰汽车公司采用"ORIGINAL BENZ ＋齿轮"的产品标志(见图 2-13),英文直译为"原版奔驰",由此可以看出卡尔·本茨这位汽车之父通过这个标志所展示的一种自豪感,而这枚标志也是所有资料中记载的最早的奔驰标志。

随后的几年,奔驰公司在许多赛车比赛中都取得了不俗的战绩,因此奔驰公司在 1909 年推出了新的产品标志(见图 2-14),新标志将旧标志中的文字内容精简到只剩下"BENZ"四个字母,而老标志中突出机械感的齿轮状外圈也被月桂花环代替。在很多赛车比赛中,月桂花环是给获胜车手的奖励,将月桂花环用到新商标里无疑与当时公司在赛车运动中的优异表现有直接关系。

图 2-13　1893 年奔驰汽车公司的产品标志

图 2-14　1909 年奔驰汽车公司的产品标志

2. 戴姆勒汽车公司的产品标志

成立于 1890 年的戴姆勒汽车公司,在高转速四冲程内燃机生产领域享有盛誉,一直致力于将内燃机广泛应用到摩托车、四轮汽车(不同于奔驰发明的三轮汽车)、船舶、飞艇等领域,并取得了巨大的成功。戴姆勒公司首个受到法律保护的商标始于 1899 年,公司提出使用公司名称 Diamler-Motoren-Gesellschaft 的缩写"DMG"作为新商标并获得批复,从那时起 DMG 商标(见图 2-15)被正式启用。

图 2-15　1899 年戴姆勒公司的产品标志

1902 年,戴姆勒公司以驻法国总进口商、奥地利人艾米·杰里纳克(Emil Jellinek)的小女儿 Mercedes Jellinek(见图 2-16)的名字命名的"Mercedes"(梅赛德斯)汽车(见图 2-17)投产后,名声大振。在古西班牙语中,Mercedes 为优雅、幸福之意。

图 2-16　奥地利商人 Emil Jellinek 和他的小女儿 Mercedes Jellinek

图 2-17　1902 年戴姆勒汽车公司的"Mercedes"(梅赛德斯)产品标志

此后,为了进一步突显戴姆勒本人力图在海、陆、空各个领域都得到长足发展的远大抱负,戴姆勒汽车公司于 1909 年推出了"三叉星"标志(见图 2-18)。

1916 年,为了进一步整合品牌资源,凸显产品优势,戴姆勒汽车公司又推出了"三叉星

＋Mercedes"标志(见图 2-19)。"三叉星＋Mercedes"标志在原有的三叉星标志基础上加上了一个圆形外圈,并在圆环底部加入"MERCEDES"字样,同时在圆环的其余空白位置分别加入四颗小的"三叉星"。从该标志的整体样式上来看,这枚新版的梅赛德斯标志也是日后的梅赛德斯-奔驰标志的雏形。

图 2-18　1909 年戴姆勒汽车公司的"三叉星"标志

图 2-19　1916 年戴姆勒汽车公司的"三叉星＋Mercedes"标志

3. 戴姆勒-奔驰汽车公司的产品标志

1926 年 6 月 28 日,戴姆勒汽车公司和奔驰汽车公司实现了联合,组成一个新的公司——戴姆勒-奔驰汽车公司,公司总部设在斯图加特市。同年,推出了公司合并之后的新的产品标志——"Mercedes-Benz"(梅赛德斯-奔驰)标志(见图 2-20)。

"Mercedes-Benz"(梅赛德斯-奔驰)标志完美地融合了两家公司合并前各自产品标志中的基本元素,在保留梅赛德斯标志中的圆形和三叉星设计的基础上,又在三叉星外面的圆边框中加入了来自奔驰公司标志的月桂花环元素,而"MERCEDES"跟"BENZ"的英文字母也被分别置于圆边框的上下端。采用"Mercedes-Benz"(梅赛德斯-奔驰)标志表明该汽车产品来自"梅赛德斯"和"奔驰"这两个著名品牌,并可充分体现两家公司的平衡与彼此的尊重。

1933 年,戴姆勒-奔驰汽车公司又推出了一款"简化版"标志(见图 2-21),这款标志上没有任何文字,只是简单保留了三叉星外加一个圆圈,而这个标志中的三叉星明显比之前的要修长很多。"简化版"标志更加简洁明快,令人过目不忘。

图 2-20　"Mercedes-Benz"标志(1926 年)

图 2-21　戴姆勒-奔驰汽车公司的"简化版"标志(1933 年)

1989 年,该标志又经过了一次立体化的处理,整个三叉星立体标志(见图 2-22)竖立在车头前部。2005 年之后的三叉星立体标志取消了底座里面的月桂花环图案。

同时,又在散热器格栅上镶嵌一个大大的三叉星标志(见图 2-23),以加强其商标的广告效果。高昂的"三叉星"标志总是冷峻地审视着芸芸众生,精美绝伦的工艺,庄重沉稳的造型,保守且不张扬的色彩,无一不在无声地显示着戴姆勒-奔驰汽车令人倾倒的风采。

图 2-22 三叉星立体标志竖立在车头前部

图 2-23 镶嵌在散热器格栅上的三叉星标志

"戴姆勒-奔驰"汽车商标,彰显出"戴姆勒-奔驰"是一款高品质、高质量、性能优良、驾驶安全、乘坐舒适、装饰豪华、经久耐用和拥有绝对驾驶乐趣的汽车;特别是梅赛德斯-奔驰 S 级乘用车,在技术和设计上堪称世界汽车工业的典范,誉满全球,已成为世界各国首脑、工业大亨、商界巨子的首选车型,也使"戴姆勒-奔驰"成为一种权势的象征,是豪华和技术先进的同义词。

BENZ 汽车有"奔驰"和"平治"两个汉语名字,两者都被誉为品牌翻译中的经典。"奔驰"在中国大陆流行,"平治"在中国香港、澳门及其他地区流行。

中国大陆在车名翻译上多采用音译,往往会使人感到美中不足,但"奔驰"在音译和意译中却天衣无缝,十全十美。看到"奔驰"两个中文字,会立刻在脑海中浮现出一辆风驰电掣的"奔驰"牌汽车,真可谓"奔"腾飞跃,"驰"骋千里,充满动感,"奔驰"是 BENZ 的真实写照。

BENZ 汽车公司在香港及澳门地区的总代理仁孚公司,首先使用"平治"这两个汉字。"平治"一词出自《孟子》的"修身、齐家、治国、平天下"。"平治"予人君临天下,傲视群雄之感,"平治"既突出了汽车本身的稳重、豪华和高贵,又和车主的显赫身份非常相匹配。

戴姆勒-奔驰汽车公司主要经营乘用车和商用车两大类业务。

乘用车业务多侧重于制造各种中高级的梅赛德斯-奔驰乘用车(见图2-24),有从中档的190至华贵级的600等多种型号,其中600SEL型主要为各国政府首脑和富商巨贾们所乘用。

图 2-24　奔驰乘用车

商用车业务主要包括各种载货汽车、公共汽车、大篷车、矿山自卸车、改装车、公路及非公路用车等,可满足公路、油田、林区、矿山、建筑工地和军队等多方面的需要。

此外,戴姆勒-奔驰汽车公司还生产各种汽车零部件及其他机器,如汽车发动机、飞机发动机、燃气轮机、变速器等。

2.1.5　保时捷研究设计发展股份公司

保时捷(Porsche)研究设计发展股份公司是德国颇有影响的研究设计发展公司。保时捷又译为波尔舍,其中保时捷是中国香港人粤语的译音,波尔舍为大陆普通话的译音。

保时捷的文字商标采用德国保时捷公司创始人费迪南德·波尔舍(见图2-7)的姓氏,图形商标采用斯图加特(STUTTGART)市的盾形市徽(见图2-25)。

1948年,第一部以"保时捷"命名的跑车问世。从此,"保时捷"以高超的技术和优雅的造型艺术,在跑车世界占有一席之地。"Porsche"商标标注在发动机盖上方最显眼的位置,表明该商标为"保时捷"所拥有;"STUTTGART"字样,说明公司总部在斯图加特市;商标中间是一匹骏马,表示斯图加特这个地方盛产一种名贵马,这种马早在16世纪就非常有名了;商标的左上方和右下方是鹿角的图案,表示斯图加特曾是狩猎的好地方;商标右上方和

图 2-25　保时捷公司标志

左下方的黄色条纹代表成熟了的麦子颜色,喻示五谷丰登;商标中的黑色代表肥沃的土地;商标上的红色象征人类的智慧和对大自然的钟爱。由此组成一幅精湛意深、秀气美丽的田园风景画,象征"保时捷"辉煌的过去和美好的未来。

目前,保时捷公司已经成为大众汽车公司的全资子公司,保时捷品牌也已归到大众汽车公司旗下。

保时捷公司生产的车型有博克斯特(Boxster)系列、911系列跑车(见图2-26)以及保时捷卡宴(Cayenne)系列、卡曼(Cayman)系列、卡雷拉(Carrera)997系列、帕拉梅拉(Panamera)系列等汽车。

图 2-26　保时捷 911 系列跑车

2.2　美国汽车公司

2.2.1　福特汽车公司

福特汽车公司由亨利·福特（Henry Ford，1863—1947，见图 2-27）创立于 1903 年，是世界最大的汽车制造商之一。1908 年福特汽车公司生产出世界上第一辆属于普通百姓的汽车——福特 T 型车，世界汽车工业革命就此开始。1913 年，福特汽车公司又开发出了世界上第一条汽车生产流水线，这一创举使 T 型车一共达到了 1500 万辆，缔造了一个世界纪录。福特先生为此被尊为"为世界装上轮子"的人。

时至今日，福特汽车公司仍然是世界一流的汽车企业，仍然坚守着亨利·福特先生开创的企业理念："消费者是我们工作的中心所在，我们在工作中必须时刻想着我们的消费者，提供比竞争对手更好的产品和服务。"

福特汽车的标志（见图 2-28）采用福特英文 Ford 字样，蓝底白字。由于公司创始人亨利·福特喜欢小动物，所以标志设计者把福特的英文画成一只小白兔样子的图案。

图 2-27　亨利·福特

图 2-28　汽车公司的标志

目前，福特汽车公司拥有福特（Ford）、林肯（Lincoln）、水星（Mercury）、马自达（Mazda）和野马（Mustang，见图 2-29）等众多著名品牌。

图 2-29　野马(Mustang)

除了汽车整车产品之外,福特汽车公司还拥有微电子技术、钢铁冶金、太空通信、军工技术和金融服务等业务,产业链极为丰富和繁杂。

2.2.2　通用汽车公司

通用汽车公司是世界上最大的汽车公司,其标志 GM(见图 2-30)是其公司英文名称(General Motor Corporation)的前两个单词的第一个字母。

通用汽车公司是由威廉·C.杜兰特(William Crapo Durant,1861—1947,见图 2-31)于1908 年 9 月在别克汽车公司的基础上发展起来的,成立于美国的汽车城底特律,现总部仍设在底特律。

图 2-30　通用汽车公司标志

图 2-31　威廉·C.杜兰特

通用汽车公司是美国最早实行股份制和专家集团管理的特大型企业之一。通用汽车公司生产的汽车,典型地表现了美国汽车豪华、宽大、内部舒适、速度快、储备功率大等特点,而且通用汽车公司尤其重视质量和新技术的采用,因而通用汽车公司的产品始终在用户心中享有盛誉。

目前,通用汽车公司有悍马、别克(见图 2-32)、雪佛兰(见图 2-33)、旁蒂克(见图 2-34)、凯迪拉克(见图 2-35 和图 2-36)、GMC(以生产豪华皮卡见长)、霍顿(Holden)等众多品牌。

图 2-32　别克品牌标志

图 2-33　雪佛兰品牌标志

图 2-34　旁蒂克标志

图 2-35　凯迪拉克品牌标志

图 2-36　凯迪拉克 SRX

2.2.3　克莱斯勒汽车公司

克莱斯勒汽车公司是美国第三大汽车工业公司,创立于 1925 年,创始人名叫沃尔特·克莱斯勒(Walter Chrysler,1875—1940,见图 2-37)。该公司在全世界许多国家设有子公司,是一个跨国汽车公司。公司总部设在美国底特律。

1924 年沃尔特·克莱斯勒离开通用汽车公司进入威廉斯·欧夫兰公司,开始生产克莱斯勒牌汽车。1925 年他买下破产的马克斯维尔公司组建自己的公司。凭借自己的技术和财力,他先后买下道奇、布立格和普利茅斯公司,逐渐发展成为美国第三大汽车公司。

图 2-37　沃尔特·克莱斯勒

随着经营的扩大,克莱斯勒开始向海外扩张,先后在澳大利亚、法国、英国、巴西建厂和收买当地汽车公司股权,购买了意大利的马沙拉蒂公司和兰伯基尼公司,从而使公司成为一个跨国汽车公司。

在 20 世纪 30 年代的黄金时期,克莱斯勒曾一度超过福特公司。20 世纪 70 年代,公司因管理不善濒于倒闭,著名企业家李·雅柯卡接管该公司。雅柯卡上任后大胆起用新人,裁减员工,争取政府资助,他把主要精力投入到市场调研和产品开发上,并在产品广告上出奇制胜。在 20 世纪 80 年代初,克莱斯勒又奇迹般地活了过来,继续排在世界前 5 名汽车大公司行列。

克莱斯勒汽车公司的商标如图 2-38 所示。

图 2-38　克莱斯勒汽车公司的商标

克莱斯勒汽车公司拥有道奇、顺风、克莱斯勒乘用车(见图 2-39)部以及道奇载货汽车、零部件部等。从 2009 年起,意大利菲亚特汽车公司逐步购入克莱斯勒汽车公司的股份。到 2014 年 1 月,菲亚特完成了对克莱斯勒的全面收购,两家企业正式合并为菲亚特克莱斯勒汽车公司。

图 2-39　克莱斯勒 300C 乘用车

2.3　瑞典汽车公司

2.3.1　沃尔沃汽车公司

沃尔沃汽车公司于 1924 年由阿萨尔·加布里尔松和古斯塔夫·拉尔松创建,1927 年 4 月 14 日生产第一辆载货汽车。第二次世界大战后,乘用车生产占主导地位,其生产的乘用车性能和质量与奔驰乘用车不相上下。

公司标志和汽车商标是在一个车轮形状的图形上有指示运动方向的箭头(见图 2-40)。文字商标"VOLVO"为拉丁语,是滚滚向前的意思,喻示着汽车车轮滚滚向前、公司兴旺发达和前途无限。

图 2-40　沃尔沃汽车标志

沃尔沃汽车商标除了使用公司标志外,还在散热器格栅上加一条对角线作为标记,使商标非常容易识别。柴油卡车商标则是将"Volvo Diesel Trucks"标注在汽车上。公司生产的每款沃尔沃乘用车处处体现出北欧人高贵的品质,给人以朴实无华的印象,尽管沃尔沃充满了高科技,但仍不失北欧人的冷峻风格。沃尔沃典雅端庄的传统风格与现代流线型糅合在一起,创造出一种独特的时尚。性能卓越、设计独特、安全舒适的沃尔沃乘用车,可以为车主提供一个充满温馨的可移动的家。

沃尔沃汽车公司于 2000 年被福特汽车公司以 64 亿美元收购。2010 年 3 月,中国吉利汽车公司以 18 亿美元从福特汽车公司购得沃尔沃汽车公司 100％股权。现今,沃尔沃已经成为中国吉利的全资子公司。

目前,沃尔沃汽车公司主要生产乘用车(见图 2-41)、大型客车、重型汽车、工程机械、航空发动机、船用发动机、液压机械等。

图 2-41　沃尔沃乘用车

2.3.2　斯堪尼亚汽车公司

斯堪尼亚(SCANIA)汽车公司是瑞典最大的商用汽车制造企业,1891 年在瑞典南部的马尔默成立。斯堪尼亚汽车公司以生产载货汽车(见图 2-42)和公共汽车见长,产品销往世界 100 多个国家和地区,在商用汽车生产领域久负盛名。

图 2-42　斯堪尼亚载货汽车

1969 年,斯堪尼亚与萨博(SAAB)汽车公司合并成立萨伯-斯堪尼亚汽车公司。

萨博(SAAB)汽车公司是瑞典著名的汽车厂,SAAB 又译为"绅宝",是瑞典文字 Svenska Aeroplan Artie Bolaget 的缩写,意为瑞典飞机公司。

萨博汽车公司的图形商标是由三个圆圈组成,其中间有一个头戴皇冠的鹫头飞狮,其下有"SAAB"字样(见图 2-43)。

图 2-43　萨博汽车公司标志

1995 年 5 月,萨伯-斯堪尼亚汽车公司解体,斯堪尼亚成为一家独立的汽车公司。目前,德国大众集团成为斯堪尼亚的母公司,斯堪尼亚品牌归于大众汽车公司旗下。

2.4 法国汽车公司

2.4.1 标致-雪铁龙集团

标致-雪铁龙集团是法国第一大汽车生产集团(Peugeot Societe Anon Yme,PSA),是世界著名汽车公司。该公司是由标致汽车公司、雪铁龙汽车公司、塔尔伯特汽车公司于 1976 年合并而成的。

1890 年,法国人阿尔芒·标致(Armand Peugeot,1889—1928,见图 2-44)创立了标致汽车公司(国内曾将 Peugeot 译名为"别儒")。

标致汽车公司采用所在省蒙贝利亚尔省徽"狮子"作为标志(见图 2-45),也是汽车产品的商标,喻示标致汽车永远保持旺盛的生命力。

图 2-44 阿尔芒·标致坐在 Peugeot 28 型 (Typy28,1900 年)敞篷车中　　图 2-45 标致汽车公司标志

"狮子"标志非常别致、有品位,简洁、明快的线条,象征着今天更为完美,表示"标致"更为成熟。这独特的造型,既突出力量又强调了节奏,更富有时代气息。

标致汽车公司生产的所有车型都用公司的标志作为商标。主要车型有标致 306ST、标致 106、标致 406(在 1996 年获得欧洲最佳车第二名)、标致 450、标致 505、标致 206、标致 307(见图 2-46)等。

雪铁龙汽车公司以创始人安东尼·雪铁龙(Andre Citroën,1878—1935,见图 2-47)的姓氏而命名。

雪铁龙汽车公司以两个人字形齿轮——重叠的两对齿轮作为公司标志和汽车商标(见图 2-48),以纪念安东尼·雪铁龙于 1912 年发明了人字齿轮。

目前,雪铁龙汽车公司在全球多个国家设有子公司。雪铁龙汽车公司的经典车型有 ZCV、DS、SM、CX、XM、C2、凯旋、萨拉·毕加索、爱丽舍和赛纳系列乘用车(见图 2-49)、萨克索(Saxo)、桑蒂雅(Xantia)等。

图 2-46　标致 307 乘用车

图 2-47　安东尼·雪铁龙　　　图 2-48　雪铁龙汽车公司标志　　　图 2-49　雪铁龙乘用车

　　1995 年,雪铁龙公司与中国东风汽车公司合作成立神龙汽车有限公司,生产富康牌乘用车。此后,神龙公司一直与雪铁龙公司同步生产凯旋、萨拉·毕加索、爱丽舍和赛纳系列乘用车。

2.4.2　雷诺汽车公司

　　雷诺汽车公司创立于 1898 年,创始人是路易·雷诺(Louis Renault,1877—1944,见图 2-50)。而今的雷诺汽车公司已被收为国有,是法国最大的国有企业,也是世界上以生产各型汽车为主,涉足发动机、农业机械、自动化设备、机床、电子、塑料、橡胶业的垄断工业集团。

　　雷诺公司第一次大发展是在第一次世界大战中,它为军队生产枪支弹药、飞机,并设计出轻型坦克,从而大发战争财。

　　战争结束后,公司转向农业机械和重型柴油汽车生产,其柴油机核心技术处于世界领先地位。第二次世界大战期间,雷诺公司为德国军队提供大量坦克、飞机发动机和其他武器,因而战争结束后,雷诺公司被法国政府接管,路易·雷诺被逮捕入狱。

　　战后,在法国政府的支持下,雷诺公司得以进入第二次大发展时期。公司利用国家资本,兼并了许多小型汽车公司,并发挥了雷诺公司的技术潜力,开发出多种汽车新产品。

　　雷诺公司的商标如图 2-51 所示,公司总部设在法国比杨古。

图 2-50　路易·雷诺在驾驶他的 A 级微型车(1898 年)　　　　图 2-51　雷诺公司的商标

雷诺汽车公司的汽车产品十分齐全,除乘用车和载货车外,各种改装车、特种车应有尽有。雷诺公司下设乘用车、商用车、自动化设备以及工业产品四个部门,统管国内外所有子公司业务。

雷诺汽车公司的经典车型有雷诺 Clio、雷诺 19、雷诺 25 型等。目前,雷诺汽车公司拥有雷诺(见图 2-52)、达西亚(Dacia,罗马尼亚汽车品牌)等品牌。

图 2-52　雷诺乘用车

2.5　意大利汽车公司

2.5.1　菲亚特汽车公司

菲亚特汽车公司始建于 1899 年 7 月,创始人是乔瓦尼·阿涅利,总部设在意大利都灵(Torino)市。公司全称是意大利都灵汽车制造厂(Fabbrica Italiana Automobili Torino,FIAT),菲亚特(FIAT)是公司名称缩写的译音,FIAT 也是该公司产品的商标。

目前,菲亚特旗下拥有玛莎拉蒂、法拉利、阿尔法·罗密欧、蓝旗亚和依维柯等著名品牌。

菲亚特汽车公司的年收入相当于意大利国民生产总值的 40% 左右。菲亚特汽车公司结构复杂,实力强大,素有“国中之国”的雅号。

菲亚特汽车公司下设乘用车部、商用和工业车辆部、农业拖拉机部、建筑机械部、钢铁部、零部件部、机床和生产系统部、土木工程和土地利用部、能源部、铁道车辆和轨道运输系统部、旅游和运输部等多个部门。此外,菲亚特公司还拥有一个财政部、其他产品部和一个产品研发中心。

菲亚特汽车公司标志几经变化,目前生产的汽车都用圆形"FIAT"标志(见图 2-53)或条形"FIAT"标志(见图 2-54),用三位阿拉伯数字表示其型号。

图 2-53 菲亚特汽车公司的圆形"FIAT"标志

菲亚特汽车公司的经典车型有节奏(Ritmo)、米拉费欧丽(Mirafiori)、道路(Strada)、田野(Campagnola)、快意(Punto)、布拉旺(Bravo)、马利昂(Marea)、小帆船(Barchetta)、熊猫(Panda,见图 2-55)、布拉娃(Brava)、优利赛(Uiysse)、乌诺(Uno)、杜娜旅行车(Duna Weekend)、派力奥(Palio)等。

图 2-54 菲亚特汽车公司的条形"FIAT"标志

图 2-55 菲亚特熊猫(Panda)

2.5.2 阿尔法·罗密欧汽车公司

阿尔法·罗密欧汽车公司曾是意大利第二大汽车公司,于 1910 年在米兰创建,20 世纪 80 年代末被菲亚特汽车公司兼并,使这个奄奄一息的公司重放异彩。阿尔法·罗密欧公司主要生产乘用车、赛车、货车,在国外设有子公司。

图 2-56 阿尔法·罗密欧公司标志

阿尔法·罗密欧公司的标志是米兰市的市徽,也是中世纪米兰的领主维斯康泰公爵的家徽(见图 2-56)。标志中的十字部分来源于十字军从米兰向外远征的故事。右边部分是原米兰大公的徽章,其中的蛇正在吞撒拉逊人的图案有种种传说,比较可信的说法是维斯康泰的祖先曾经击退了使城市人民遭受苦难的"恶龙"。外环圈的上半部则标注有公司的字样"ALFA ROMEO"。这一标志从 1911 年开始成为阿尔法·罗密欧公司标志和所生产汽车的商标。

阿尔法·罗密欧公司的经典车型有阿尔法(Alfa)、蜘蛛(Spider)、阿尔菲塔(Alfetta)、吉利耶塔(Giulietta)、阿尔法苏(Alfasud)等。

著名的阿尔法·罗密欧跑车(见图 2-57)有 145/146 型、155 系列、164 系列、GTV、斯派德(Spider)、96 款"流云"等。

图 2-57　阿尔法·罗密欧跑车

2.5.3　蓝旗亚汽车公司

出色的赛车手维琴佐·蓝旗亚(Vicenzo Lancia,1881—1937。他也是菲亚特汽车公司的创始人,见图 2-58)于 1906 年在都灵市创办了以自己名字命名的公司。Lancia 在意大利语中是长矛的意思,蓝旗亚汽车公司的标志是在长矛上挂一面旗子(长矛是中世纪骑士的主要武器)。

图 2-58　维琴佐·蓝旗亚在驾驶自己设计的汽车

蓝旗亚汽车的标志(见图 2-59)具有双重意义,一是采用了公司创始人维琴佐·蓝旗亚的姓氏;二是借用了蓝旗亚"长矛"的含义。车标以长矛作为画面的主题,代表了企业奋斗的精神,加上旗帜上的公司英文名称(LANCIA),简洁地体现了"蓝旗亚"的全部意义。

独具意大利文化韵味的蓝旗亚汽车(见图 2-60)广为世人所喜爱。目前,蓝旗亚品牌归于菲亚特汽车公司旗下。

图 2-59　蓝旗亚汽车公司标志

图 2-60　蓝旗亚汽车

2.5.4　法拉利汽车公司

法拉利汽车公司于 1929 年成立,以创始人恩佐·法拉利(Enzo Ferrari,1898—1988,见图 2-61)的姓氏命名。意大利素有"高性能汽车王国"之称,法拉利跑车无疑是王冠上最美的钻石。法拉利公司总部设在马拉内罗(Maranello),主要生产乘用车和赛车。目前,法拉利品牌归于菲亚特汽车公司旗下。

图 2-61　恩佐·法拉利(壮年时期和老年时期)

法拉利公司的标志(见图 2-62)是一匹黑色的"飞马",底色为摩德纳(工厂所在地)金丝雀羽毛的颜色。这个"飞马"标志原为意大利空军战斗英雄佛朗西斯科·巴拉克的护身符,"飞马"保佑他在历次空战中获胜。巴拉克在生活中也非常喜欢马,他所用的物品上都有马的图案,他也是一位技术高超的骑手。

法拉利(见图 2-63)一直是高品质跑车的代名词,其生产的每款车型都是其他车型望尘莫及的。

图 2-62　法拉利公司标志

图 2-63　法拉利跑车

法拉利公司的经典车型有法拉利 F355 Spider、法拉利 F50 Ferrari、法拉利 F512M、法拉利 F456GT 等。

2.5.5　兰伯基尼汽车公司

1962 年,佛鲁西欧·兰伯基尼(Ferruccio·Lamborghini,1916—1993,见图 2-64)在意大利的圣亚加塔·波隆尼(Sant'Agata Bolognese)创建了兰伯基尼汽车公司。目前,兰伯基尼品牌归于德国大众汽车公司旗下。

佛鲁西欧·兰伯基尼在第二次世界大战后制造了一系列拖拉机(见图2-65)、燃油燃烧器及空调系统,从而为自己的品牌树立了声望。

图2-64　佛鲁西欧·兰伯基尼　　　　图2-65　佛鲁西欧·兰伯基尼和他设计的汽车、拖拉机

兰伯基尼(又译为兰伯坚尼)汽车公司的标志是一头公牛(见图2-66),它浑身充满力量,正准备冲击,寓意该公司生产的赛车马力大、速度快、战无不胜。

兰伯基尼汽车(见图2-67)是唯一能在收藏车市场上与法拉利叫板的车型。

图2-66　兰伯基尼汽车公司标志　　　　图2-67　兰伯基尼汽车

2.6　英国汽车公司

2.6.1　劳斯莱斯汽车公司

劳斯莱斯汽车公司是由查尔斯·罗尔斯(Charles Rolls,1877—1910,见图2-68)和亨利·罗伊斯(Henry Royce,1863—1933,见图2-69)在1904年创立的。目前,劳斯莱斯汽车品牌归于德国宝马汽车公司旗下。

劳斯莱斯的标志分为图文标志和立体标志两种。

劳斯莱斯的图文标志(见图2-70)中重叠在一起的两个R分别代表罗尔斯(Rolls)和罗伊斯(Royce)姓氏的第一个字母,体现了两人融洽、和谐的合作关系。

劳斯莱斯的立体标志(见图2-71)是一个用镍合金铸造的飞天女神塑像,平时隐藏在发动机进气格栅内部,打开点火开关(点火开关置于 ON 挡)后,在驱动机构的作用下自动弹出,金光闪闪,熠熠生辉,为劳斯莱斯汽车增添了无穷魅力。

图 2-68　查尔斯·罗尔斯

图 2-69　亨利·罗伊斯

图 2-70　劳斯莱斯的图文标志

图 2-71　劳斯莱斯的立体飞天女神标志

　　图文标志和立体标志的组合(见图 2-72)相得益彰,使劳斯莱斯汽车显得更加雍容华贵,气度不凡。

图 2-72　劳斯莱斯汽车图文标志和立体标志相得益彰

　　劳斯莱斯时代的到来应该从 1907 年 Silver Ghost 的诞生算起。Silver Ghost 被直译为"银色幽灵",亦译成"幻影"。银色幽灵采用 6 缸 7L 发动机,曲轴在 7 个轴承上旋转,运转极为平顺、柔和。

　　到 1924 年,一共生产了 6173 辆银色幽灵,这些车辆均由手工制造。劳斯莱斯卓越的设计和严格的品质管理确立了它在世界上的声誉。

　　劳斯莱斯的经典车型有银色幽灵(Silver Ghost)、银色黎明(Silver Dawn)、银云(Silver Cloud)、银色阴影(Silver Shadow,见图 2-73)、滨海路(Corniche)、银色精灵(Silver Spirit)和银色马刺(Silver Spur)等。

图 2-73　劳斯莱斯银色阴影

2.6.2　捷豹汽车公司

　　英国捷豹(Jaguar)汽车公司创建于 1935 年,总部设在英国汽车工业的心脏地带——考文垂。在中国大陆,也有人把 Jaguar 称作美洲虎;而在中国香港和澳门地区,则把 Jaguar 称作"架积"。

　　捷豹的产品包括超豪华车(Limousine)、敞篷车和跑车等,其标志(见图 2-74)是一只跃起欲飞的豹,意喻捷豹公司及其产品的蓬勃生机与活力。

图 2-74　捷豹标志

　　目前,捷豹品牌以及路虎(Land rover)品牌均归于印度塔塔汽车公司旗下。

　　现在的捷豹(见图 2-75)凭借其个性化的外形、豪华的内饰和设备以及卓越的性能在世界汽车市场中重新占据了重要地位。

　　捷豹汽车公司的经典车型有 C-type、D-type、E-type、Mark X、XJ12、XJ6、XJS、XK、XJ 系列、R 系列、S-type 等。

图 2-75　捷豹汽车

2.7　日本汽车公司

2.7.1　丰田汽车公司

丰田汽车公司全名为 Toyota Motor Corporation,是由 1933 年创立的丰田自动编织机制作所(见图 2-76)的汽车部发展起来的,创始人是丰田喜一郎(Kiichiro Toyoda,1894—1952,见图 2-77)。1937 年丰田自动车工业公司正式创立,1938 年丰田汽车工厂正式投产。

图 2-76　丰田公司赖以起家的自动织布机

图 2-77　丰田喜一郎

丰田汽车部成立之初,只生产载货汽车,乘用车(见图 2-78)产量很小,并以公司创始人丰田喜一郎的姓氏 TOYODA 作为公司产品商标。

由于市场对载货汽车的需求有限,丰田汽车(TOYODA)的销售并不景气,公司发展举步维艰。这时,一位占卜师改变了丰田的标志。占卜师认为,TOYODA 中的 DA 是浊音,意境不好,建议改为 TOYOTA——用日语书写 TOYOTA 时,笔画是 8 画。日本人自古以来就认为"8"很吉利,有道路越走越宽广的含义。于是,1937 年丰田汽车正式弃用创始人的姓氏 TOYODA,而改用 TOYOTA(见图 2-79)。不知是命运还是巧合,改名换姓的丰田汽

图 2-78 丰田公司生产的第一辆高级乘用车——TOYODA AA 型汽车(1936 年)

车很快迎来了一个转机——1937 年,日本挑起震惊中外的"七七事变",发动了全面侵华战争,日军大量采购载货汽车,丰田汽车公司借此得以迅猛发展。

丰田汽车公司目前是日本的第一大汽车公司,也是全球范围内极具影响力的汽车公司,在世界汽车生产业中有着举足轻重的地位。丰田汽车公司还是日本军用汽车与装甲车的最大生产商,并且每年负责大量日本装甲车与军用汽车的维护工作。

丰田汽车公司车型众多,形成庞大的丰田车系。比较有代表性的车型有皇冠(见图 2-80)、花冠、凯美瑞(佳美)、雷克萨斯(凌志)、普拉多、RAV4 等。

图 2-79 丰田汽车公司的标志

图 2-80 皇冠乘用车

2.7.2 日产汽车公司

日产汽车公司的全名是 Nissan Motor Co. Ltd,创立于 1933 年,是日本的第二大汽车产业集团。

日产汽车公司 1935 年起正式采用大批量生产方式进行生产。1953 年从英国引进技术,生产奥斯汀(Austin)A40 型乘用车。1980 年 1 月公司购买了西班牙 Motor Lberica 公司 35.85%的股权,同年 7 月建立美国日产汽车制造公司。同年 12 月,与意大利阿尔发·罗密欧公司共同出资成立 ARNA 公司。

1981 年 9 月,日产汽车公司与德国大众汽车公司签署了技术合作协议。1982 年 6 月,与美国的 Martin Marietta 公司签订了宇航、防卫技术援助协议。1984 年 2 月,日产汽车公司在国内装配并销售大众汽车公司的桑塔纳乘用车。1985 年 3 月在美国开始生产乘用车。

1999 年,法国雷诺与日产汽车结成独立的合作伙伴关系,在广泛的领域中展开战略性的合作,日产汽车通过联盟将事业区域拓展至全球,其经济规模大幅增长。

2010 年,日产汽车公司、法国雷诺和德国戴姆勒这三家汽车业巨头在布鲁塞尔签署协议结成同盟。

目前,日产汽车公司在多个国家和地区设有汽车制造基地,并在全球 160 多个国家和地区提供产品和服务。公司经营范围包括汽车、叉车、纺织机械、船舶、船用动力、火箭的制造、销售及相关业务。

日产汽车公司的标志如图 2-81 所示。比较有代表性的车型有公爵王、帕拉丁、蓝鸟、骊威(见图 2-82)、逍客、骐达等。

图 2-81　日产汽车公司的标志

图 2-82　日产骊威

2.7.3　三菱汽车公司

三菱汽车公司(三菱自动车工业株式会社,Mitsubishi Motors Corp)是 1970 年从日本三菱重工业株式会社的自动车制造部门独立而成的跨国汽车制造商,总部在东京港区。

1975 年推出的平衡轴技术使三菱发动机达到前所未有的超静音、平稳运转的效果,在业界赢得了广泛的声誉。

1982 年 6 月,三菱汽车公司与美国福特公司就提供发动机达成协议,同年 10 月在美国设立汽车销售公司。

三菱汽车公司持有韩国现代汽车公司 7.5% 的股权,并提供小型乘用车生产许可证。三菱汽车公司还为奔驰公司在西班牙的子公司提供发动机和生产技术。1985 年 4 月,三菱公司与克莱斯勒公司签署了在美国合资生产乘用车的协议。

三菱汽车公司以三枚菱形钻石为标志(见图 2-83),以突显其深邃、雅致,如菱形钻石般璀璨的造车艺术。

三菱汽车公司的主要研发基地(十胜研发所和东京研发所)和生产基地(水岛厂区和名古屋厂区)都在日本,在海外亦有多个合资企业和生产基地,主要生产普及型乘用车、微型载货车、重型载货车和大客车。

三菱汽车在中国大陆的合作伙伴为福建东南汽车股份有限公司,在台湾的合作伙伴是中华汽车工业公司和裕隆汽车制造股份有限公司。

三菱汽车公司的主要代表性车型有蓝瑟系列、帕杰罗系列(见图 2-84)和欧蓝德系列等。

图 2-83　三菱汽车公司的标志

图 2-84　三菱帕杰罗越野车

2.7.4　本田汽车公司

本田汽车公司(本田技研工业株式会社,Honda Motors Co. Ltd.)是世界上最大的摩托车生产厂家,汽车产量和规模也排名在世界前列。本田汽车公司由本田宗一郎(1906—1991,见图 2-85)于 1948 年创立,公司总部在东京。

图 2-85　本田宗一郎

本田汽车公司是生产经营轻型汽车、两轮摩托车、耕耘机、通用发动机和发电机的综合性公司。该公司的两轮摩托车产量占世界摩托车总产量的 1/3 以上,它是世界上最大的摩托车制造企业。

本田汽车公司的标志如图 2-86 所示。"H"是本田英文拼写"HONDA"的第一个大写字母,挺拔、外倾、上扬的字母 H 犹如鹰的翅膀,意喻本田技术的飞跃发展,象征着本田公司前途无量。

本田汽车公司的代表性车型有雅阁(Accord,早期译为阿科德,见图 2-87)、思域(Civic,早期译为市民)、飞度(Fit)、奥德赛(ODYSSEY)以及高端品牌讴歌(Acura,早期译为阿库拉)等。

图 2-86 本田公司的标志

图 2-87 本田雅阁乘用车

2.7.5 日本其他汽车公司

日本的汽车公司除了以上四家主要生产厂家外,还有铃木汽车公司(Suzuki Motor Limited)、马自达汽车公司(Mazda Motor Company)、斯巴鲁汽车公司(Subaru Motor Company)等。

铃木汽车公司成立于 1954 年,发轫于 1909 年建立的铃木织机制作所(又是一个搞织布机出身的),以生产两轮摩托车起家,主打产品为摩托车、微型汽车、轻型货车。

铃木汽车公司的标志为铃木拼音(SUZUKI)的第一个字母 S 变形而来(见图 2-88)。

马自达汽车公司最初是靠为葡萄酒瓶生产软木塞起家,逐步发展、壮大的。公司名称来源于西亚传说中神的名称——阿弗拉·马自达(Afura Mazda),象征着古代文明,具有聪明、理性和协调之意。传说中以动力(牛、马)和木轮构成的车,也源自此神的缔造。

1961 年,马自达向德国汪克尔(Wankel)公司购买了转子发动机(rotary engine)的专利权,并在此基础上进行了深入研发,陆续推出了一系列装备转子发动机的乘用车和跑车(如 RX7、RX8 等)。

马自达汽车公司的标志如图 2-89 所示。

斯巴鲁汽车公司是富士重工有限公司(日本最大的军用飞机制造商,比日本另外两大军用飞机制造商三菱重工和川崎航空还要著名)旗下专业从事汽车制造的公司,是生产多种类型、多用途运输设备的制造商。

斯巴鲁汽车公司的标志如图 2-90 所示。Subaru 是金牛星座中的一个星团,在它的群星之中,有六颗星星是用肉眼可以看到的,意喻在众多汽车品牌中,Subaru 汽车是极为耀眼和醒目的。

图 2-88 铃木汽车公司的标志　　图 2-89 马自达汽车公司的标志　　图 2-90 斯巴鲁汽车公司的标志

这些公司生产的主要车型有马自达 3、马自达 6、铃木奥拓、铃木 Waggon、斯巴鲁森林人（见图 2-91）等。

图 2-91 斯巴鲁森林人

2.8 韩国汽车公司

2.8.1 现代汽车公司

现代汽车公司创建于 1967 年，主要生产乘用车、载货车、大客车和专用车，是韩国现代集团的骨干企业。

现代汽车公司的标志（见图 2-92）在椭圆中有一个斜花体字母“H”，“H”是现代汽车公司英文名（Hyundai Motors Company）第一个单词的首字母。

现代汽车公司的标志，首先体现了“现代汽车公司腾飞于世界”这一理念，其次还象征现代汽车公司在和谐与稳定中发展。标志中的椭圆既代表汽车的转向盘，又可以看作是地球，与其间的 H 结合在一起恰好代表了现代汽车遍布全世界的意思。现代汽车公司的标志（斜花体字母“H”）不同于日本的本田汽车商标（正体“H”）。汽车商标安装在汽车散热器格栅上，表示车名的文字商标标注在车尾。

现代汽车公司生产的车型主要有福尼（Pony）、雅绅特（Accent）、蓝特拉（Lantra）、索纳塔（Sonata）、玛齐（Marcia）、宏伟（Grandeur）、伊兰特（Elantra，见图 2-93）等。

图 2-92 现代汽车公司标志

图 2-93 现代伊兰特

　　2002 年,韩国现代汽车公司与北京汽车投资有限公司共同出资建立北京现代汽车有限公司(简称北京现代),开始在北京生产韩国汽车,并一举占领北京的出租车市场和私家车市场。

　　与全球其他领先的汽车公司相比,创立于 1967 年的现代汽车历史很短。但它从建厂到能够独立、自主地开发新车型只用了短短的 18 年(1967—1985 年)时间——单凭这一点,就足以让中国的汽车企业肃然起敬。

2.8.2　大宇汽车公司

　　大宇汽车公司的前身是 1967 年金宇中创建的新韩公司,后改为新进公司,1983 年改名为大宇汽车公司,是韩国大宇集团的骨干企业。

　　大宇汽车公司使用形似地球和正在开放的花朵作为公司标志(见图 2-94),生产的汽车也使用这个标志作为商标。

　　"大宇"标志象征高速公路大动脉向未来无限延伸,表现了大宇的未来和发展意志;椭圆代表世界、宇宙;向上展开的"花朵"形象体现了大宇家族的创造力和挑战意识。整个标志表现了大宇家族的智慧、创造、挑战、牺牲的企业精神,表现出大宇集团的"儒家"风范。

　　大宇汽车公司于 2000 年破产,被美国通用汽车公司收购,现属于通用汽车公司旗下的品牌。

　　大宇汽车公司生产的车型有超级沙龙(Super Salon)、王子(Prince)、希望(Espero)、蓝天(Clelo)、赛手(Racer)、巧龙(Tico)、旅行家(Nubira,见图 2-95)等。

图 2-94　大宇汽车公司标志

图 2-95　大宇旅行家

2.8.3　起亚汽车公司

　　起亚汽车公司创建于 1944 年,是韩国最早生产汽车的企业,如今主要生产乘用车和汽车零部件,现在隶属于韩国现代集团。

　　起亚汽车公司的标志是英文"KIA"(见图 2-96),象征公司如腾空飞翔的雄鹰,喻示起亚公司无限发展的潜力。

　　起亚汽车公司生产的车型有嘉华、狮跑、赛拉图(见图 2-97)等。

图 2-96　起亚汽车公司标志

图 2-97　起亚赛拉图

2001 年,韩国起亚汽车公司、东风汽车公司、江苏悦达投资股份有限公司按照 50％、25％、25％的股权结构在江苏盐城共同组建中韩合资企业——东风悦达起亚汽车有限公司,主要生产 K3、K2/K2 两厢、K5 Nu、智跑、秀尔(SOUL)、福瑞迪(Forte)、赛拉图、锐欧(RIO)、狮跑系列乘用车。

2.9　中国汽车公司

2.9.1　中国第一汽车集团公司

中国第一汽车集团公司(原第一汽车制造厂)简称"一汽集团"或"中国一汽"或"一汽",英文品牌标志为 FAW,FAW 是第一汽车制造厂(First Automobile Work Shop)的英文缩写。一汽集团是中央直属国有特大型汽车生产企业,总部位于吉林省长春市,前身是第一汽车制造厂,由毛泽东主席题写厂名。

一汽集团组建于 1982 年,是以第一汽车制造厂为主体,以解放牌汽车系列产品为龙头,由直属企业、合资企业和配套企业组成的多层次联合体。

一汽是我国最早生产汽车的工厂,是我国汽车工业的摇篮。一汽于 1986 年完成换型改造工程,形成年产 8 万辆 CA141 系列货车的生产规模。一汽与德国大众汽车公司合资成立一汽-大众汽车有限公司,生产奥迪牌高级乘用车和高尔夫、捷达牌普及型乘用车。

一汽集团直属的主要汽车制造厂有吉林轻型车厂、长春轻型车厂、青海汽车制造厂、无锡汽车制造厂、常州客车厂、大连柴油机厂、长春汽车发动机厂、哈尔滨汽车齿轮厂等。

一汽集团的图形标志是"第 1 汽车"中"1 汽"两字艺术化的组合,置于隐喻地球的椭圆内,整个标志镶嵌在汽车的进气格栅上(见图 2-98)。近期,又开始使用图文标志,即在图形标志的下方附注"FAW"字样或"中国一汽"字样(见图 2-99)。

图 2-98　一汽集团的图形标志

图 2-99　一汽集团的图文标志

　　一汽早期生产的解放牌载货汽车,其标志为毛泽东主席手书的"解放"两字,周围以冲压的五角星、祥云为衬托,如图 2-100 所示。

图 2-100　一汽早期生产的解放牌载货汽车标志

　　在后期生产的红旗乘用车上,又采用毛泽东主席手书的汉字"红旗"和置于椭圆内的阿拉伯数字"1"的组合图案以及立体的红旗为标志,如图 2-101 所示。

图 2-101　后期生产的红旗乘用车标志

　　一汽集团的自有品牌有红旗明仕(见图 2-102)、红旗世纪星、红旗旗舰等。在解放系列载货汽车和轻、微型客车中,解放 CA1091 和解放 J6(见图 2-103)已经成为拳头产品,畅销不衰。

图 2-102　红旗明仕

图 2-103　解放 J6 重型载货汽车

除此之外,一汽集团还生产奥迪、高尔夫、捷达、宝来、花冠、威驰、马自达 6 等合资品牌乘用车。

2.9.2　东风汽车公司

东风汽车公司(原中国第二汽车制造厂),是依靠我国自己的力量设计、建设和装备起来的汽车生产企业。经过近 50 年的建设和发展,东风汽车公司相继建成了十堰、襄樊、武汉三大汽车生产基地,众多专业厂、全资/控股子公司及合资企业,成为集生产、科研、开发、经营为一体的跨地区、跨行业的现代化汽车企业集团。

东风汽车公司始建于 1969 年。1975 年 7 月 1 日,第一个基本车型 2.5t 越野车 EQ240 生产能力初步形成。1978 年 7 月 15 日,第二个基本车型 5t 民用载货车 EQ140 生产能力建成。1981 年,在国内率先成立企业集团——东风汽车工业联营公司(东风汽车集团)。

1986—1992 年,二汽在襄樊开辟和建设包括年产 3 万吨铸件、6 万台康明斯 B 系列发动机以及国内规模最大、功能最全的汽车试验场在内的第二个生产基地。同时,引进开发了 EQ1141G 八平柴、EQ1118G 六平柴系列重型车。

1992 年,二汽正式更名为东风汽车公司。为适应市场结构调整,东风汽车公司开展了以乘用车建设为重点的第三次创业。目前,东风汽车公司的合资企业有神龙公司(与法国雪铁龙合作)、东风日产(与日本日产合作)、东风悦达起亚(与韩国起亚合作),子公司有东风康明斯发动机有限公司、东风襄樊专用汽车有限公司、汉阳特种汽车制造厂、杭州汽车制造厂、云南汽车厂、柳州汽车制造厂、郑州轻型汽车制造厂等。

东风汽车公司采用圆环内的“双飞燕”为标志(见图 2-104),整个标志镶嵌在汽车的进气格栅上,如图 2-105 所示。

图 2-104　东风汽车公司的“双飞燕”标志

图 2-105 镶嵌在汽车的进气格栅上的东风标志

2.9.3 上海汽车集团股份有限公司

上海汽车集团股份有限公司简称"上汽集团",主要业务涵盖整车(包括乘用车、商用车)、零部件(包括发动机、变速箱、动力传动、底盘、内外饰、电子电器等)的研发、生产、销售,物流、车载信息、二手车等汽车服务贸易业务以及汽车金融业务。

上汽集团所属主要整车企业包括乘用车公司、商用车公司、上海大众、上海通用、上汽通用五菱、南京依维柯、上汽依维柯红岩、上海申沃等。

上汽集团目前主要生产荣威(ROEWE,来自上海汽车之前收购的罗孚品牌,见图 2-106)、名爵(Morris Garages,是一个源自英国的汽车品牌,见图 2-107)、宝骏(来自上汽通用五菱,见图 2-108)以及其他众多合资车型。

图 2-106 荣威(ROEWE)汽车标志

图 2-107 名爵(Morris Garages)汽车标志

图 2-108 宝骏汽车标志

2.9.4 天津一汽夏利汽车股份有限公司

天津一汽夏利汽车股份有限公司是中国第一汽车集团公司控股的经济型乘用车制造企业,是一家集整车制造,发动机、变速器生产以及科研开发于一体的股份制公司。

公司的前身是天津汽车夏利股份有限公司,成立于 1997 年 8 月 28 日。

夏利汽车的标志如图 2-109 所示,其主打车型夏利 N3(见图 2-110)、N5、N7 在国内微型乘用车市场上一直产销两旺,发展势头良好。

图 2-109　夏利汽车的标志

图 2-110　夏利 N3 乘用车

2002 年 6 月 14 日,中国第一汽车集团公司(简称一汽集团)与天津汽车工业(集团)有限公司联合重组,一汽集团持有公司 50.98% 的股份,对公司拥有控股权,企业正式融入一汽体系之中,天津一汽夏利汽车股份有限公司由此得名。

2018 年,由于进入了不可逆转的产品衰退期,在累计生产了 2161319 辆之后,夏利品牌正式停产。骏派系列乘用车、A70EV 系列纯电动车等车型成为公司的主打产品。

2.9.5　中国重型汽车集团公司

中国重型汽车集团有限公司,简称中国重汽(其标志见图 2-111),是我国最早研发和制造重型汽车(见图 2-112)的企业,也是国内重型汽车行业的龙头企业。中国重汽组建于1983 年,总部在济南市。

图 2-111　中国重汽标志

图 2-112　中国重汽金王子自卸车

中国重汽的前身成立于 1958 年,当时名为济南汽车制造厂。1960 年 4 月该厂试制出了中国第一辆重型汽车——黄河牌 JN150 型 8t 重型汽车,结束了中国不能生产重型汽车的历史。1983 年,国家为彻底改变汽车工业"缺重"局面,解决重型汽车工业低水平发展状况,组建了中国重汽集团,性质为中央直属企业,隶属国务院领导。2000 年,国务院决定对中国重汽集团实施改革重组,主体部分下放山东省政府管理,2001 年在此基础上成立了新的中国重汽集团。

中国重汽主要组织开发研制及生产销售各种载重汽车、特种汽车、客车、专用车、改装车、专用校车、发动机及机组、汽车零部件、专用底盘等产品,是我国重型汽车行业驱动形式和功率覆盖范围最全面的企业。

2.9.6 重庆长安汽车股份有限公司

重庆长安汽车股份有限公司,简称长安汽车或重庆长安(见图 2-113 和图 2-114),为中国长安汽车集团股份有限公司旗下的核心整车企业。长安汽车悠久的历史可追溯到洋务运动时期(源于 1862 年李鸿章创建的上海洋炮局),曾开创中国近代工业之先河。

图 2-113 长安汽车旧标志

图 2-114 长安汽车新标志

多年来,长安汽车坚持以自强不息的精神,通过自我积累、滚动发展,旗下现有重庆、河北、南京、江苏、江西、北京 6 大国内产业基地,11 个整车和 2 个发动机工厂;马来西亚、越南、美国、墨西哥、伊朗、埃及等 6 大海外产业基地;福特、铃木、马自达等多个国际战略合作伙伴。

长安汽车始终坚持走自主创新之路,着力提升自主研发能力,建立了重庆、上海、北京、哈尔滨、江西、意大利都灵、日本横滨、英国诺丁汉、美国底特律"五国九地、各有侧重"的研发格局;拥有核心研发人员 3000 余人。长安汽车综合研发实力连续多年稳居中国汽车行业第一,并荣膺"2014 中国汽车年度盛典年度风云企业"大奖。

长安汽车旗下的主要公司有重庆长安汽车股份有限公司(简称重庆长安)、重庆长安铃木汽车有限公司(简称长安铃木)、长安福特马自达汽车有限公司(简称长安福特马自达汽车)、长安福特马自达汽车有限公司南京公司、长安福特马自达发动机有限公司、南京长安汽车有限公司、河北长安汽车有限公司等。

长安汽车旗下主要有逸动(见图 2-115)、致尚、XT、CX20、悦翔、奔奔、奔奔 MINI(见图 2-116 和图 2-117)、奔奔 LOVE、睿骋以及众多合资品牌车型。

图 2-115 长安逸动(EADO)汽车(自主品牌)

图 2-116 长安奔奔 MINI 汽车(自主品牌)

图 2-117 长安奔奔标志

2.9.7 浙江吉利控股集团有限公司

浙江吉利控股集团有限公司是国内汽车行业十强中唯一一家民营乘用车生产经营企业,始建于 1986 年,经过多年的建设与发展,在汽车、摩托车、汽车发动机、变速器、汽车电子电器及汽车零部件制造领域取得了辉煌业绩。

吉利汽车的标志如图 2-118、图 2-119 和图 2-120 所示。

图 2-118 吉利汽车旧标志

图 2-119 吉利汽车新标志

图 2-120 吉利帝豪(Emgrand)标志

浙江吉利控股集团有限公司现有吉利美人豹、自由舰、金刚(见图 2-121)、远景(见图 2-122)、帝豪、全球鹰等八大系列 30 多个品种的乘用车。

图 2-121 吉利金刚乘用车

图 2-122 吉利远景乘用车

吉利汽车拥有较强的乘用车整车、发动机、变速器和汽车电子电器的开发能力,每年可以推出 4～5 款全新车型和机型;拥有一批行业顶尖的汽车技术专家。特别是 2010 年收购沃尔沃汽车公司之后,吉利汽车的自主研发能力得以显著提升。

以"造老百姓买得起的好车,让吉利汽车走遍全世界"为企业理念的吉利控股集团代表着中国民族汽车工业的希望。

2.9.8　奇瑞汽车有限公司

奇瑞汽车有限公司成立于 1997 年,总部位于安徽芜湖。

奇瑞公司现有乘用车公司、发动机公司、变速器公司、汽车工程研究总院、规划设计院、试验技术中心等生产及研发单位,具备很强的整车及零部件生产能力。

图 2-123　奇瑞汽车公司的标志

奇瑞汽车公司的标志如图 2-123 所示。

现已投放市场的整车有 QQ3、QQ6、A1、瑞麒 2、开瑞 3、A5、瑞虎 3(见图 2-124)、东方之子、旗云(见图 2-125)、Cross 等 10 个系列数十款产品。

图 2-124　奇瑞瑞虎 3

图 2-125　奇瑞旗云

2.9.9　沈阳华晨金杯汽车有限公司

沈阳华晨金杯汽车有限公司的前身是沈阳金杯客车制造有限公司,于 2003 年 1 月正式更名,是华晨中国汽车控股有限公司的核心生产企业。

华晨金杯拥有两个整车品牌、三大整车产品。这两个整车品牌即中华(见图 2-126)和金杯(见图 2-127)系列;三大整车产品包括拥有自主品牌的中华尊驰乘用车(见图 2-128)、国内同类车型中市场占有率接近 60% 的金杯海狮轻型客车、引进丰田高端技术生产的金杯阁瑞斯多功能商务车。

图 2-126　中华汽车标志

图 2-127　金杯汽车标志

图 2-128　中华尊驰乘用车

2017 年 12 月 15 日,法国雷诺收购华晨金杯 49％的股权后,与华晨金杯组建的全新合资公司——华晨雷诺金杯汽车有限公司在沈阳正式成立。

在华晨雷诺金杯汽车有限公司的产品规划中,原金杯汽车旗下的四款产品海狮、阁瑞斯、华颂和 F50 继续保留,同时,陆续引进雷诺的轻型商用车 Kangoo、Trafic 和 Master 等主打产品,全面开拓中国轻型商用车市场,并适时推出 Kangoo ZE 和 Master ZE 等电动版车型,抢占中国轻型商用车新能源车型的市场份额。

2.9.10　中国其他汽车公司

除上述 9 家汽车公司之外,我国较大的汽车生产企业还有北京汽车集团有限公司(简称北汽集团,见图 2-129 和图 2-130)、安徽江淮汽车股份有限公司(简称江淮汽车,见图 2-131 和图 2-132)、长城汽车股份有限公司(简称长城汽车,见图 2-133)、力帆实业(集团)股份有限公司(简称力帆汽车,见图 2-134)、比亚迪股份有限公司(见图 2-135)、辽宁曙光汽车集团公司(见图 2-136 和图 2-137)等。

图 2-129　北汽集团标志

图 2-130　北汽福田标志

图 2-131　江淮汽车商用车标志

图 2-132　江淮汽车乘用车(和悦)标志

图 2-133　长城汽车标志

图 2-134　力帆汽车标志

图 2-135　比亚迪汽车标志（BYD，Build Your Dreams，成就梦想）

图 2-136　曙光汽车标志

图 2-137　曙光挑战者 SUV

复习思考题

1. 欧洲著名的汽车公司有哪些？
2. 美国著名的汽车公司有哪些？
3. 日本著名的汽车公司有哪些？
4. 中国著名的汽车公司有哪些？

第 3 章 汽车分类与性能

⚠️ **教学提示**：汽车种类繁多，结构各异，熟悉汽车的分类和性能指标，对于理性认识汽车具有重要意义。

⚠️ **教学要求**：本章主要介绍汽车的类别和汽车的性能指标，重点内容是汽车的类别和分类方法。要求学生了解汽车的性能指标，熟悉车辆识别代号（VIN）的意义和作用，掌握汽车的类别和分类方法。

3.1 我国汽车分类

汽车是由自身的动力装置驱动、具有 4 个或 4 个以上车轮的非轨道承载车辆，其主要用途是载运人员和（或）货物。

汽车的类型较多，分类方法也很多，通常可按其用途、动力装置类型、行驶道路条件、行驶机构的特征、发动机位置及驱动形式、乘客座位数及汽车总质量等进行分类。

3.1.1 按用途分类

根据原国家标准 GB/T 3730.1—1988 的规定，按用途不同，汽车分为普通运输汽车、专用汽车和特殊用途汽车等类型。

1. 普通运输汽车

普通运输汽车可分为轿车、客车和货车，并按照各自的主要特征参数分级，即轿车按照发动机的工作容积（排量）、客车按照车辆的总长度、货车按照汽车的总质量分级。

1）轿车

轿车是供个人使用的、载运少量乘员（2～9 人）的汽车，其分级见表 3-1。

表 3-1 轿车的分级

轿车分级	发动机工作容积（排量）/L	图例
微型轿车	≤1.0	图 3-1
普及型轿车	1.0＜容积≤1.6	图 3-2
中级轿车	1.6＜容积≤2.5	图 3-3
中高级轿车	2.5＜容积≤4.0	图 3-4
高级轿车	＞4.0	图 3-5

图 3-1　奇瑞 QQ 微型轿车(排量 0.8L)

图 3-2　捷达普及型轿车(排量 1.6L)

图 3-3　桑塔纳志俊中级轿车(排量 1.8L)

图 3-4　别克君威中高级轿车(排量 3.0L)

图 3-5　红旗元首级 HQE 高级轿车(V12 型发动机,排量 6.0L)

2) 客车

客车是供公共服务用的、载运较多乘员(9 人以上)的汽车,其分级见表 3-2。

表 3-2　客车的分级

客车分级	车辆总长度/m	图例
微型客车	≤3.5	图 3-6
轻型客车	3.5<长度≤7.0	图 3-7
中型客车	7.0<长度≤10	图 3-8
大型客车	10<长度≤12	图 3-9
特大型客车	铰接式客车与双层客车	图 3-10,图 3-11

图 3-6 长安之星 6350 型微型客车

图 3-7 沈阳金杯 SY6480A1C-ME 型轻型客车

图 3-8 金龙海格 H8(KLQ6858)型中型客车

图 3-9 郑州宇通 ZK6120HY1 型大型客车

图 3-10 中大 YCK6140HG 型特大型高档豪华客车

图 3-11 北京京华 BK6180D 型特大型铰接客车

3) 货车

货车是用于载运货物的运输汽车,其分级见表 3-3。

表 3-3 货车的分级

货车分级	汽车总质量/t	图例
微型货车	≤1.8	图 3-12
轻型货车	1.8<总质量≤6.0	图 3-13
中型货车	6.0<总质量≤14	图 3-14
重型货车	>14	图 3-15

现在执行的《汽车和挂车类型的术语和定义》(GB/T 3730.1—2001)替代(GB/T 3730.1—1988),将汽车分为乘用车和商用车两大类。

图 3-12　昌河福瑞达 CH1020E 微型货车

图 3-13　沈阳金杯 SY1040BL6S 轻型货车

图 3-14　东风 EQ1088TZ 中型厢式货车

图 3-15　解放 J6 重型货车

所谓乘用车是指在设计和技术特性上主要用于载运乘客及其随身行李和临时物品的汽车,包括驾驶员座位在内最多不超过 9 个座位,它也可以牵引一辆挂车。乘用车包括普通乘用车、活顶乘用车、高级乘用车、小型乘用车、敞篷车、舱背乘用车(这 6 种俗称轿车)、旅行车、多用途乘用车(MPV)、短头乘用车、越野乘用车、专用乘用车(旅居车、防弹车、救护车和殡仪车)等。

现在执行的《汽车和挂车类型的术语和定义》(GB/T 3730.1—2001)是依据国际标准(ISO 3833)制定的,实现了与国际接轨。同时,废除了"轿车"的提法,改称为"乘用车",使汽车恢复到代步工具的本真地位,也有助于消除"人分高低贵贱"的传统等级观念,促进社会和谐。

现行国家标准对乘用车的详细分类见表 3-4。

表 3-4　乘用车的分类

序号	术　语	定　义
1	普通乘用车 saloon(sedan)	车身:封闭式,侧窗中柱有或无 车顶(顶盖):固定式,硬顶。有的顶盖一部分可以开启 座位:4 个或 4 个以上座位,至少两排。后座椅可折叠或移动,以形成装载空间 车门:2 个或 4 个侧门,可有一后开启门

序号	术 语	定 义
2	活顶乘用车 convertible saloon	车身:具有固定侧围框架的可开启式车身。可开启式车身可以通过使用一个或数个硬顶部件和(或)合拢软顶将开启的车身关闭 车顶(顶盖):车顶为硬顶或软顶,至少有两个位置:①封闭;②开启或拆除 座位:4 个或 4 个以上座位,至少两排 车门:2 个或 4 个侧门 车窗:4 个或 4 个以上侧窗
3	高级乘用车 pullman saloon (pullman sedan) (executive limousine)	车身:封闭式。前后座之间可以设有隔板 车顶(顶盖):固定式,硬顶。有的顶盖一部分可以开启 座位:4 个或 4 个以上座位,至少两排。后排座椅前可安装折叠式座椅 车门:4 个或 6 个侧门,也可有一个后开启门 车窗:6 个或 6 个以上侧窗
4	小型乘用车 coupe	车身:封闭式,通常后部空间较小 车顶(顶盖):固定式,硬顶。有的顶盖一部分可以开启 座位:2 个或 2 个以上座位,至少一排 车门:2 个侧门,也可有一个后开启门 车窗:2 个或 2 个以上侧窗
5	敞篷车 convertible (open tourer) (roadster) (spider)	车身:可开启式 车顶(顶盖):车顶可为软顶或硬顶,至少有两个位置:第一个位置遮覆车身;第二个位置车顶卷收或可拆除 座位:2 个或 2 个以上座位,至少一排 车门:2 个或 4 个侧门 车窗:2 个或 2 个以上侧窗
6	舱背乘用车 hatchback	车身:封闭式,侧窗中柱可有可无 车顶(顶盖):固定式,硬顶。有的顶盖一部分可以开启 座位:4 个或 4 个以上座位,至少两排。后座椅可折叠或可移动,以形成一个装载空间 车门:2 个或 4 个侧门,车身后部有一舱门
7	旅行车 station wagon	车身:封闭式。车尾外形可提供较大的内部空间 车顶(顶盖):固定式,硬顶。有的顶盖一部分可以开启 座位:4 个或 4 个以上座位,至少两排。座椅的一排或多排可拆除,或装有向前翻倒的座椅靠背,以提供装载平台 车门:2 个或 4 个侧门,并有一后开启门 车窗:4 个或 4 个以上侧窗
8	多用途乘用车 multipurpose passenger car (multipurpose vehicle)	上述序号 1~7 车辆以外的,只有单一车室载运乘客及其行李或物品的乘用车。但是,如果这种车辆同时具有下列两个条件,则不属于乘用车: 条件 1:除驾驶员以外的座位数不超过 6 个;只要车辆具有可使用的座椅安装点,就应算"座位"存在 条件 2:$P-(M+N\times68)>N\times68$ 式中:P 为最大设计总质量;M 为整车整备质量与 1 位驾驶员身体质量之和;N 为除驾驶员以外的座位数

序号	术　语	定　义
9	短头乘用车 forward control passenger car	一种乘用车,它一半以上的发动机长度位于车辆前风窗玻璃最前点以后,并且转向盘的中心位于车辆总长的前 1/4 以内
10	越野乘用车 off-road passenger car	在其设计上所有车轮同时驱动(包括一个驱动轴可以脱开的车辆),或其几何特性(接近角、离去角、纵向通过角、最小离地间隙)、技术特性(驱动轴数、差速锁止机构或其他形式机构)和它的性能(爬坡度)允许在非道路上行驶的一种乘用车
11	专用乘用车 special purpose passenger car	运载乘员或物品并完成特定功能的乘用车,它具备完成特定功能所需的特殊车身和(或)装备。例如:旅居车、防弹车、救护车、殡仪车等
	旅居车 motor caravan	旅居车是一种至少具有下列生活设施结构的乘用车: —座椅和桌子; —睡具,可由座椅转换而来; —炊事设施; —储藏设施
	防弹车 armoured passenger car	用于保护所运送的乘员和(或)物品并符合装甲防弹要求的乘用车
	救护车 ambulance	用于运送病人或伤员并为此目的配有专用设备的乘用车
	殡仪车 hearse	用于运送死者并为此目的而配有专用设备的乘用车

注:定义中的车窗指一个玻璃窗口,它可由一块或几块玻璃组成(例如通风窗为车窗的一个组成部分)。

所谓商用车是指在设计和技术特性上用于运送人员和货物的汽车,并且可以牵引挂车。商用车包括客车(小型客车、城市客车、长途客车、旅游客车、铰接客车、无轨电车、越野客车、专用客车)、半挂牵引车、货车(普通货车、多用途货车、全挂牵引车、越野货车、专用作业车、专用货车)等。

现行国家标准对商用车的详细分类见表 3-5。

表 3-5　商用车的分类

序号	术　语	定　义
1	客车 bus	在设计和技术特性上用于载运乘客及其随身行李的商用车辆,包括驾驶员座位在内座位数超过 9 座。客车有单层的或双层的,也可牵引一挂车
	小型客车 minibus	用于载运乘客,除驾驶员座位外,座位数不超过 16 座的客车
	城市客车 city-bus	一种为城市内运输而设计和装备的客车。这种车辆设有座椅及站立乘客的位置,并有足够的空间供频繁停站时乘客上下车走动用
	长途客车 interurban coach	一种为城间运输而设计和装备的客车。这种车辆没有专供乘客站立的位置,但在其通道内可载运短途站立的乘客
	旅游客车 touring coach	一种为旅游而设计和装备的客车。这种车辆的布置要确保乘客的舒适性,不载运站立的乘客

续表

序号	术　语	定　义
1	铰接客车 articulated bus	一种由两节刚性车厢铰接组成的客车。在这种车辆上,两节车厢是相通的,乘客可通过铰接部分在两节车厢之间自由走动。这种车辆可以按两节刚性车厢永久联结,只有在工厂车间使用专用的设施才能将其拆开
	无轨电车 trolley bus	一种经架线由电力驱动的客车,这种电车可指定用作多种用途
	越野客车 off-road bus	在其设计上所有车轮同时驱动(包括一个驱动轴可以脱开的车辆)或其几何特性(接近角、离去角、纵向通过角、最小离地间隙)、技术特性(驱动轴数、差速锁止机构或其他形式机构)和它的性能(爬坡度)允许在非道路上行驶的一种客车
	专用客车 special bus	在其设计和技术特性上只适用于需经特殊布置安排后才能载运人员的车辆
2	半挂牵引车 semi-trailer towing vehicle	装备有特殊装置用于牵引半挂车的商用车辆
3	货车 goods vehicle	一种主要为载运货物而设计和装备的商用车辆,它能否牵引挂车均可
	普通货车 general purpose goods vehicle	一种在敞开(平板式)或封闭(厢式)载货空间内载运货物的货车
	多用途货车 multipurpose goods vehicle	在其设计和结构上主要用于载运货物,但在驾驶员座椅后带有固定或折叠式座椅,可运载 3 个以上的乘客的货车
	全挂牵引车 trailer towing vehicle	一种牵引杆式挂车的货车,它本身可在附属的载运平台上运载货物
	越野货车 off-road goods vehicle	在其设计上所有车轮同时驱动(包括一个驱动轴可以脱开的车辆)或其几何特性(接近角、离去角、纵向通过角、最小离地间隙)、技术特性(驱动轴数、差速锁止机构或其他形式的机构)和它的性能(爬坡度)允许在坏路上行驶的一种货车
	专用作业车 special goods vehicle	在其设计和技术特性上用于特殊工作的货车。例如:消防车、救险车、垃圾车、应急车、街道清洗车、扫雪车、清洁车等
	专用货车 specialized goods vehicle	在其设计和技术特性上用于运输特殊物品的货车。例如:罐式车、乘用车运输车、集装箱运输车等

2. 专用汽车

专用汽车是用基本车型改装,装上专用设备或装置,完成某种或某些专门作业任务的汽车,按其用途可分作业型专用汽车和运输型专用汽车。

1） 作业型专用汽车

作业型专用汽车是指安装各种特殊设备进行特定作业的汽车。例如：公安消防车（见图 3-16）、广播电视转播车（见图 3-17）、商业售货车、医疗救护车、环卫环保作业车、市政建设工程作业车、农牧副渔作业车、石油地质作业车、机场作业车等。

图 3-16 公安消防车

图 3-17 广播电视转播车

2） 运输型专用汽车

运输型专用汽车是车身经过改装，用来运输专门货物的汽车。例如：运输易污货物的闭式车厢货车、运输易腐食品的冷藏车厢货车、运输砂土矿石的自卸汽车（见图 3-18）、运输流体或粉状固体的罐车（见图 3-19）。此外，还有挂车、半挂车、集装箱货车等。

图 3-18 自卸汽车（后翻式）

图 3-19 混凝土输送车

3. 特殊用途汽车

1） 竞赛汽车

竞赛汽车（见图 3-20）是按照特定的竞赛规范而设计或改装的汽车。在进行竞赛时，竞赛汽车各种零部件的性能都将经受极其严峻的考验，因而竞赛汽车都经过精心的设计，并集中使用了大量高新科技成果。

2） 娱乐汽车

随着人民生活水平的提高，要求汽车不仅满足运输需要，还要满足精神生活的需要。娱乐汽车的例子，如：装备卧具和炊具的旅居车（流动住房）、高尔夫球场专用汽车（见图 3-21）、海滩游玩汽车等。

(a)　　　　　　　　　　　　　　　　　(b)

图 3-20　法拉利 F1 一级方程式赛车 F2003-GA

图 3-21　高尔夫球场专用汽车

3.1.2　按动力装置类型分类

1. 内燃机汽车

1）活塞式内燃机汽车

活塞式内燃机可按活塞的运动方式分为往复活塞式和旋转活塞式等类型。

目前,汽车几乎都采用往复活塞式内燃机作为动力装置。按照燃料的不同,内燃机汽车又分为汽油机汽车、柴油机汽车和代用燃料汽车。目前,代用燃料主要有合成液体石油、液化石油气、压缩天然气、醇类等。

2）燃气轮机汽车

燃气轮机汽车(见图 3-22)是一种涡轮式内燃机汽车。与活塞式内燃机相比,燃气轮机功率大、质量小、转矩特性好,对燃油没有严格限制;但耗油量较多,噪声较大,制造成本较高。

2. 电动汽车

电动汽车是指以电动机为驱动装置,并有自身供电能源的车辆(不包括依靠架线供电行驶的车辆)。

1）蓄电池式电动汽车

由于传统的铅酸电池具有质量大、能量密度低、充电时间长、寿命短等缺点,这种电动汽车在车速和续驶里程等方面还无法与轻巧强劲的内燃机汽车相媲美。但是,这种汽

图 3-22　美国通用汽车公司的火鸟 XP 21 型燃气轮机动力汽车(1954 年)

车却具有许多优点：不需要石油燃料、零排放、操纵简便、噪声小以及可在特殊的环境(如太空、海洋、真空)下工作。研制出轻巧、高效、价廉的蓄电池是这种车辆进一步发展的关键。

2）燃料电池式电动汽车

这种车辆是使燃料在转化器中产生反应而释放出氢气，再将氢气输入燃料电池中与氧气结合而发出电力，推动电动机工作。该项技术问题已基本解决，但汽车的性能仍不及内燃机汽车，而且价格较昂贵。

3）复合式汽车

复合式汽车又称混合动力汽车，是装备两套动力装置的车辆。这种车辆通常装有内燃机-发电机组以及蓄电池。汽车低负荷时，发电机组除向驱动汽车的电动机供电外，多余的电能存入蓄电池；汽车高负荷时，蓄电池也参与供能。这种车辆的优点是发电机组的内燃机的排量小(小型柴油机工作容积仅 1.0L)，而且可调节至恒定的最佳工作状态(效率高达 43%)，其油耗和排放仅为同级别内燃机汽车的 1/3，而且克服了蓄电池式电动汽车动力性差、续驶里程短的主要缺点。

可见，复合式汽车是使电动汽车和内燃机汽车两者扬长避短的折中式车型。虽然复合式汽车结构复杂，但如能大批量生产以降低成本，则会有较好的发展前景。

3. 喷气式汽车

这是依靠航空发动机或火箭发动机以及特殊燃料，并以喷气反作用力驱动的轮式汽车。普通汽车和竞赛汽车都不允许采用这种结构形式，这种汽车只能用于创造速度纪录。

英国研究人员研制的新型"猎犬 SSC"喷气式汽车(见图 3-23)，速度高达 1609km/h，是一辆比子弹还要快的超音速汽车。"猎犬 SSC"喷气式汽车外形类似铅笔，长 12.8m，高 2.7m，重 6.4t，以喷气式发动机和火箭为动力。

4. 其他动力装置汽车

如早期的蒸汽机汽车和新研制的太阳能汽车(见图 3-24)等。

(a) 左前　　　　　　　　　　　　　(b) 右后

图 3-23　"猎犬 SSC"喷气式汽车

图 3-24　太阳能汽车

3.1.3　按行驶道路条件分类

1. 公路用汽车

公路用汽车是指适于公路和城市道路行驶的汽车。这种汽车的外廓尺寸(总长、总宽、总高)和单轴负荷等均受交通法规的限制。

根据交通量及其使用任务、性质,我国的公路划分为高速公路和一、二、三、四级公路。在公路网中起骨架作用的公路称为干线公路,起连接作用的称支线公路。经国家确定的具有全国性政治、经济、国防意义的公路称为国家干线公路,亦称国道。

国道采用 3 位数字编号,首位数字为 1 的,是指以北京为中心的国道;首位数字为 2 的,是指南北方向(纵向)的国道;首位数字为 3 的,是指东西方向(横向)的国道。

2. 非公路用汽车

非公路用汽车分为两类:一类是其外廓尺寸和单轴负荷等参数超过公路用汽车法规的限制,只能在矿山、机场、工地、专用道路等非公路地区使用;另一类是能在无路地面上行驶的高通过性汽车,称为越野汽车。

越野汽车可以是乘用车、客车、货车或其他用途的汽车。根据《汽车和挂车类型的术语和定义》(GB/T 3730.1—2001)的规定,越野汽车按总质量分级,见表 3-6。

表 3-6　越野汽车的分级

分　　级	汽车总质量/t	图例
轻型越野汽车	≤5.0	图 3-25
中型越野汽车	5.0<总质量≤13.0	图 3-26
重型越野汽车	>13.0	图 3-27

图 3-25　北京 BJ2020VA 轻型越野汽车

图 3-26　EQ2080 中型越野汽车

图 3-27　重型越野汽车

3.1.4　按行驶机构的特征分类

1. 轮式汽车

通常按驱动形式分为非全轮驱动和全轮驱动两种类型。汽车的驱动形式常用符号"$n×m$"表示,其中 n 是车轮总数(装在同一个轮毂上的双轮胎仍算 1 个车轮),m 是驱动轮数。例如,普通乘用车和大多数汽车通常属于 $4×2$(非全轮驱动)类型,而越野汽车属于全轮驱动类型,有 $4×4$(BJ2020 轻型越野汽车)、$6×6$(EQ2080 中型越野汽车)、$8×8$(三江航天 WS2400 重型越野汽车,见图 3-28)、$12×12$(万山 WS2900 重型越野汽车,见图 3-29)等。

2. 其他类型行驶机构的汽车

如履带式(见图 3-30)、雪橇式(见图 3-31)汽车,从广义上讲还可包括气垫式(见图 3-32)、公路铁路两用车(见图 3-33)等汽车。

图 3-28　三江航天 WS2400 重型越野汽车

图 3-29　万山 WS2900 重型越野汽车

图 3-30　履带式汽车

图 3-31　雪橇式汽车

图 3-32　气垫式汽车

图 3-33　公路铁路两用车

3.1.5　按发动机位置及驱动形式分类

按发动机位置及驱动形式分,乘用车可分为前置发动机前轮驱动乘用车、前置发动机后轮驱动乘用车、后置发动机后轮驱动乘用车及四轮驱动乘用车;客车可分为前置发动机后轮驱动客车、中置发动机后轮驱动客车和后置发动机后轮驱动客车;中型货车基本上都采用前置发动机后轮驱动形式。

3.1.6　按乘客座位数及汽车总质量分类

国家标准《机动车辆及挂车分类》(GB/T 15089—2001)按乘客座位数及汽车总质量对汽车进行了分类,见表 3-7。

表 3-7　机动车辆及挂车分类（GB/T 15089—2001①）

汽 车 类 型			乘客座位数②	厂定汽车最大总质量/t	说　明
M 类	至少有四个车轮并且用于载客的机动车辆	M₁ 类	≤9	—	包括驾驶员座位在内,座位数不超过 9 座的载客车辆
		M₂ 类	≤9	≤5.0	包括驾驶员座位在内,座位数不超过 9 个,且最大设计总质量不超过 5.0t 的载客车辆
		M₃ 类	>9	>5.0	包括驾驶员座位在内,座位数超过 9 个,且最大设计总质量超过 5.0t 的载客车辆
N 类	至少有四个车轮并且用于载货的机动车辆	N₁ 类	—	≤3.5	最大设计总质量不超过 3.5t 的载货车辆
		N₂ 类	—	>3.5~12	最大设计总质量超过 3.5t,但不超过 12t 的载货车辆
		N₃ 类	—	>12	最大设计总质量超过 12t 的载货车辆
O 类	挂车(包括半挂车)	O₁ 类	—	≤0.75	最大设计总质量不超过 0.75t 的挂车
		O₂ 类	—	>0.75~3.5	最大设计总质量超过 0.75t,但不超过 3.5t 的挂车
		O₃ 类	—	>3.5~10	最大设计总质量超过 3.5t,但不超过 10t 的挂车
		O₄ 类	—	>10	最大设计总质量超过 10t 的挂车

注：① 该标准还包括两轮或三轮机动车辆(L 类)和满足特定要求的 M 类、N 类的越野车(G 类)的分类;
　　② 包括驾驶员座位在内。

3.1.7　国产汽车产品型号编制规则

国产汽车型号应能表明其厂牌、类型和主要特征参数等。该型号由拼音字母和阿拉伯数字组成,包括首部、中部和尾部三部分。

(1)首部　由 2 个或 3 个拼音字母组成,是识别企业的代号。如：CA 代表"一汽"、EQ 代表"二汽"、BJ 代表北京、NJ 代表南京、SY 代表沈阳等。

(2)中部　由 4 位数字组成,分为首位、中间两位和末位数字 3 部分,其含义见表 3-8。

表 3-8　汽车型号中部 4 位阿拉伯数字的含义

首位数字(1~9)表示车辆类别		中间两位数字表示各类汽车的主要特征参数	末位数字
1	表示载货汽车	数字表示汽车的总质量(t)①	表示企业自定序号
2	表示越野汽车		
3	表示自卸汽车		
4	表示牵引汽车		
5	表示专用汽车		
6	表示客车	数字×0.1m 表示车辆的总长度②	
7	表示乘用车	数字×0.1L 表示汽车发动机工作容积	
8	(暂缺)		
9	表示半挂车或专用半挂车	数字表示汽车的总质量(t)	

注：① 汽车总质量大于 100t 时,允许用 3 位数字;
　　② 汽车总长度大于 10m 时,数字×1m。

（3）尾部　由拼音字母或加上阿拉伯数字组成,可以表示专用汽车的分类或变型车与基本型的区别。

例如:型号 CA1092 表示一汽集团生产的货车,总质量 9t,末位数字 2 表示在原车型 CA1091 的基础上改进的新车型。型号 CA7226L 表示一汽集团生产的乘用车,发动机工作容积 2.2L,序号 6 表示安装 5 缸发动机的车型,尾部字母 L 表示加长型(即小红旗加长型中级轿车)。

3.2　国外汽车分类

3.2.1　欧系汽车分类法

目前,也有许多欧洲汽车公司按照排量或者轴距对乘用汽车进行分类。其中,以德国大众的乘用车分类法最具代表性。

在欧系分类法中,通常把乘用汽车分为 A、B、BC、D、E、EF 和 G 级。其等级划分主要依据轴距、排量、质量等参数,字母顺序越靠后,该级别车的轴距越长,排量和质量越大,乘用车的豪华程度也越高。

1. A 级车(包括 A0、A00)

A 级车(包括 A0、A00)车是指小型乘用车。A00 级乘用车的轴距应在 2～2.2m 之间,发动机排量小于 1L,例如奥拓、奇瑞 QQ、通用五菱 SPARK(见图 3-34)就属于 A00 级乘用车。

A0 级乘用车的轴距为 2.2～2.3m,排量为 1～1.3L,比较典型的是两厢夏利乘用车;一般所说的 A 级车其轴距范围约在 2.3～2.45m 之间,排量约为 1.3～1.6L,德国大众的捷达、Polo(见图 3-35)都算得上是 A 级车当中的明星。

图 3-34　通用五菱 SPARK

图 3-35　Polo

2. B 级车

B 级车是中档乘用车。B 级中档乘用车轴距约在 2.45～2.6m 之间,排量在 1.6～2.4L 之间。

近年来,B 级车市场逐渐成为国内汽车企业拼杀的主战场,奥迪 A4、帕萨特、中华骏捷(见图 3-36)、东方之子等众多车型均属于 B 级车阵营。

图 3-36　中华骏捷

3. C 级车

C 级车是高档乘用车。C 级高档乘用车的轴距约在 2.6～2.8m 之间,发动机排量为 2.3～3.0L。国内名气最大的 C 级车非奥迪 A6 L(见图 3-37)莫属。

图 3-37　奥迪 A6 L

4. D 级车

D 级车指的是豪华乘用车。D 级豪华乘用车大多外形气派,车内空间极为宽敞,发动机动力也非常强劲,其轴距一般均大于 2.8m,排量基本都在 3.0L 以上。

目前,常见的 D 级车有奔驰 S 系列、宝马 7 系列(见图 3-38)、奥迪 A8 和劳斯莱斯、宾利等几个品牌的车型。

图 3-38　宝马 760

5. E 级车

E 级车为高级车,如奔驰 E 级、E280(见图 3-39)和 E200K。

图 3-39 奔驰 E280

6. F 级车

F 级车一般为赛车,如宝马索伯车队的 F1 赛车 BMW Sauber F1.08(见图 3-40)。

图 3-40 BMW Sauber F1.08

3.2.2 设计理念分类法

近年来,汽车设计理念发生了很大的变化,有了较大进步。除上述分类方法之外,按汽车设计理念不同,还可以分为 SUV、CUV、SRV 等,下面逐一加以介绍。

1. PICK-UP

PICK-UP 即皮卡,又名轿卡(俗称半截美)。顾名思义,亦轿亦卡,是一种采用乘用车车头和驾驶室,同时带有敞开式货车车厢的车型。其特点是既有乘用车般的舒适性,又不失动力强劲,而且载货和适应不良路面的能力比乘用车更强。

最常见的皮卡车型是双排座皮卡(见图 3-41),这种车型目前保有量最大,也是人们在市场上见得最多的皮卡。

图 3-41 中兴旗舰皮卡

2. SUV

SUV 的全称是 sport utility vehicle，即运动型多用途车，20 世纪 80 年代起源于美国，是为迎合年轻白领阶层的爱好而在皮卡底盘上发展起来的一种厢式车。

SUV 离地间隙较大，在一定的程度上既有乘用车的舒适性又有越野车的越野性能。福布斯杂志评选的 2007 年度十佳 SUV 有凯迪拉克 Escalade（见图 3-42）、陆虎 RANGE ROVER（见图 3-43）、荷兰的世爵 D12、本田阿库拉 MDX、别克 Enclave 等。

图 3-42　凯迪拉克 Escalade　　　　　图 3-43　陆虎 RANGE ROVER

3. CRV

CRV 是本田的一款车，国产的版本叫做东风本田 CR-V（见图 3-44），取英文 city recreation vehicle 之意，即城市休闲车。

4. SRV

SRV 的英文全称是 small recreation vehicle，意为小型休闲车，一般指两厢乘用车，如吉利豪情 SRV（见图 3-45）和上海通用赛欧 SRV（见图 3-46）。

图 3-44　本田 CR-V　　　　　　　　图 3-45　吉利豪情 SRV

5. RAV

RAV 源于丰田的一款小型运动型车 RAV 4（见图 3-47）。丰田公司的解释是，recreational（休闲）、activity（运动）、vehicle（车），缩写就成了 RAV，又因为车是四轮驱动，所以又加了个 4。

图 3-46　赛欧 SRV

图 3-47　丰田 RAV4

6. HRV

HRV 源于上海通用别克凯越 HRV 乘用车(见图 3-48),取 healthy(健康)、recreational(休闲)、vigorous(活力)之意,是一个全新的汽车设计概念。

图 3-48　别克凯越 HRV 乘用车

7. MPV

MPV 的全称是 multi-purpose vehicle,即多用途汽车。

它集乘用车、旅行车和厢式货车的功能于一身,车内每个座椅都可调整,并有多种组合方式。例如,将中排座椅靠背翻下即可变为桌台,前排座椅可作 180°回转调节等。

长城 2.0L MPV 嘉誉(见图 3-49)、金杯阁瑞斯(见图 3-50)、上海通用 GL8、普力马、奥德赛等都属于 MPV。

图 3-49　长城 2.0L MPV 嘉誉

图 3-50　阁瑞斯 MPV

近年来,MPV 趋向于小型化,并出现了所谓的 S-MPV,S 是小(small)的意思,车身紧凑,一般为 5～7 座。江西昌河北斗星(见图 3-51)是 S-MPV 的典型代表。

图 3-51　北斗星 S-MPV

8. CUV

CUV 是英文 car-based utility vehicle 的缩写,是以乘用车底盘为设计平台,融乘用车、MPV 和 SUV 特性为一体的多用途车,也称为 Crossover。

CUV 最初在 20 世纪末起源于日本,之后在北美、西欧等地区流行。CUV 既有乘用车的驾驶感受和操控性,又有多用途运动车的功能,开始成为喜欢 SUV 的粗犷外观,同时也注重燃油经济性与兼顾良好的通过性的汽车用户的最佳选择。

三菱欧蓝德(Outland,见图 3-52)和长城哈弗(见图 3-53)都是典型的 CUV。

图 3-52　三菱欧蓝德 CUV　　　　　　　图 3-53　长城哈弗 CUV

9. NCV

NCV 的全称是 new concept vehicle,即新概念乘用车。NCV 以乘用车底盘为平台,兼顾了乘用车的舒适性和 SUV 的越野性。

奇瑞瑞虎(见图 3-54)和黄海法萨特(见图 3-55)都属于 NCV。作为新概念乘用车,NCV 比家用乘用车的使用范围更广。

10. RV

RV 的全称是 recreation vehicle,即休闲车,是一种适用于娱乐、休闲、旅行的汽车。首先提出 RV 汽车概念的国家是日本。

图 3-54　奇瑞瑞虎 NCV　　　　　　　　图 3-55　黄海法萨特

RV 的覆盖范围比较广泛,没有严格的范畴。从广义上讲,除了乘用车和跑车外的轻型乘用车,如 MPV 及 SUV、CUV 等都可归属于 RV。

如图 3-56 所示的宝马 BMW X5 就是一款相当出色的 RV。

图 3-56　宝马 BMW X5

3.3　车辆识别代号

3.3.1　车辆识别代号的意义和作用

现在国外各汽车公司生产的汽车大都使用车辆识别代号(vehicle identification number,VIN)。VIN 由一组字母和阿拉伯数字组成,共 17 位,是识别一辆汽车不可缺少的工具。

VIN 的每位编码代表着汽车的某些信息参数。按照识别代号编码顺序,从 VIN 中可以识别出该车的生产国家、制造公司或生产厂家、车辆的类型、品牌名称、车型系列、车身形式、发动机型号、车型年款、安全防护装置型号、检验数字、装配工厂名称和出厂顺序号码等。

17 位编码经过排列组合,可以使车型生产在 30 年之内不会发生重号,又称为"汽车身份证"。因为现在生产的汽车车型使用年限在逐渐缩短,一般 8～12 年就会被淘汰,不再生产,所以 17 位识别代号编码已足够应用。

各国政府及各汽车公司对本国或本公司生产的汽车的 VIN 识别代号都有具体规定。各国的技术法规一般规定车辆识别代号的基本要求,如其应由 17 位编码组成,字母和数字的尺寸、书写形式、排列位置和安装位置都有相应规定等。有的国家规定没有 VIN 识别代号的汽车不准进口,有的国家的客户在选车时没有 VIN 识别代号就不购买,因此没有 VIN 识别代号的汽车是卖不出去的。

在我国,新版《车辆识别代号管理办法》已于 2004 年 12 月 1 日生效,国内制造、销售的所有汽车、挂车、摩托车都必须拥有车辆识别代号。

VIN 具有很强的唯一性、通用性、可读性以及最大限度的信息载量和可检索性。VIN 识别代号一般以标牌的形式,装贴在汽车的不同部位。

VIN 识别代号有以下用途。

(1) 车辆管理:登记注册、信息化管理的关键字。

(2) 车辆检测:年检和排放检测。

(3) 车辆防盗:识别车辆和零部件,建立盗抢数据库。

(4) 车辆维修:诊断、计算机匹配、配件订购、客户关系管理。

(5) 二手车交易:查询车辆历史信息。

(6) 汽车召回:年代、车型、批次和数量。

(7) 车辆保险:保险登记、理赔、浮动费率的信息查询。

另外,利用 VIN 还可以鉴别出拼装车、走私车。因为拼装的进口汽车一般是不按 VIN 规定进行组装的。

3.3.2　VIN 相关术语

1. 车身形式

车身形式是指车辆的一般配置或形状,即描述车门和车窗数量、装载特性,如乘用车、轻型载货汽车、重型载货汽车等。

2. 发动机形式

发动机形式是指动力装置的特征,如型号、燃料、缸数、排量等。乘用车或多用途载客车(MPV)上的发动机,都按规定标明了发动机制造厂、型号及生产编号。

3. 品牌

品牌是制造厂对一类车辆所给予的名称,如别克、奥迪、本田、大众等。有的品牌和制造商名相同,如大众、本田;有的则不同,如别克品牌的制造商是通用汽车公司。

4. 车系

车系是指制造商为一个品牌中的一组或一批车辆的命名,这些车辆在结构上(如车身、底盘、驾驶室形式)具有一定的共性,如普通桑塔纳、桑塔纳 2000 属于桑塔纳车系;别克世纪、别克 GL8 属于别克 G 系列。

5. 型号

型号又称车型,是制造商对具有相同品牌、车系和车身形式的车辆所给予的名称,如别克的赛欧、GL8;奥迪的 A4、A6;大众的帕萨特、捷达等。

6. 子车型

子车型属于同一车型,但某些附件或选装件不同,如 Jetta Ci——经济型两气门;Jetta Gi——豪华型两气门;Jetta CiX——捷达前卫;Jetta GiX——捷达前卫豪华型;Jetta GTX——豪华型 5V 改型捷达王(新捷达王);Jetta AT——自动变速新捷达王(都市先锋)。

子车型对配件和保险行业很重要。在子车型代码中,各个字母的含义为:C——普及型;G——豪华舒适型;X——新型;I——电喷。

7. 车型年份

车型年份代码表示车型的年份(年款),不一定是实际生产的年份,一般是制造商指定的车型年份。在北美,每年 9 月份以后上市的车辆,其车型年份都标注为下一年款。现在,新车推出的时间有前移的趋势,甚至 7 月份就推出了下一年份的车辆。

8. 制造工厂

标贴 VIN 的制造工厂,一般就是指装配工厂。同一年款的同一车型,可能出自不同的装配工厂。购买进口车的车主一定要注意车辆的制造工厂。

3.3.3　VIN 的组成

根据国际标准《道路车辆—车辆识别代号—内容与构成》(ISO 3779—2009)的规定,VIN 编码的组成如图 3-57、图 3-58 所示。

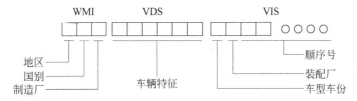

图 3-57　VIN 编码的组成

注:□代表字母或数字;○代表数字。数字为 0～9 共 10 个阿拉伯数字,
字母为 A～Z(I、O、Q 不能使用)共 23 个大写英文字母

L	S	V	H	A	1	9	J	0	2	2	2	2	1	7	6	1
1	2	3	4	5	6	7	8	9	10	11	12	13	14	15	16	17

WMI	VDS	X	VIS

图 3-58　VIN 码构成

1. 汽车制造厂识别代码(WMI)

汽车制造厂识别代码(world manufacturer identifier,WMI。见表 3-9、表 3-10),国际标

准化组织按地理区域分配给各国,各国再分配给本国的制造厂,所有的 WMI 代码由美国汽车工程师学会(Society of Automotive Engineers,SAE)保存并核对。中国由天津汽研中心标准所代理,并经国家经贸委备案。

表 3-9　中国和日本的 WMI

中国 LA～L0	LSV	上海大众
	LFV	一汽大众
	LDC	神龙富康
	LEN	北京吉普
	LHG	广州本田
	LKD	哈飞汽车
	LSY	沈阳金杯
	LSG	上海通用
	LS5	长安汽车
日本	JAA、JAJ、JAL	五十铃
	JA5、JB5、JJ5、JMA、JP5	三菱
	JSA	铃木
	JT1、JT7	丰田
	JT6、JT8	凌志
	JHM、JH4、JHG	本田

表 3-10　德国和美国的 WMI

德国 W(德国) 8(阿根廷) 9(巴西)	WD3、WDB、8A3、8AB、9BM、3MB	戴姆勒-克莱斯勒
	WV1、WV2、WV3、WVM	大众
	WBA、WBS、WB1、4US	宝马
美国 1A～10、4A～40、5A～50 2(加拿大) 3(墨西哥)	1FD、1FT	福特
	1G0、1G9	通用
	1B3、4P3	克莱斯勒

WMI 代码的组成含义如下。

第一个字码是地理区域代码,如 1～5 代表北美;S～Z 代表欧洲;6、7 代表大洋洲;A～H 代表非洲;J～R 代表亚洲;8、9 和 0 代表南美等。

第二个字码标明一个特定地区内的一个国家的字码。美国汽车工程师学会分配国家代码。

第三个字码为汽车制造厂代码,由国家机构指定一个字码来标明本国的某个特定的制造厂。我国实行的车辆识别代码中的 WMI,第 1 位"L"表示中国,第 2、3 位表示制造厂。若制造厂的年产量少于 500 辆,其 WMI 代码的第三个字码为 9。大厂用于分配车系。

由 WMI 可识别汽车源产地。

2. 车辆描述部分(VDS)

车辆描述部分(vehicle descriptor section,VDS)为 VIN 码的第 4～9 位,表示车辆的类型和配置。若其中的一位或几位字符不用,必须用选定的字母或数字占位。

VDS 一般包含以下信息：

(1) 车系；

(2) 动力系统,如发动机型号、变速器形式；

(3) 车身形式；

(4) 约束系统配置,如气囊、安全带等；

(5) 校验位,第 9 位,0～9 或 X。

3. 车辆指示部分(VIS)

车辆指示部分(vehicle indicator section,VIS)为 VIN 码的第 10～17 位,是制造厂为了区别每辆车而指定的一组字符,最后 4 位字符应是数字。

VIS 一般包含以下信息。

(1) 车型年代(见表 3-11) 第 10 位,字母或数字(但数字不能为 0,字母不能为 O、Q、I、Z)。字母或数字按照 30 年一个周期循环使用。

(2) 装配厂 第 11 位,字母或数字。

(3) 生产顺序号 最后 6 位,一般为数字。

表 3-11 表示年份的字码

年份	字码	年份	字码	年份	字码	年份	字码
1971	1	1981	B	1991	M	2001	1
1972	2	1982	C	1992	N	2002	2
1973	3	1983	D	1993	P	2003	3
1974	4	1984	E	1994	R	2004	4
1975	5	1985	F	1995	S	2005	5
1976	6	1986	G	1996	T	2006	6
1977	7	1987	H	1997	V	2007	7
1978	8	1988	J	1998	W	2008	8
1979	9	1989	K	1999	X	2009	9
1980	A	1990	L	2000	Y	2010	A

如果制造厂生产的某种类型的车辆产量≥500 辆,VIS 的第 3～8 位表示生产顺序号；如果制造厂的产量<500 辆,则此部分的第 3、4、5 位与 WMI 中的第 3 位字码一起来表示一个车辆制造厂。

3.3.4 VIN 标牌的安装位置

VIN 标牌的安装位置各大汽车厂不完全一样,一般在：

(1) 左风挡仪表盘上；

(2) 门柱上；

(3) 发动机、车架等大部件上；

(4) 左侧轮罩内；

(5) 转向柱上；

（6）散热器支架上；

（7）发动机前部的加工垫上；

（8）质保和保养手册、车主手册上。

如图 3-59 所示为安装在左风挡仪表盘上的车辆识别代号。

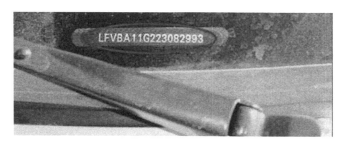

图 3-59　车辆识别代号

3.3.5　车辆识别代号实例

1. 上海大众（Polo）识别代号

L S V H A 1 9 J 0 2 2 2 2 1 7 6 1

LSV 代表上海大众汽车有限公司。

第 4 位为车身形式字码。A——4 门折背式车身；B——4 门直背式车身；C——4 门加长型折背式车身；E——4 门加长型直背式车身；F——4 门短背式车身；H——4 门加长型折背式车身；K——2 门短背式车身。

第 5 位为发动机变速器字码。上海波罗乘用车：A——BCC(036P)/GET(02T. Z)[FCU(02T. 2)]；B——BCC(036P)/GCU(001. H)[ESK(001. H)]；C——BCD(06A6)/GEV(02T. U)[FXP(02T. U)]。

第 6 位为乘员保护系统字码。0——安全带；1——安全气囊（驾驶员）；2——安全气囊（驾驶员和前排乘员、前座侧面）；3——安全气囊（驾驶员和前排乘员、前后座侧面）；4——安全气囊（驾驶员和前排乘员）；5——安全气囊（驾驶员和前排乘员、前后座侧面、头部）；6——安全气囊（驾驶员和前排乘员、前座侧面、头部）。

第 7 和第 8 位为车辆等级字码。33——上海桑塔纳乘用车、上海桑塔纳旅行乘用车、上海桑塔纳 2000 乘用车；9F——上海帕萨特乘用车；9J——上海波罗乘用车；5X——上海高尔夫乘用车。

第 9 位：校验码，按标准通过加权计算得到。

第 10 位：年份字码。

第 11 位：装配厂字码。2——上海大众汽车有限公司。

第 12～17 位：车辆制造顺序号。

2. 风神蓝鸟识别代号

L G B C 1 A E 0 6 3 R 0 0 0 8 1 4

LGB 代表东风汽车公司。

第 4 位表示品牌系列：C——风神"蓝鸟"EQ7200 系列；E——NISSAN SUNNY 2.0 系列。

第 5 位表示车身类型：1——四门三厢；2——四门二厢；3——五门二厢；4——三门二厢。

第 6 位表示发动机特征：A——2.0L；B——待定。

第 7 位表示约束系统类型。

第 8 位表示变速箱形式：0——AT；2——MT。

第 9 位为检验位。

第 10 位表示年份。

第 11 位表示装配厂：R——风神一厂(襄樊)；Y——风神二厂(花都)。

第 12~17 位表示生产序号。

3.4 汽车性能指标

对各种不同用途汽车性能的要求有所侧重,微型乘用车要求经济实用,高级乘用车要求动力强劲、豪华舒适,载货车要求多拉快跑,越野汽车要求越障过沟。

概括起来,离不开 5 个方面的性能要求：动力性、经济性、机动性、安全性和舒适性。这些性能在汽车使用期的保持和恢复构成了汽车的可靠性和可维修性。

1. 动力性

汽车的动力性通常用 3 个参数来评价,称为动力性指标。

(1) 汽车的最高车速 v_{amax}(km/h)　指在水平的良好路面上(混凝土或沥青路面)汽车所能达到的最高行驶速度。一般来说,发动机最大功率越高,汽车的 v_{amax} 就越大。

(2) 汽车的加速时间 t(s)　指汽车在水平良好路面上由原地起步的加速时间和超车加速时间,它表征了汽车的加速能力。

(3) 汽车的最大爬坡度 i_{max}(%)　指汽车满载时在良好路面上以 Ⅰ 挡行驶时可爬越的最大坡度。载货汽车使用范围较广,要求有足够的爬坡能力,一般 $i_{max} \approx 30\%$；越野汽车要求在野外无路条件下行驶,爬坡能力要求更高,通常 i_{max} 为 60% 甚至更大。

2. 经济性

汽车的经济性主要指燃料经济性,即单位燃料消耗量所完成的运输工作量。常用的评价指标是在规定条件下行驶单位里程所消耗的燃料量,如百公里油耗(L/100km)；也有反过来用的,如美国用 MPG,即消耗每加仑燃料所能行驶的英里数。为比较不同货车的运输成本,有时也采用运送单位质量的货物至单位里程所消耗的燃料量作为经济性指标,即 L/(100t·km)。

根据不同的行驶条件规定,用于评价经济性的油耗指标有等速油耗、道路循环油耗和汽车测功器循环油耗三类。

对于不同燃料的汽车,比较其经济性应从总能耗出发,该能耗包括燃料提取、运输等整个过程中所消耗的能量。

3. 机动性

机动性是具有广泛内涵的一种性能,简单地说就是指它的快速运动能力。对于民用车辆而言,机动性主要涉及主动机动性,即指汽车在额定载重下以足够高的平均速度通过各种坏路、坎坷不平地段、无路地带(松土、沙漠、雪地、沼泽等)和克服各种障碍的能力,这种机动性常表示为通过性或越野性。

汽车通过性通常用通过性尺寸指标和通过性支承——牵引指标来评价。前者是与防止汽车间隙失效有关的汽车本身的尺寸参数,后者则表征汽车以足够高的平均速度通过各种坏路和无路地带的能力。

通过性尺寸指标中属于防止顶起失效的有汽车的纵向通过半径、横向通过半径和最小离地间隙(见图 3-60),属于触头失效和托尾失效的是接近角和离去角,反映通过弯道能力和转弯所需最小空间的指标是转弯直径和转弯通道圆(均在转向盘极限位置时测定),如图 3-61 所示。当然,除上述几何参数外,汽车本身的长、宽、高和轮胎直径也是一种通过性几何参数。

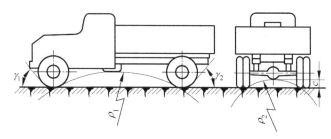

图 3-60　汽车的通过性几何参数

γ_1—接近角;γ_2—离去角;ρ_1—纵向通过半径;ρ_2—横向通过半径;c—最小离地间隙

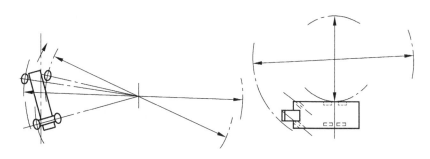

图 3-61　汽车的转弯直径和转弯通道圆

通过性支承——牵引指标可以用挂钩牵引力来描述。挂钩牵引力定义为车辆的土壤推力与土壤阻力之差,它反映了土壤的强度储备。挂钩牵引力用于使车辆加速、上坡以及克服道路阻力。此外,挂钩牵引力还用于牵引联接在挂钩上的挂车或其他装备。显然,单位汽车质量的挂钩牵引力越大,汽车的越野行驶能力越强。

对各种越野车辆,为提高其越障能力,通常要求:①最小离地间隙接近轮胎半径;②接近角和离去角不小于 45°;③车身下应平坦;④多轴全驱动;⑤大直径轮胎;⑥较小的纵向和横向通过半径;⑦较小的转弯直径;⑧车体结构具有与地面几何形状相适应的能力。

为提高其在松土上的行驶能力，往往要求：①最小的自重；②大直径、低压轮胎；③良好的轮胎设计；④多轴全驱动；⑤自锁差速器；⑥一定的最大轴荷限制。

4. 安全性

汽车的交通安全要素由车辆、道路、驾驶员三者组成。对汽车设计人员来说，其责任是保证汽车自身具有良好的安全性能，它主要涉及主动安全性、被动安全性和环境安全性。主动安全性包括汽车的制动性和操纵稳定性；被动安全性主要是撞车安全性、防火安全性和防盗安全性；环境安全性则涉及废气排放和噪声控制。

（1）汽车的制动性能　包括制动效能、制动效能的恒定性、制动时汽车的方向稳定性三个方面。制动效能是指汽车在行驶中能强制性地减速到停车，或者下长坡时维持一定车速的能力，其评价指标通常是制动距离、制动减速度或制动力；制动效能的恒定性主要指在高速或下长坡时的连续制动中，制动器温度显著升高时制动效能的保持程度（抗热衰退性），也包括制动器浸水后制动效能的保持程度（抗水衰退性）；制动时汽车的方向稳定性是指汽车在制动中不发生跑偏、侧滑或丧失转向能力而能按驾驶员给定方向行驶的能力。

（2）汽车的操纵稳定性　汽车的操纵性指汽车按照驾驶员的操作，维持或改变原行驶方向的能力；汽车的稳定性是指汽车行驶过程中，受地面、大气等外界因素干扰后，能自行尽快恢复原行驶状态和方向，而不产生失控、倾翻、侧滑等现象的能力。操纵性和稳定性是两个不同的概念，但又有紧密联系。

操纵性的丧失往往使整车侧滑、回转甚至翻车，而稳定性的破坏又常使车辆无法控制，从而造成灾难性后果。因此，通常把这两者统称为汽车的操纵稳定性。良好的操纵稳定性是汽车行车安全的基本保证。

（3）撞车安全性　车辆高速行驶时冲撞障碍物，会对车辆造成很大的减速度，其冲击力一方面造成车体的破坏变形，另一方面，乘员以撞车前的初速向前方移动，撞击转向盘、仪表盘、前窗玻璃或前座位的背面，这就是所谓的二次碰撞。侧面碰撞或正面碰撞时，驾驶员下意识地打转向盘作避让动作又常造成汽车倾翻。撞车和倾翻时，若车门因变形而脱扣，乘员常会被甩落车外而遭受很大伤害。

近年来，随着车速的提高，汽车安全气囊在防冲撞损伤方面的明显效果受到人们的普遍重视，许多国家已把装置前座安全气囊（见图 3-62）作为新车的标准装备。

（4）防火安全性　汽车在使用中有时会发生失火事故，其失火原因有电线短路、燃油供给系统起火、吸烟、排气管过热等，因撞车、翻车起火造成重大伤亡的事例也很多。因此，汽车要求具有防火安全性。

（5）防盗安全性　汽车作为财产，也有财产安全的问题，盗车一直是令车主头痛的事。现在已出现很多防盗报警系统，不少汽车在出厂时就装有防盗报警系统。这类系统通过车主的遥控器使之启动，可在盗贼作案时用灯光和声音示警，并通过车主的遥控器向车主

图 3-62　汽车安全气囊

报警。遥控器可控制中央门锁系统使盗贼无法进入车内,或通过密码系统使盗贼无法发动汽车。

5. 舒适性

舒适性最基本的要求是行驶平顺性,即汽车在一般使用速度范围内行驶时,要保证乘坐者不致因车身振动而引起不舒适和疲劳的感觉,以及保证所运货物的完整无损。这一特性实际上反映了汽车对路面不平度的隔振特性。

对于汽车平顺性的评价指标,虽然做了很多试验研究工作,但由于不同的人对振动的敏感程度在频率上和强度上均有很大差异,即涉及主观评价标准问题,所以目前还没有非常一致的意见。不过,近年来国际标准化组织在综合大量资料的基础上,提出了"人体承受全身振动的评价指南"(ISO 2631—1978(E)),已被许多国家采用。该标准用加速度的均方根值给出了在 $1 \sim 80\,Hz$ 振动频率范围内,人体对振动反应的三种不同感觉界限。

(1) 暴露极限　当人体承受的振动强度在这个极限之内,将保持健康或安全。通常把此极限作为人体可以承受的振动频率和振动强度的上限。

(2) 疲劳——降低工作效率界限　这个界限与保持工作效率有关,当驾驶员承受的振动在此界限内时,能保持正常地进行驾驶。

(3) 舒适性降低界限　此界限与保持舒适有关,它影响人在车上进行吃、谈、读、写等动作。

复习思考题

1. 现行国家标准《汽车和挂车类型的术语和定义》(GB/T 3730.1—2001)是如何对国产汽车进行分类的?

2. 欧洲是如何对汽车进行分类的?

3. 按照设计理念的不同,汽车可以分为哪几类?

4. 简述车辆识别代号(VIN)的意义和作用。

5. 汽车的主要性能指标有哪些?

第 **4** 章 汽车基本构造

!**教学提示**：作为路面高速行走机械，汽车的构造是非常精密和复杂的。汽车通常由发动机、传动装置、行驶和控制装置、车身和电气设备等部分组成。

!**教学要求**：本章主要介绍汽车的基本构造。要求学生熟悉发动机、底盘、车身和电气系统的基本构成和工作原理。

4.1 汽车总体构造

1. 发动机

发动机（见图 4-1）是汽车的动力装置，它的作用是使供入其中的燃料燃烧而发出动力。一般汽车都采用往复活塞式内燃机。车用发动机一般由机体、曲柄连杆机构、配气机构、燃料供给系、冷却系、润滑系、点火系（汽油发动机用）和起动系等几部分组成。

2. 底盘

底盘由传动装置、行驶和控制装置组成。

图 4-1 发动机（解剖照片）

传动装置（见图 4-2）是将发动机输出的动力传给驱动车轮的装置，包括离合器、变速器、传动轴、驱动桥、主减速器、差速器等部件。

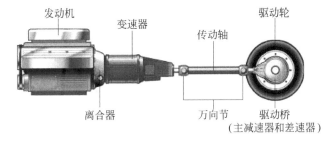

图 4-2 传动装置

行驶和控制装置(见图 4-3)是将汽车各总成及部件连接成一个整体,起支承全车作用并保证汽车正常行驶的装置,包括制动器、转向器、悬架、车轮等部件。

图 4-3 行驶和控制装置

3. 车身

车身(见图 4-4)是形成驾驶员和乘员乘坐空间的装置,也是存放行李等物品的工具。因此,要求车身既要为驾驶员提供方便的操作条件,又要为乘员提供舒适的环境;既要保护全体乘员的安全,又要保证货物完好无损。

也就是说,车身既是保安部件又是承载部件。在现代汽车中,车身又是技术与艺术有机结合的艺术品。乘用车车身由本体、内外装饰和车身附件等组成。

4. 电气设备

电气设备(见图 4-5)是汽车的重要组成部分,由电源、发动机点火系(汽油机)和起动系、照明和信号装置、空调、仪表和报警系统以及辅助电器等组成。

图 4-4 车身

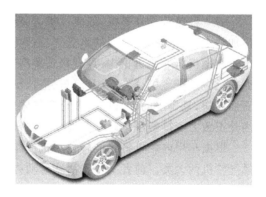

图 4-5 电气设备

高级乘用车更多地采用了现代新技术,尤其是电子技术,如微处理机(汽车电脑)、中央计算机系统及各种人工智能装置等,从而显著地提高了汽车的性能。

图 4-6 所示为典型乘用车的总体构造。

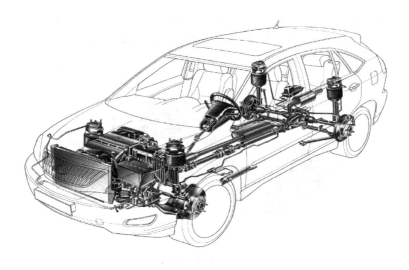

图 4-6　典型乘用车的总体构造

4.2　发动机构造

4.2.1　发动机的工作原理与分类

1. 发动机的分类

发动机是将自然界某种能量直接转换为机械能并拖动某些机械进行工作的机器。将热能转化为机械能的发动机，称为热力发动机（简称热机），其中的热能是由燃料燃烧产生的。

内燃机是热力发动机的一种，其特点是液体或气体燃料和空气混合后直接输入机器内部燃烧而产生热能，然后再转变成机械能。

另一种热机是外燃机，如蒸汽机、汽轮机或燃气轮机等，其特点是燃料在机器外部燃烧以加热水，产生高温、高压的水蒸气，再输送至机器内部，使所含的热能转变为机械能。

内燃机与外燃机相比，具有热效率高、体积小、质量小、便于移动、起动性能好等优点，因而广泛应用于飞机、船舶以及汽车、拖拉机、坦克等各种车辆上。但是内燃机一般要求使用石油燃料，且排出的废气中所含有害气体成分较高。为解决能源与大气污染的问题，目前国内外正致力于排气净化以及其他新能源发动机的研究开发工作。

根据车用内燃机将热能转化为机械能的主要构件形式的不同，可分为活塞式内燃机和燃气轮机两大类。前者又可按活塞运动方式不同分为往复活塞式和旋转活塞式两种。往复活塞式内燃机在汽车上应用最广泛。汽车发动机（指汽车用活塞式内燃机）可以根据不同的特征分类。

（1）按着火方式分类　可分为压燃式与点燃式发动机。压燃式发动机为压缩汽缸内的空气或可燃混合气，产生高温，引起燃料着火的内燃机；点燃式发动机是将压缩汽缸内的可燃混合气用点火器点火燃烧的内燃机。

（2）按使用燃料种类分类　可分为汽油机、柴油机、气体燃料发动机、煤气机、液化石油气发动机及多种燃料发动机等。

（3）按冷却方式分类　可分为水冷式、风冷式发动机。以水或冷却液为冷却介质的称作水冷式发动机（见图4-7）；以空气为冷却介质的称作风冷式发动机（见图4-8）。

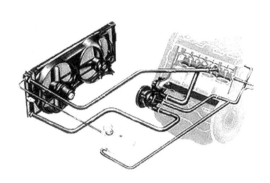
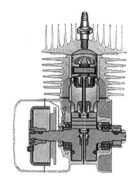

图 4-7　水冷式发动机　　　　　图 4-8　风冷式发动机

（4）按进气状态分类　可分为非增压（或自然吸气）和增压发动机。非增压发动机（见图4-9）为进入汽缸前的空气或可燃混合气未经压气机压缩的发动机，仅带扫气泵而不带增压器的二冲程发动机亦属此类；增压发动机（见图4-10）为进入汽缸前的空气或可燃混合气已经在压气机内压缩，借以增大充量密度的发动机。

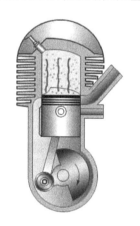
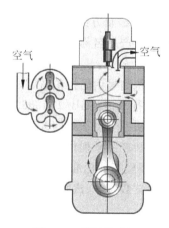

图 4-9　非增压（自然吸气）发动机　　　　图 4-10　增压发动机

（5）按冲程数分类　可分为二冲程和四冲程发动机。在发动机内，每一次将热能转变为机械能，都必须经过吸入新鲜充量（空气或可燃混合气）、压缩（当新鲜充量为空气时还要输入燃料），使之发火燃烧而膨胀做功，然后将生成的废气排出汽缸这样一系列连续过程，称为一个工作循环。

对于往复活塞式发动机，可以根据每一工作循环所需活塞行程数来分类。凡活塞往复四个单程（或曲轴旋转两圈）完成一个工作循环的称为四冲程发动机；活塞往复两个单程（或曲轴旋转一圈）完成一个工作循环的称为二冲程发动机。

（6）按汽缸数及布置方式分类　仅有一个汽缸的称为单缸发动机，有两个以上汽缸的称为多缸发动机；汽缸中心线与水平面垂直、呈一定角度和平行的发动机，分别称为立式、斜置式与卧式发动机;多缸发动机根据汽缸间的排列方式可分为直列式(汽缸呈一列布置,见图 4-1)、对置式(汽缸呈两列布置,且两列汽缸之间的中心线呈 180°,见图 4-11)和 V 形(汽缸呈两列布置,且两列汽缸之间夹角为 V 形,见图 4-12)等类型。

图 4-11　对置式发动机

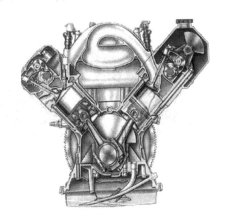

图 4-12　V 形发动机

2. 内燃机产品名称和型号编制规则

根据国家标准《内燃机产品名称和型号编制规则》(GB/T 725—2008)的规定,我国内燃机名称和型号编制方法如下。

(1)内燃机产品名称均按所采用的燃料命名,例如柴油机、汽油机、煤气机、沼气机、双(多种)燃料发动机等。

(2)内燃机型号由阿拉伯数字、汉语拼音字母和《往复式内燃机　词汇　第 1 部分:发动机设计和运行术语》(GB/T 1883.1—2005)中关于汽缸布置所规定的象形字符号组成。

(3)内燃机型号由下列四部分组成(见图 4-13)。

首部:包括产品系列代号、换代符号和地方、企业代号,由制造厂根据需要自选相应字母表示,但需要经行业标准化归口单位核准、备案。

中部:由缸数符号、汽缸布置形式符号、冲程符号和缸径符号(汽缸直径的毫米数取整数)组成。

后部:包括结构特征和用途特征符号,分别按图 4-13 中附表的规定。

尾部:区分符号。同系列产品因改进等原因需要区分时,由制造厂选用适当符号表示。

型号编制示例如下。

1)柴油机型号

(1)165F　单缸、四冲程、缸径 65mm、风冷、通用型。

(2)R175A　单缸、四冲程、缸径 75mm、水冷、通用型(R 为 175 产品换代符号,A 为系列产品改进的区分符号)。

(3)R175ND　单缸、四冲程、缸径 75mm、凝气冷却、发电机组用(R 含义同上)。

(4)495T　4 缸、直列、四冲程、缸径 95mm、水冷、拖拉机用。

(5)YZ6102Q　6 缸、直列、四冲程、缸径 102mm、水冷、车用(YZ 为扬州柴油机厂代号)。

(6)12VE230ZC$_2$　12 缸、V 形、二冲程、缸径 230mm、水冷、增压、船用主机、左机基

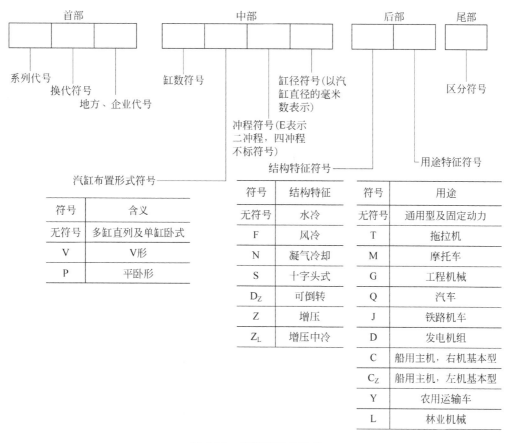

图 4-13　内燃机型号组成

本型。

(7) 6E430SD$_Z$C$_Z$　6 缸、二冲程、缸径 430mm、水冷、十字头式、可倒转、增压、船用主机、左机基本型。

(8) G6300D$_Z$C　6 缸、四冲程、缸径 300mm、可倒转、船用主机、右机基本型(G 为产品系列代号)。

2) 汽油机型号

(1) 1E65F　单缸、二冲程、缸径 65mm、风冷、通用型。

(2) 4100Q　4 缸、四冲程、缸径 100mm、水冷、汽车用。

3. 四冲程发动机的工作原理

往复式发动机活塞在汽缸内上下运动,活塞所处的最高位置称为上止点,最低位置称为下止点,上、下止点间的距离称为活塞行程。

活塞每走一个行程,曲轴转过 180°。活塞从上止点到下止点所扫过的容积称为汽缸工作容积;各缸工作容积的总和,称为发动机排量。

燃烧室是指活塞在上止点时,由活塞顶、汽缸壁和汽缸盖所组成的空间。汽缸总容积是燃烧室容积与工作容积之和。

　　压缩比是汽缸总容积与燃烧室容积之比。压缩比对发动机性能影响很大。压缩比大，压缩终了时缸内气体的温度、压力高，燃烧速度快，膨胀做功多，发动机功率大、油耗低。汽油机的压缩比通常为7～11，而柴油机的压缩比一般为16～22，这是柴油机比汽油机省油的主要原因之一。

　　图4-14是四冲程汽油机的工作原理示意图。从图中可以看到，四冲程分别为进气冲程、压缩冲程、做功冲程和排气冲程。

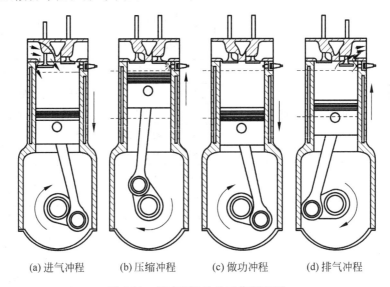

(a) 进气冲程　　　(b) 压缩冲程　　　(c) 做功冲程　　　(d) 排气冲程

图 4-14　四冲程汽油机工作原理图

　　在进气冲程中，进气门打开，排气门关闭，活塞从上止点往下止点行进，吸入混合气；压缩冲程中，进、排气门均关闭，活塞由下止点行进到上止点，压缩混合气为做功做准备；在接近压缩上止点时，火花塞产生火花，点燃混合气，做功冲程便开始了，气体燃烧产生的巨大推力将活塞从上止点往下推；在接近下止点处排气门打开，活塞上行排出废气，这就是排气冲程。在上止点附近先打开进气门，接着又关闭排气门，于是开始下一循环。

　　四冲程柴油机的工作循环与汽油机类似，所不同的是在进气冲程中柴油机吸入的是新鲜空气，而不是空气与燃料的混合物。

　　在柴油机中，由于柴油不易蒸发，因此是通过喷油器(亦称喷油嘴)在压缩冲程终了时用高压喷入燃烧室的。

　　此外，柴油自燃温度低，加上柴油机压缩比高，因此不需要用火花塞点火，而是靠压燃(自燃)着火。

4.2.2　发动机的总体构造

　　发动机是一部复杂的机器，不同类型的发动机，甚至同类型发动机，其具体结构也各不相同，但其基本构造都是相似的。

　　通常，汽油机由两大机构五大系统组成，柴油机由两大机构四大系统组成(无点火系)。

1. 机体组

发动机的机体组包括汽缸盖、汽缸盖罩盖、汽缸体及油底壳等。汽缸盖和汽缸体的内壁共同组成燃烧室的一部分，是承受高温、高压的机件。

机体作为发动机各机构、各系统的装配基体，其本身的许多部分又分别是曲柄连杆机构、燃料供给系、冷却系和润滑系的组成部分。

在进行结构分析时，常把机体列为曲柄连杆机构。有的发动机将汽缸体分铸成上下两部分，上部称为汽缸体，下部称为曲轴箱。

机体是构成发动机的骨架，是发动机各机构和各系统的安装基础，其内、外安装着发动机的所有主要零件和附件，承受各种载荷。因此，机体必须要有足够的强度和刚度。机体组主要由汽缸体、曲轴箱、汽缸盖和汽缸垫等零件组成。

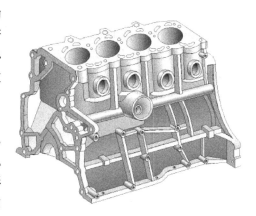

图 4-15 汽缸体

1）汽缸体

水冷发动机的汽缸体和上曲轴箱常铸成一体，称为汽缸体-曲轴箱，也可称为汽缸体（见图 4-15）。汽缸体一般用灰铸铁铸成，汽缸体上部的圆柱形空腔称为汽缸，下半部为支承曲轴的曲轴箱，其内腔为曲轴运动的空间。在汽缸体内部铸有许多加强肋、冷却水套和润滑油道等。

汽缸体应具有足够的强度和刚度，根据汽缸体与油底壳安装平面的位置不同，通常把汽缸体分为以下三种形式（见图 4-16）。

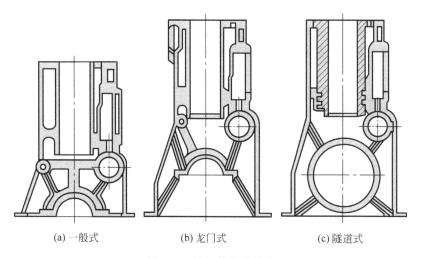

(a) 一般式 　　　　(b) 龙门式 　　　　(c) 隧道式

图 4-16 汽缸体结构形式

（1）一般式汽缸体 其特点是油底壳安装平面和曲轴旋转中心在同一高度。这种汽缸体的优点是机体高度小，重量轻，结构紧凑，便于加工，曲轴拆装方便；但其缺点是刚度和强度较差。

（2）龙门式汽缸体　其特点是油底壳安装平面低于曲轴的旋转中心。它的优点是强度和刚度都好，能承受较大的机械负荷；但其缺点是工艺性较差，结构笨重，加工较困难。

（3）隧道式汽缸体　这种形式的汽缸体曲轴的主轴承孔为整体式，采用滚动轴承，主轴承孔较大，曲轴从汽缸体后部装入。其优点是结构紧凑、刚度和强度好；但其缺点是加工精度要求高，工艺性较差，曲轴拆装不方便。

为了能够使汽缸内表面在高温下正常工作，必须对汽缸和汽缸盖适当地进行冷却。冷却方法有两种，一种是水冷，另一种是风冷。水冷发动机的汽缸周围和汽缸盖中都加工有冷却水套，并且汽缸体和汽缸盖冷却水套相通，冷却水在水套内不断循环，带走部分热量，对汽缸和汽缸盖起冷却作用。

直接镗在汽缸体上的汽缸叫做整体式汽缸，整体式汽缸强度和刚度都好，能承受较大的载荷，这种汽缸对材料要求高，成本高。如果将汽缸制造成单独的圆筒形零件（即汽缸套），然后再装到汽缸体内，这样，汽缸套采用耐磨的优质材料制成，汽缸体可用价格较低的一般材料制造，从而降低了制造成本。

同时，汽缸套可以从汽缸体中取出，因而便于修理和更换，并可大大延长汽缸体的使用寿命。汽缸套有干式汽缸套和湿式汽缸套两种，如图4-17所示。

干式汽缸套的特点是汽缸套装入汽缸体后，其外壁不直接与冷却水接触，而和汽缸体的壁面直接接触，壁厚较薄，一般为1～3mm。它具有整体式汽缸体的优点，强度和刚度都较好，但加工比较复杂，内、外表面都需要进行精加工，拆装不方便，散热不良。

湿式汽缸套的特点是汽缸套装入汽缸体后，其外壁直接与冷却水接触，汽缸套仅在上、下各有一圆环地带和汽缸体接触，壁厚一般为5～9mm。它散热良好，冷却均匀，加工容易，通常只需要精加工内表面，而与水接触的外表面不需要加工，拆装方便；但缺点是强度、刚度都不如干式汽缸套好，而且容易产生漏水现象，应该采取一些防漏措施。

2）曲轴箱

汽缸体下部用来安装曲轴的部位称为曲轴箱，曲轴箱分上曲轴箱和下曲轴箱。上曲轴箱与汽缸体铸成一体，下曲轴箱用来储存润滑油，并封闭上曲轴箱，故又称为油底壳（见图4-18）。

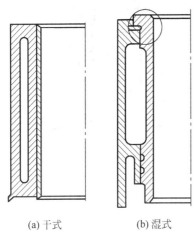

(a) 干式　　　(b) 湿式

图 4-17　汽缸套

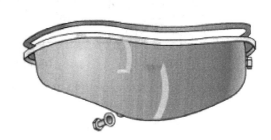

图 4-18　油底壳

油底壳受力很小,一般采用薄钢板冲压而成,其形状取决于发动机的总体布置和机油的容量。油底壳内装有稳油挡板,以防止汽车颠动时油面波动过大。油底壳底部还装有放油螺塞,通常放油螺塞上装有永久磁铁,以吸附润滑油中的金属屑,减少发动机的磨损。在上下曲轴箱结合面之间装有衬垫,用以防止润滑油泄漏。

3) 汽缸盖

汽缸盖(见图 4-19)安装在汽缸体的上面,从上部密封汽缸并构成燃烧室。它经常与高温高压燃气接触,因此承受很大的热负荷和机械负荷。水冷发动机的汽缸盖内部制有冷却水套,缸盖下端面的冷却水孔与缸体的冷却水孔相通,利用循环水来冷却燃烧室等高温部分。

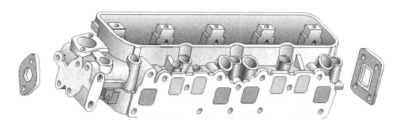

图 4-19 汽缸盖

缸盖上还装有进、排气门座,气门导管孔,用于安装进、排气门;还有进气通道和排气通道等。汽油机的汽缸盖上加工有安装火花塞的孔,而柴油机的汽缸盖上加工有安装喷油器的孔。顶置凸轮轴式发动机的汽缸盖上还加工有凸轮轴轴承孔,用以安装凸轮轴。

汽缸盖一般采用灰铸铁或合金铸铁铸成,但是,由于铝合金的导热性能好,有利于提高压缩比,所以近年来铝合金汽缸盖应用得越来越多。

汽缸盖是燃烧室的组成部分,燃烧室的形状对发动机的工作影响很大。由于汽油机和柴油机的燃烧方式不同,其汽缸盖上组成燃烧室的部分差别较大。汽油机的燃烧室主要在汽缸盖上,而柴油机的燃烧室主要在活塞顶部的凹坑内。

汽油机燃烧室常见的三种形式如图 4-20 所示。

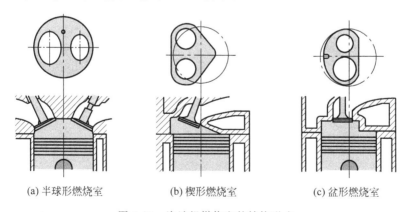

(a) 半球形燃烧室   (b) 楔形燃烧室   (c) 盆形燃烧室

图 4-20 汽油机燃烧室的结构形式

(1) 半球形燃烧室 结构紧凑,火花塞布置在燃烧室中部,火焰行程短,故燃烧速率高,散热少,热效率高。这种燃烧室结构上也允许气门双行排列,进气口直径较大,故充气效率较高,虽然使配气机构变得较复杂,但有利于排气净化,在乘用车发动机上被广泛地应用。

（2）楔形燃烧室　结构简单、紧凑，散热面积小，热损失也小，能保证混合气在压缩行程中形成良好的涡流运动，有利于提高混合气的混合质量，进气阻力小，提高了充气效率。气门排成一列，使配气机构简单，但火花塞置于楔形燃烧室高处，火焰传播距离长些。切诺基乘用车发动机采用的就是这种形式的燃烧室。

（3）盆形燃烧室　汽缸盖工艺性好，制造成本低，但因气门直径易受限制，进、排气效果要比半球形燃烧室差。捷达乘用车发动机、奥迪乘用车发动机采用的是盆形燃烧室。

4）汽缸垫

汽缸垫（见图4-21）装在汽缸盖和汽缸体之间，其功用是保证汽缸盖与汽缸体接触面的密封，防止漏气、漏水和漏油。

汽缸垫的材料要有一定的弹性，能补偿结合面的不平度，以确保密封，同时要有良好的耐热性和耐压性，在高温高压下不烧损、不变形。目前应用较多的是铜皮-石棉结构的汽缸垫，由于铜皮-石棉汽缸垫翻边处有三层铜皮，压紧时较之石棉不易变形。有的发动机还采用在石棉中心用编织的钢丝网或有孔钢板为骨架，两面用石棉及橡胶黏结剂压成的汽缸垫。

安装汽缸垫时，首先要检查汽缸垫的质量和完好程度，所有汽缸垫上的孔要和汽缸体上的孔对齐。其次要严格按照说明书上的要求拧紧汽缸盖螺栓。拧紧汽缸盖螺栓时，必须由中心对称地向四周扩展的顺序分2～3次进行，最后一次拧紧到规定的力矩。

2. 曲柄连杆机构

曲柄连杆机构（见图4-22）是发动机实现工作循环、完成能量转换的主要运动零件。曲柄连杆机构由机体组、活塞连杆组和曲轴飞轮组等组成。

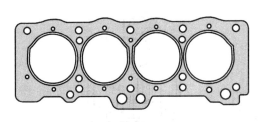

图4-21　汽缸垫

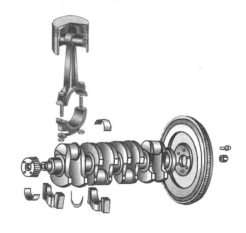

图4-22　曲柄连杆机构

在做功行程中，活塞承受燃气压力在汽缸内作直线运动，通过连杆转换成曲轴的旋转运动，并从曲轴对外输出动力。而在进气、压缩和排气行程中，飞轮释放能量又把曲轴的旋转运动转化成活塞的直线运动。

3. 配气机构

配气机构的功用是根据发动机的工作顺序和工作过程，定时开启和关闭进气门和排气门,使可燃混合气或空气进入汽缸,并使废气从汽缸内排出,实现换气过程。

配气机构大多采用顶置气门式配气机构(见图 4-23),一般由气门组(见图 4-24)、气门传动组和气门驱动组组成。

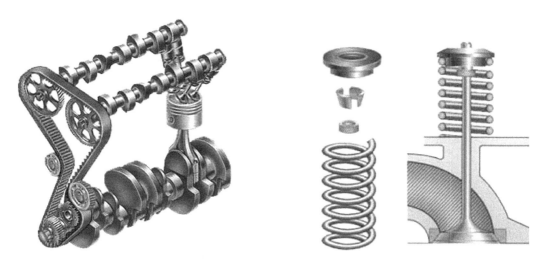

图 4-23　顶置气门式配气机构　　　　　　　　　　图 4-24　气门组

4. 燃料供给系

汽油机燃料供给系(见图 4-25)的功用是根据发动机的要求,配制出一定数量和浓度的混合气,供入汽缸,并将燃烧后的废气从汽缸内排到大气中去;柴油机燃料供给系的功用是把柴油和空气分别供入汽缸,在燃烧室内形成混合气并燃烧,最后将燃烧后的废气排出。

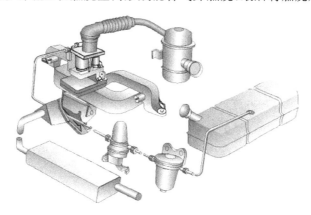

图 4-25　汽油机燃料供给系

5. 点火系

在汽油机中,汽缸内的可燃混合气是由电火花点燃的,为此在汽油机的汽缸盖上装有火花塞,火花塞头部伸入燃烧室内。能够按时在火花塞电极间产生电火花的全部设备称为点火系(见图 4-26),点火系通常由蓄电池、发电机、分电器、点火线圈和火花塞等组成。

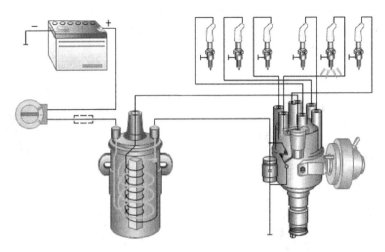

图 4-26　点火系

6. 冷却系

冷却系(见图 4-27)的功用是将受热零件吸收的部分热量及时散发出去,保证发动机在最适宜的温度状态下工作。水冷发动机的冷却系通常由冷却水套、水泵、风扇、水箱、节温器等组成。

7. 润滑系

润滑系(见图 4-28)的功用是向作相对运动的零件表面输送定量的清洁润滑油,以实现液体润滑,减小摩擦阻力,减轻机件的磨损,并对零件表面进行清洗和冷却。润滑系通常由润滑油道、机油泵、机油滤清器和一些阀门等组成。

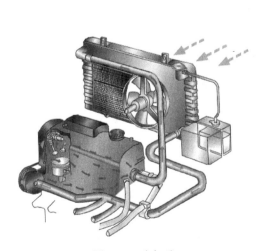

图 4-27　冷却系

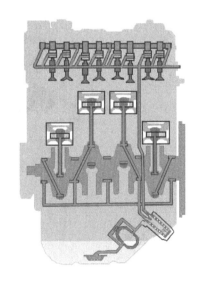

图 4-28　润滑系

8. 起动系

发动机由静止状态过渡到工作状态,需用外力转动曲轴,在外力作用下曲轴从开始转动到发动机开始自动急速运转的全过程,称为发动机的起动。

汽车发动机常用的起动方式有人力起动和电动机起动两种。

(1)人力起动最简单,只需将起动手摇柄端头的横销嵌入发动机曲轴前端的起动爪内,以人力转动曲轴即可。但这种方法劳动强度大,且不方便。目前,在汽车上人力起动只作为备用方式而保留着。

(2)电动机起动(见图 4-29)是由直流电动机经传动机构拖动发动机起动的,由于此方式操作轻便,起动迅速可靠,且具有重复起动的能力,因此被广泛采用。

起动机(见图 4-30)一般由三部分组成:直流电动机、操纵机构和离合机构。直流电动机的作用是将电能转变为机械能。按起动机的操纵方式的不同,操纵机构有直接操纵式和电磁操纵式两种。目前,电磁操纵式起动机应用最为广泛。

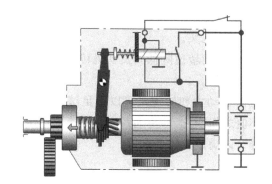

图 4-29 电动机起动原理图

图 4-30 起动机

4.3 汽车底盘构造

4.3.1 汽车传动系

1. 传动系的功用与组成

汽车传动系的基本功用是将发动机发出的动力传给驱动车轮,使汽车行驶。

常见的机械式传动系的组成及布置形式如图 4-31 所示,发动机发出的动力经过离合器 1、变速器 2、由万向节 3 和传动轴 8 组成的万向传动装置以及安装在驱动桥 4 中的主减速器 7、差速器 5 和半轴 6 传到驱动轮。

传动系应具有如下功能。

1)减速和变速

汽车起步与驱动时,要求作用在驱动轮上的驱动力足以克服各种外界的阻力,如地面对车轮滚动的阻力、空气对车身的阻力等。

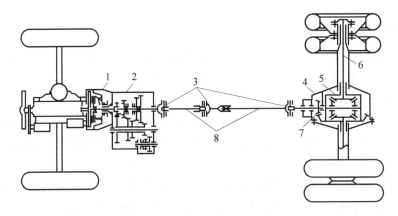

图 4-31　机械式传动系的组成及布置

1—离合器；2—变速器；3—万向节；4—驱动桥；5—差速器；6—半轴；7—主减速器；8—传动轴

汽车发动机发出的转矩若直接传给车轮,则车轮所得到的驱动力很小,不足以驱动汽车运动;另一方面,发动机的转速较高,一般在每分钟数千转,这一转速直接传到驱动轮上,汽车将达到几百公里的时速,这样高的车速既不实用,也不现实。

因此,要求传动系应具有减速增矩的作用,使驱动轮的转速降低到发动机转速的若干分之一,相应地使驱动轮的转矩增大到发动机转矩的若干倍。

为了使发动机能保持在有利转速范围内工作,而驱动力和转速又可以在足够大的范围内变化,应当使传动系的传动比能在最大值与最小值之间变化,即传动系应起变速的作用。

因此,在传动系中设置了主减速器 7 和变速器 2 以满足上述要求。

2) 实现汽车倒驶

汽车除了前进以外,在某些情况下还需要倒向行驶,而发动机是不能反向旋转的,这就要求传动系能够改变驱动轮的转动方向,以实现汽车的倒向行驶,一般是在变速器中设置一个倒挡来实现这一要求。

3) 中断传动

在起动发动机后、汽车行进中换挡以及对汽车进行制动时,要暂时切断动力的传递路线。为满足此要求,在发动机与变速器之间设置一个可由驾驶员控制分离或结合的机构,称为离合器。

另外,在变速器中设置空挡,即各挡位齿轮都处于非传动状态,以满足汽车在发动机不停止转动时能较长时间中断动力传递的要求。

4) 差速作用

汽车在转弯行驶时,左右驱动车轮在同一时间内滚动的距离不同,如果两侧的驱动轮用一根刚性轴驱动,则两轮转动的角速度必然相同。

因而,在汽车转弯时必然产生车轮相对地面滑动的现象,这将使转向困难,汽车的动力消耗增加,传动系内部某些零件和轮胎磨损加剧。

为避免这些情况的出现,在驱动桥内安装了差速器,使左右驱动车轮以不同的角速度旋转。

动力由主减速器先传到差速器,再由差速器分配给左、右半轴,最后传到驱动轮上。

2. 离合器

1）离合器的功用

离合器（见图 4-32）是汽车传动系中直接与发动机相连接的部件。

内燃机只能在无负荷的情况下起动，所以在汽车起步前必须先将发动机与驱动轮之间的传动路线切断。

另外，汽车在换挡和刹车前也需要切断动力传递。为此，在发动机与变速器之间设有离合器。离合器的功用就是由驾驶员控制，根据需要随时切断和接通发动机传给传动系的动力，从而保证了汽车的平稳起步、换挡平顺，同时还可以防止传动系过载（过载时离合器自动打滑）。

2）离合器的组成

离合器可分为摩擦式离合器、液力耦合器和电磁离合器等。摩擦式离合器有干式和湿式两

图 4-32 离合器

种，湿式是将摩擦片浸在油中工作，干式是摩擦片在干燥状态下工作。

通常，湿式离合器采用多片形式而成为行星自动变速器的组合元件，轿车常用的单片离合器都是干式离合器。单片摩擦式离合器有采用膜片弹簧和螺旋弹簧两种形式，其工作原理都是相同的，它们均由主动部分、从动部分、压紧机构和操纵机构四部分构成。

3. 变速器

1）变速器的功用

汽车上广泛使用的活塞式发动机，其输出的扭矩和转速变化范围很小，而汽车在行驶中所遇到的复杂的道路条件和使用条件要求汽车的驱动力和车速能在相当大的范围内变化，为此，在汽车的传动系中设置了变速器。

变速器的主要功用是：

（1）在较大的范围内改变汽车的行驶速度和汽车驱动轮上转矩的数值；

（2）在发动机旋转方向不变的前提下，利用倒挡实现汽车倒向行驶；

（3）在发动机不熄火的情况下，利用空挡中断动力传递，可以使驾驶员松开离合器踏板，离开驾驶位置，且便于汽车起动、怠速、换挡和动力输出。

2）变速器的分类

按传动比变化方式的不同，变速器可分为有级式、无级式和综合式三种。

（1）有级式变速器（见图 4-33）应用最为广泛，传动方式采用齿轮传动（包括普通齿轮传动和行星齿轮传动）。它具有若干个数值一定的传动比，传动比的变化呈阶梯式或跳跃式。目前，乘用车和轻、中型载货汽车装用的有级式变速器多为 3～6 个前进挡和一个倒挡。

（2）无级式变速器有电力式和液力式两种，传动部件分别为直流串激电动机和液力变矩器。它的传动比在一定数值范围内可以连续多级变化。

近年来，金属带式无级变速器（continuously variable transmission，CVT，如图 4-34 所示）在中高档乘用车中的应用日渐增多。

图 4-33　有级式变速器

图 4-34　奥迪 multitronic CVT 剖视图

（3）综合变速器是由液力变矩器和齿轮式有级变速器组成的电控液力机械式变速器（见图 4-35），其传动比可以在最大值和最小值之间的几个间断的范围内作无级变化。

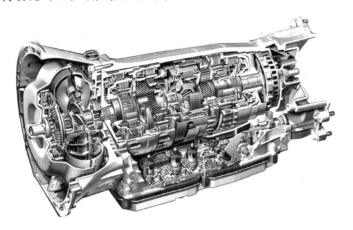

图 4-35　电控液力机械式变速器

按操纵方式不同，变速器还可分为强制操纵式变速器、自动操纵式变速器和半自动操纵式变速器三种类型。

在多轴驱动的汽车上，还配有分动器，通过分动器可以将动力分别传到不同的驱动轴上。

4. 万向传动装置

1）功用

在汽车上，万向传动装置主要用于变速器与驱动桥之间、变速器与分动器之间实现变角度的动力传递（见图 4-36），在转向驱动桥和某些汽车的转向操纵机构中也有应用。

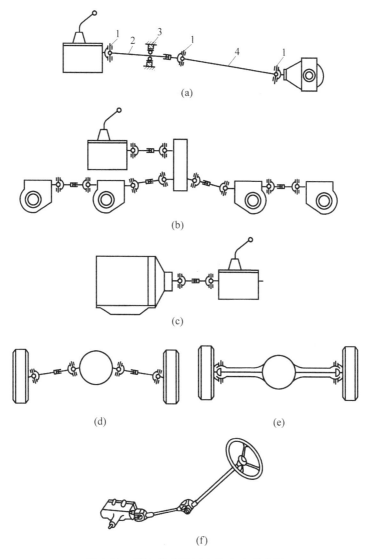

图 4-36　万向传动装置在汽车上的应用

1—万向节；2—前传动轴；3—中间支承；4—传动轴

2）组成

万向传动装置（见图 4-37）一般由万向节和传动轴组成，必要时还可加装中间支承。

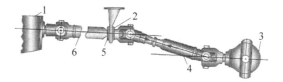

图 4-37　万向传动装置

1—变速器；2—中间支承；3—后驱动桥；4—后传动轴；5—球轴承；6—前传动轴

5. 驱动桥

1) 功用

驱动桥的功用是将万向传动装置传来的发动机动力经减速增矩改变传动方向后,分配给左、右驱动轮,并且允许左、右驱动轮以不同转速旋转。

2) 组成

驱动桥(见图 4-38)通常由主减速器 4、差速器 5、半轴 2 和驱动桥壳 3 组成。主减速器可减速增矩,并可改变发动机转矩的传递方向,以适应汽车的行驶方向。

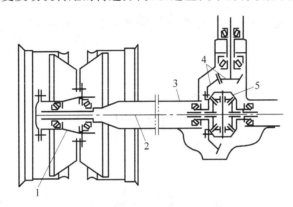

图 4-38 驱动桥示意图

1—轮毂;2—半轴;3—驱动桥壳;4—主减速器;5—差速器

差速器可保证左、右驱动轮以不同的转速旋转。半轴把转矩从差速器传到驱动轮。桥壳支承汽车的部分质量,承受驱动轮上的各种力及力矩,并起到保护主减速器、差速器和半轴的作用。

3) 分类

按驱动轮与桥壳的连接关系,驱动桥分非断开式驱动桥和断开式驱动桥两种。

(1) 非断开式驱动桥(见图 4-39)的整个车桥通过弹性悬架与车架相连,桥壳是刚性整体结构,两根半轴和驱动轮在横向平面内无相对运动。载货汽车多采用非断开式驱动桥。

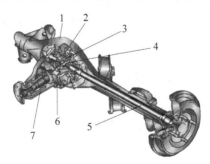

图 4-39 非断开式驱动桥

1—后桥壳;2—差速器壳;3—差速器行星齿轮;4—差速器半轴齿轮;

5—半轴;6—主减速器从动齿轮齿圈;7—主减速器主动小齿轮

（2）断开式驱动桥（见图 4-40）。一些乘用车和越野汽车为了提高汽车行驶的平顺性和通过性，在它们的全部或部分驱动轮上采用独立悬架，即两侧驱动轮分别用弹性悬架与车架相连，两驱动轮彼此可独立地相对于车架或车身上下跳动。

图 4-40　断开式驱动桥

主减速器固定在车架或车身上，驱动桥壳制成分段并以铰链方式相连，同时半轴也分段且各段之间用万向节连接。

4）主减速器

主减速器（见图 4-41）的功用是将输入的转矩增大并相应降低转速，并可根据需要改变转矩的方向。主减速器由主动锥齿轮、从动锥齿轮、圆锥滚子轴承及其他附件组成，如图 4-42 所示。

图 4-41　主减速器　　　　　　　　　　图 4-42　主减速器的组成

主减速器的种类繁多，有单级式和双级式，有单速式和双速式，还有贯通式和轮边式等。

单级主减速器只有一对锥齿轮传动，具有结构简单、重量轻、体积小、传动效率高等特点。

图 4-43 所示为东风 EQ1090E 型汽车主减速器。主动锥齿轮 18 和从动锥齿轮 7 为一对双曲面齿轮,其传动比 $i_0 = 6.33$。为保证主动锥齿轮有足够的刚度,主动锥齿轮 18 与轴制成一体,前端支承在互相贴近而小端相向的两个圆锥滚子轴承 13 和 17 上,后端支承在圆柱滚子轴承 19 上,形成跨置式支承。从动锥齿轮 7 用螺栓固装在差速器壳 5 上,与差速器壳一起通过两个圆锥滚子轴承 3 支承在主减速器壳 4 上。

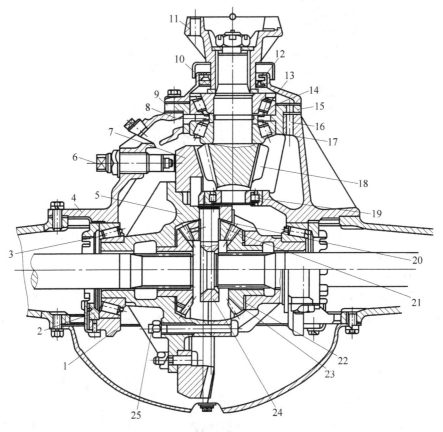

图 4-43　东风 EQ1090E 型汽车主减速器

1—差速器轴承盖;2—轴承调整螺母;3、13、17—圆锥滚子轴承;4—主减速器壳;5—差速器壳;
6—支承螺栓;7—从动锥齿轮;8—进油道;9、14—调整垫片;10—防尘罩;11—叉形凸轮;12—油封;
15—轴承座;16—回油道;18—主动锥齿轮;19—圆柱滚子轴承;20—行星齿轮垫片;21—行星齿轮;
22—半轴齿轮推力垫片;23—半轴齿轮;24—行星齿轮轴(十字轴);25—螺栓

在从动齿轮的背面,装有支承螺栓 6,以限制其过度变形而影响齿轮的正常工作。装配时,支承螺栓与从动锥齿轮端面之间的间隙为 0.3~0.5mm。

主减速器中所储存的齿轮油,靠从动齿轮转动时甩到各个齿轮、轴和轴承上进行润滑。

为保证主动齿轮轴前端的圆锥滚子轴承 13 和 17 得到可靠润滑,在主减速器壳体中铸出了进油道 8 和回油道 16。齿轮转动时,飞溅起的润滑油从进油道 8 通过轴承座 15 的孔进入两圆锥轴承小端之间,在离心力作用下,油液自轴承小端流向大端。

流出圆锥滚子轴承 13 大端的润滑油经回油道 16 流回主减速器内。在主减速器壳体上装有通气塞,以防止桥壳内气压过高而使润滑油渗漏。

万向传动装置传来的动力经叉形凸轮 11 传给主动锥齿轮 18,经从动锥齿轮 7 减速改变方向后,由螺栓传给差速器壳 5,最后由差速器半轴齿轮 23、半轴传到两侧驱动轮,使驱动轮旋转。

红旗 CA7220、一汽奥迪 100、捷达/高尔夫和上海桑塔纳等型乘用车均采用单级式主减速器。

5）差速器

汽车直线行驶时,行星齿轮自身不转动,只随行星齿轮轴、差速器保持架、大锥齿轮绕半轴轴线公转,两个半轴齿轮就由行星齿轮带动以同样的转速旋转。

当汽车转弯时,行星齿轮不仅如前述同样地绕半轴轴线公转,而且还通过绕行星齿轮轴本身的自转,使两根半轴有不同的转速。

对于普通差速器(见图 4-44),由于行星齿轮的作用,两根半轴传递着相同的转矩。如果某一侧半轴的阻力消失(如一侧车轮陷于淤泥中),另一侧半轴也无法传递转矩,车辆便无法开动。

图 4-44　普通差速器

为了改善这一缺陷,又开发出了各种差速自锁装置,保证在一轮打滑情况下,另一轮可实现单轮驱动。限于篇幅,这里不再赘述。

4.3.2　汽车行驶系

1. 汽车行驶系概述

汽车行驶系由车架、悬架、车轴和车轮组成。车架对汽车并不一定是必需的,只有在非承载式车身结构中才需用车架连接并支承车身、发动机和传动系、悬架等零件,承受和传递底盘零件传来的外力,还提供撞车时所需的强度和吸收冲击能量的能力。

2. 车桥

车桥(也称车轴)通过悬架与车架(或承载式车身)相连接,两端安装汽车车轮。车架所受的垂直载荷通过车桥传到车轮；车轮上的滚动阻力、驱动力、制动力和侧向力及其弯矩、转矩又通过车桥传递给悬架和车架,故车桥的作用是传递车架与车轮之间的各向作用力及其所产生的弯矩和转矩。

1）转向桥

转向桥利用转向节使车轮偏转一定的角度以实现汽车的转向,同时还承受和传递车轮与车架之间的垂直载荷、纵向力和侧向力以及这些力所形成的力矩。转向桥通常位于汽车的前部,因此也常称为前桥。

图 4-45 所示为北京 BJ1040 型汽车转向桥。

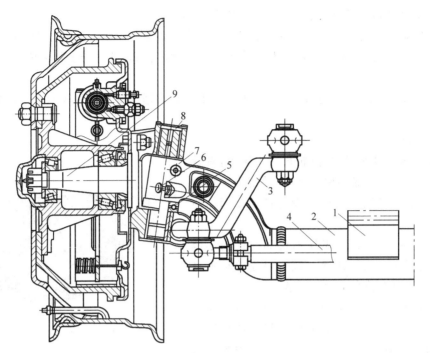

图 4-45 北京 BJ1040 型汽车转向桥(前桥)

1—钢板弹簧座；2—前轴；3—转向节臂；4—转向横拉杆；5—推力轴承；
6—车轮转角限位螺钉；7—前轴拳形件；8—主销；9—转向节

前轴由两个前轴拳形件和一根无缝钢管焊接而成。这种结构可用于轻型汽车,而且不需大型锻造设备来制造前轴。主销推力轴承采用球轴承,可使转向操纵轻便。

由转向节上耳油嘴注入的润滑脂,经主销内的轴向和径向油孔进入主销与衬套之间的摩擦表面,使之得到润滑。车轮转角限位螺钉用来限制转向轮最大偏转角。

2) 转向轮定位

为了保持汽车直线行驶的稳定性、转向的轻便性和减轻轮胎的磨损,转向轮、转向节和前轴三者之间与车架必须保持一定的相对位置,这种具有一定相对位置的安装称为转向轮定位,也称前轮定位。

正确的前轮定位应做到:可使汽车直线行驶稳定而不摆动;转向时转向盘上的作用力不大;转向后转向盘具有自动回正作用;轮胎与地面间不打滑以减少油耗;延长轮胎使用寿命。

前轮定位包括主销后倾、主销内倾、前轮外倾及前轮前束。

3. 车轮与轮胎

1) 车轮

汽车的车轮由轮毂、轮辋以及这两部分的连接件组成。车轮要求坚固、轻便和平衡。现代汽车所使用的车轮主要可分为三种:压制钢盘车轮、钢丝辐条车轮和轻合金铸造车轮(见图 4-46)。其中压制钢盘车轮因易于大量生产、成本较低、刚度适中、轻便、坚固,而应用最广泛;后两种车轮成本较高,多为跑车和赛车采用。

(a)压制钢盘车轮　　(b)钢丝辐条车轮　　(c)轻合金铸造车轮

图 4-46　三种形式的车轮

车轮安装一般都由四个或五个螺栓固定在轮毂凸缘上,由于车轮是高速旋转件,需要定位,因此螺栓往往制成锥形,使车轮能自动定位。

载货汽车为防止行驶时螺母自行松脱,左轮轮盘固定螺栓用左旋螺纹,右边的则用右旋螺纹。

2) 轮胎

汽车轮胎安装在轮辋上,直接与路面接触。轮胎的种类繁多,可按其用途、结构、材料、胎面花纹以及充气压力等区分。

轮胎承受着汽车的重力,因此必须有承受载荷的能力。由于轮胎有一定的弹性,与汽车悬架共同来缓和汽车行驶时所受的冲击力,以保证汽车有良好的乘坐舒适性和行驶平顺性。

轮胎又要传递地面的驱动力、制动力,因此必须与地面有良好的附着性能,这通常靠各种花纹来增强。汽车的充气轮胎按胎体中帘线排列方向不同,可分为普通斜交线胎、带束斜交胎和子午线胎等。

在乘用车上也有应用无内胎轮胎的,这种轮胎由于消除了内、外胎间的摩擦,工作温度低,适于高速行驶,而且结构简单、质量较小。

按照轮胎气压的大小分为高压轮胎(充气压力 0.5～0.7MPa)、低压轮胎(充气压力 0.2～0.5MPa)和超低压轮胎(充气压力＜0.2MPa)。

普通车辆的轮胎多为低压轮胎,载货车随载质量的增加,轮胎压力提高。超低压轮胎主要用于坏路或无路条件下行驶。

有的机动性要求很高的越野车装有自动充、放气系统,可根据路面条件调节轮胎气压。

4. 悬架

悬架是车架(或承载式车身)与车桥(或车轮)之间一切传力连接装置的总称。现代汽车尽管有不同结构形式的悬架,但一般都是由弹性元件、减振器和导向装置三部分组成,它们分别起缓冲、减振和导向作用,同时又都起传力作用。

悬架只要具备上述各种功能,在结构上并不是非设置上述三套单独的装置不可。例如,常见的钢板弹簧除起弹性元件的缓冲作用外,多片重叠时又可借片间摩擦起减振作用,同时也可担负起传递各种力和力矩的作用,故可不装减振器和其他导向机构。

悬架有两大类,即非独立悬架和独立悬架,如图 4-47 所示。

非独立悬架的特点是由一根整体式车桥连接两侧的车轮,车轮与车桥一起通过弹性元件与车架(或车身)相连。

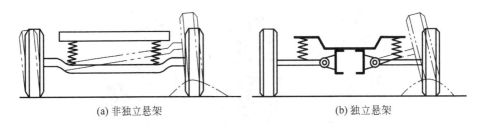

(a) 非独立悬架　　　　　　　(b) 独立悬架

图 4-47　非独立悬架和独立悬架

　　独立悬架每一侧车轮单独地通过弹性元件与车架(或车身)相连。采用独立悬架时,车桥显然是断开的。非独立悬架由于结构简单、成本低、强度高而广泛用于货车和大客车上。独立悬架由于提高了汽车的舒适性,并有利于降低汽车重心而在乘用车上用得相当普遍。

　　也有一些车前轮采用独立悬架,后轮采用非独立悬架。独立悬架的结构类型很多,按车轮的振摆形式可分为横摆臂式、纵摆臂式、沿主销移动等几种形式(见图 4-48)。

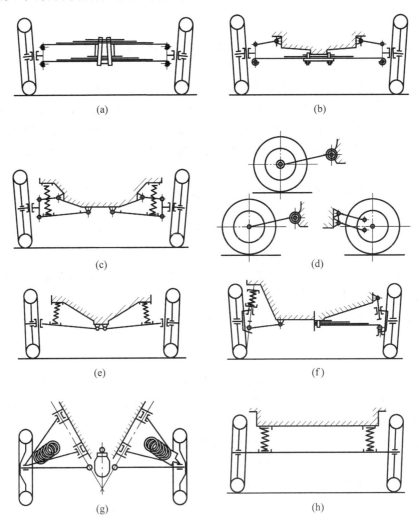

(a)　　　　　　　　　　　　　(b)

(c)　　　　　　　　　　　　　(d)

(e)　　　　　　　　　　　　　(f)

(g)　　　　　　　　　　　　　(h)

图 4-48　几种典型的独立悬架示意图

　　悬架中的弹性元件有钢板弹簧、螺旋弹簧、扭杆弹簧、气体弹簧、橡胶弹簧等,其中前两种应用最多。

　　汽车上的减振器通常是双向作用筒式减振器,即在伸张和压缩行程中都能起阻尼作用。阻尼大则消除振动快,但却使与之并联的弹簧的作用不能充分发挥,同时过大的阻尼力还可能导致减振器连接零件及车架的损坏。

4.3.3　汽车转向系

1. 转向系的功用

　　汽车在行驶中,经常需要改变行驶方向。汽车上用来改变汽车行驶方向的机构称为汽车转向系。汽车行驶方向的改变是由驾驶员通过操纵转向系来改变转向轮(一般是前轮)的偏转角度实现的。

　　转向系不仅可以改变汽车的行驶方向,使其按驾驶员规定的方向行驶,而且还可以克服由于路面侧向干扰力使车轮自行产生的转向,恢复汽车原来的行驶方向。

2. 转向系的组成

　　汽车转向系根据其转向能源的不同,可以分为机械转向系和动力转向系两大类。

　　(1) 机械转向系以驾驶员的体力作为转向能源,又称为人力转向系。机械转向系(见图 4-49)一般由三部分组成,即转向操纵机构、转向器和转向传动机构。

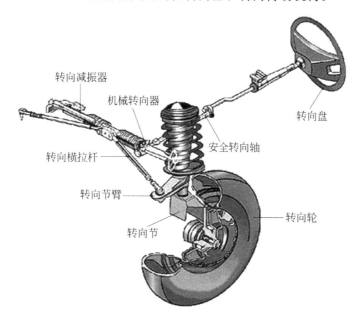

图 4-49　机械转向系的结构

　　驾驶员操纵转向器工作的机构叫做转向操纵机构,包括转向盘、转向轴等机件。转向轴下端的齿轮与齿条构成转向器。转向器是一个减速增矩机构,经转向器放大的力矩传给转向传动机构。

转向直拉杆(齿条)、转向节臂、转向横拉杆等机件构成转向传动机构。当驾驶员向左或向右转动转向盘时,转向轴即通过齿轮带动转向器内的齿条向左或向右移动,并推动转向横拉杆向左或向右移动,使车轮绕着主销轴线向左或向右偏转,从而实现汽车转向。

(2)动力转向系是在机械转向系基础上加设一套转向加力装置而成的,兼用驾驶员体力和发动机动力作为转向能源,并且以发动机动力作为主要能源。

4.3.4　汽车制动系

1.制动系的功用

目前,汽车的行驶速度不断提高,道路情况越来越复杂,为了在技术上保证汽车的安全行驶,提高汽车的平均行驶车速,以提高运输生产率,在各种汽车上都设有专用的制动机构,使行驶中的汽车减低速度甚至停车,或者使已经停下来的汽车保持不动。

2.制动系的类型

一般汽车应包括两套独立的制动系:行车制动系和驻车制动系。

行车制动系是由驾驶员用脚来操纵的,故又称脚制动系。其功用是使正在行驶中的汽车减速或在最短距离内停车。

驻车制动系是由驾驶员用手操纵的,故又称手制动系。其功用是使已停在各种路面上的汽车驻留原地不动。

3.对制动系的要求

为保证汽车能在安全的条件下发挥出高速行驶的能力,制动系必须满足下列要求:应具有足够的制动力,工作可靠;操纵轻便;前后桥上的制动力分配应合理,左右车轮上的制动力应相等;制动应平稳;避免自行制动;散热性好。

4.制动系的组成

各种制动装置一般由制动器和制动控制机构组成。制动器按其构造分为盘式、蹄式(或鼓式)和带式(或箍式);制动控制机构按其操纵传动方式有机械式、液压式、气压式等。驻车制动装置通常又称手制动器,属于机械式制动系统。这种制动装置作用在变速器后的传动轴上时,称为中央制动式手制动器;若安装在车轮上与车轮制动器一体时,则称为车轮制动式手制动器。

行车制动装置以液压式和气压式应用最广泛,前者多用于乘用车和轻型车,后者多用于中型以上的客车和货车。

图4-50给出了典型的汽车制动系统。

为了保证制动的可靠性,无论是气压还是液压式的多采用双管路制动系统,如前、后轮分开的双管路系统和对角线(左前轮、右后轮一条管线,右前轮、左后轮一条管线)交叉的双管路系统。

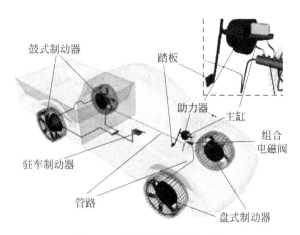

图 4-50　典型的汽车制动系统

目前行车制动装置用的制动器,货车用蹄式的为多,乘用车用盘式的为多,特别是乘用车的前轮制动器几乎都是盘式的。这是因为盘式制动器制动效能虽不如蹄式的高,但制动效能的稳定性好,几乎不发生蹄式制动器所具有的自动增力作用,在高速制动和反复制动时也很少发生衰减作用。

此外,制动盘左右两侧制动作用的不平衡现象极少,于是汽车能保持良好的方向稳定性。

目前,这类制动系统又增加了电子防抱死控制,以增加其行车安全性。

4.4　车身与附属设备

4.4.1　车身的功用与组成

汽车车身是运送乘客、货物和驾驶员工作的场所,车身应具备使乘客和货物免受尘土、雨雪、振动、噪声、废气侵袭,使驾驶员工作便利的条件。车身上的一些结构措施和设备还应有助于行车安全和减轻交通事故造成的人身伤害。

车身的造型应能保证有效地引导周围的气流,以减少空气阻力和燃料消耗,且有助于提高汽车行驶稳定性和改善发动机冷却条件,保证车身内部通风良好。

汽车车身主要包括车身壳体、车门、车窗、前后钣制件、车身附件、车身内外装饰件、座椅、通风、暖风、冷风、空调装置等。货车和专用汽车上还包括货箱和其他专用设备。

4.4.2　车身的类型

车身是汽车的基本骨架,也是最大的部件,它决定汽车的基本形状、大小和用途。

车身壳体是一切车身零、部件的安装基础,通常指纵、横梁和支柱等主要承力元件以及与它们相连的钣制件共同组成的刚性空间结构。其分类如下。

1. 按结构形式分

(1) 骨架式车身　有完整的骨架,车身蒙皮固定在其上。

(2) 半骨架式车身　有部分骨架,如单独的立柱、拱形梁及其他加固件。各骨架可彼此相连或借蒙皮相连。

(3) 无骨架式车身　没有骨架,代替骨架的是各蒙皮板相互连接时所形成的加强肋或板壳。

2. 按受力情况分

(1) 非承载式车身　其特点是保留车架,车身与车架通过弹簧或橡胶柔性连接。车架的刚度大,它承受发动机及底盘各部件的重力以及它们工作时通过支架传递的力、汽车行驶时由路面通过悬架传来的力。车身承受本身重力与所装载的客货重力以及汽车行驶时所引起的惯性力和空气阻力。

(2) 半承载式车身　其特点是保留车架,车身与车架刚性连接,车身除承受非承载式中所述各载荷外,还分担车架的部分载荷。车身对车架有加固作用。

(3) 承载式车身　其特点是无车架,车身便作为发动机和底盘各总成的安装基础,上述各种载荷均由车身承受。

乘用车车身(见图 4-51)无明显骨架,它是由外部覆盖件和内部钣金件焊接成的一空间结构。乘用车车身一般采用承载式或非承载式。

图 4-51　乘用车车身

4.4.3　汽车仪表

汽车仪表是驾驶员通过视觉了解汽车工作状态的必备部件,其种类很多,但大致分为读取数值的仪表(如车速表)和判断车况是否正常的仪表(或装置)两大类。

这些仪表安装在驾驶员最容易看得见的驾驶员座椅对面的仪表板上,如图 4-52 所示。

由于驾驶员是靠视觉来了解汽车工作状态,因此,仪表应具有良好的目视性(容易辨认)。将仪表设置在正面的仪表板上,可减少驾驶员视线从前方路面移开的概率。

需要频繁读数的仪表,若安装在仪表板中间则会增加驾驶员视线移动量而带来不便。不需经常确认的警报灯等,可安装在目视性较差的部位。警报灯(指示灯)只是在发生异常时才亮,它不能指示出具体数值。

图 4-52　桑塔纳 3000 乘用车仪表板

4.4.4　安全防护装置

1. 安全带

随着汽车工业的发展,汽车安全问题日益为人们所重视。汽车工程师采取了各种措施以提高汽车的安全性能。其中,安全带(见图 4-53)的使用是提高汽车安全性的重要措施之一。

安全带通过高强度的织带约束乘员的运动,减轻或避免乘员与其他物体碰撞而损伤。同时,当汽车失去平衡、倾覆或翻滚时,安全带将人体约束在座椅上,使其避免在车内翻滚而造成二次或多次碰撞。

大量使用实践证明,安全带是最有效的安全防护装置,可大幅度降低碰撞事故的受伤率和死亡率。

现代乘用车必须装备安全带,前排座椅装用三点式安全带,后排座椅装有两点式安全带或三点式安全带。

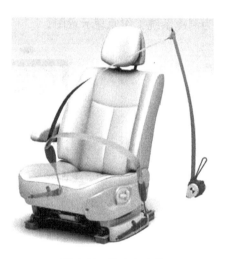

图 4-53　汽车安全带

2. 安全气囊

现在,越来越多的汽车装备安全气囊。其目的是辅助保护乘员,基本前提是乘员要佩戴安全带。

当汽车以大于 20km/h 的运行速度,在正前方 ±30° 的范围发生撞击时,安全气囊就会迅速自动充气弹开,瞬间鼓起一个很大的气囊,犹如缓冲垫填在驾驶员和转向盘之间,从而减轻对驾驶员(或乘员)头部及胸部的伤害。

安装于转向盘中的安全气囊系统一般由气体发生器、防护盖、气囊、约束件、溢气孔等组成。

近年来,在驾驶员安全气囊的基础上,又增加了前排乘员侧安全气囊和侧向安全气帘(见图 4-54),使得汽车的被动安全性能大为提高。

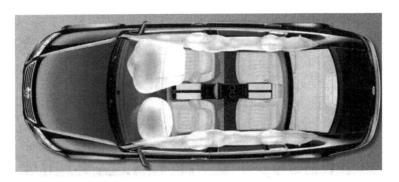

图 4-54　大众辉腾乘用车的安全气囊和侧向安全气帘

4.4.5　汽车空调

现代汽车大都装备有车用空调来提高车内乘坐的舒适性。

汽车空调一般由通风装置、暖风装置、冷气装置以及空气净化装置等组成。图 4-55 所示为制冷系统工作原理示意图。

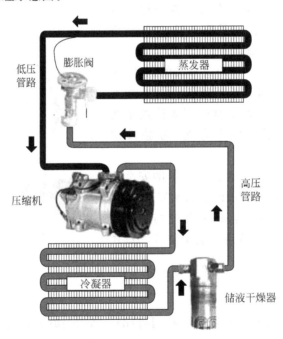

图 4-55　制冷系统工作原理示意图

（1）压缩机运转时,将蒸发器内产生的低温、低压制冷剂蒸汽吸入并进行压缩后,在高温、高压的状态下排出,使之进入冷凝器。

（2）高温、高压气态制冷剂流入冷凝器,经冷却,气态制冷剂变成液态制冷剂。

（3）液态制冷剂进入储液干燥过滤器,去除水分和杂质。

（4）高压液态制冷剂从膨胀阀小孔喷出,成为低压雾状制冷剂流入蒸发器。

（5）雾状制冷剂在蒸发器内吸收蒸发器盘管外边空气中的热量汽化,从鼓风机来的空气流经蒸发器表面,被冷却后送到车厢内。

气态制冷剂又重新被压缩机吸入,这样反复循环即可达到制冷目的。

复习思考题

    1. 简述汽车发动机的构造与工作原理。

    2. 简述汽车传动系的构造与工作原理。

    3. 简述汽车行驶系的构造与工作原理。

    4. 简述汽车转向系的构造与工作原理。

    5. 简述汽车车身和附属设备的构造与工作原理。

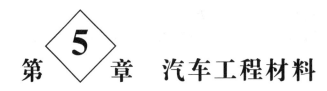

第 **5** 章　汽车工程材料

!**教学提示**：汽车工程材料是指在制造汽车过程中所使用的材料，主要包括汽车用金属材料、汽车用非金属材料和汽车用新型材料三大类。熟悉汽车工程材料的种类、性能和适用范围，对汽车工程材料的选择与使用具有重要意义。

!**教学要求**：本章主要介绍汽车工程材料的种类、性能和适用范围。重点内容是汽车工程材料的性能和适用范围。要求学生了解常用汽车工程材料的种类，熟悉汽车工程材料的性能，掌握汽车工程材料的适用范围。

5.1　汽车用金属材料

5.1.1　金属材料的分类

金属材料是汽车制造业中使用的基本原料，汽车中大约有 80％的零件是用金属材料制造的，而金属材料中又以钢铁材料的用量为最多。金属材料一般分为如下两类。

1）黑色金属

黑色金属主要指铁及铁基合金，如钢、铸铁等。

2）有色金属

有色金属是指除黑色金属以外的所有金属，如铜、铝、镁、钛等以及它们的合金。

5.1.2　金属材料的性能

金属材料的性能主要包括使用性能和工艺性能两方面，其中使用性能又包括物理性能、化学性能和力学性能等。它们是指导生产、选用材料、设计机械零件及制定加工工艺的主要依据。

1. 金属的物理性能

金属材料对自然界中各种物理现象所引起的反应能力称为金属的物理性能。金属的物理性能主要包括密度、熔点、导电性、导热性、热膨胀性和磁性等。

1）密度

密度是指物质单位体积的质量，用符号 ρ 表示，单位为 kg/m^3。

金属材料的密度直接关系到它所制成设备的自重和效能。一般密度小于或等于 $5 \times 10^3 \text{kg/m}^3$ 的金属称为轻金属,密度大于 $5 \times 10^3 \text{kg/m}^3$ 的金属称为重金属。在选材时就要考虑零件的密度。例如,汽车发动机的活塞要求运动时惯性小、质量轻,因此,常用密度较小的铝合金来制造。

2)熔点

纯金属或合金从固态向液态转变时的温度称为熔点。纯金属的熔点是固定的,而合金的熔点取决于它的成分,如钢和生铁都是铁和碳的合金,但由于含碳量不同,它们的熔点也不同。通常熔点低的金属在进行材料加工时易于进行铸造和焊接。

3)导热性

金属材料传导热量的性能称为导热性。常用热导率来衡量金属导热性的好坏。热导率的符号是 λ,合金的热导率比金属的热导率小。导热性能好的金属散热性能也好,所以汽车上的散热器常用铝、铜等金属材料制造。

4)热膨胀性

随着温度变化,材料的体积也发生变化(膨胀或收缩)的现象称为热膨胀,多用线膨胀系数来衡量,亦即温度每变化 1℃时材料长度的增减量与其 0℃时的长度之比,用 α 表示。

热膨胀性与材料的比热容有关。在实际应用中还要考虑比体积(材料受温度等外界影响时,单位质量的材料其容积的增减,即容积与质量之比),特别是对于在高温环境下工作,或者在冷、热交替环境中工作的金属零件,必须考虑其膨胀性能的影响。

例如,在零件的测量中必须考虑热膨胀性的因素,轴与轴瓦的装配间隙必须根据材料的热膨胀性来确定,不同金属焊接时要考虑线膨胀系数是否接近等。

5)导电性

金属材料传导电流的性能称为导电性。衡量金属材料导电性的指标是电阻率,电阻率越小,金属的导电性能越好。金属中银的导电性最好,铜、铝次之,工业上常用铜、铝及其合金作为导电材料。

6)磁性

金属导磁的性能称为磁性。根据金属材料在磁场中受磁化程度的不同,可分为铁磁材料、顺磁材料、抗磁材料 3 类。

铁磁材料能在外磁场中强烈地被磁化;顺磁材料只能在外磁场中微弱地被磁化;抗磁材料能抗拒、削弱磁场对材料本身的磁化作用。磁性材料是汽车上的电动机、仪表等电器设备不可缺少的材料。

2. 金属的化学性能

金属与其他物质发生化学反应的特性称为金属的化学性能。在实际应用中主要考虑金属的耐腐蚀性、抗氧化性、化学稳定性以及不同金属之间、金属与非金属之间形成的化合物对力学性能的影响等。

1)耐腐蚀性

耐腐蚀性指金属材料在常温下抵抗氧、水蒸气等介质腐蚀的能力,常见的钢铁生锈、铜生铜绿等就是腐蚀现象。一般可采用改变金属材料成分或进行表面处理等方法来提高金属的耐腐蚀性。

2）抗氧化性

抗氧化性指金属在高温时对氧化作用的抵抗能力。为避免金属材料氧化,常在坯件或材料的周围制造一种还原气氛或保护气氛,以减轻金属材料的氧化。

在选用汽车材料时,必须考虑其抗氧化性能。例如,汽车发动机排气门工作在高温高压的环境中,就应该选择抗氧化性好的材料制造。

3. 金属的工艺性能

金属对各种加工工艺方法所表现出来的适应性称为工艺性能,主要有以下 5 个方面。

1）切削加工性能

切削加工性能反映的是用切削工具对金属材料进行切削加工(例如车削、铣削、刨削、磨削等)的难易程度。一般来说,铸铁、铝合金具有较好的切削加工性能,高合金钢的切削加工性能则较差。

2）可锻性

可锻性反映金属材料在压力加工过程中成型的难易程度。例如,将材料加热到一定温度时其塑性的高低(表现为塑性变形抗力的大小),允许热压力加工的温度范围大小,热胀冷缩特性以及与显微组织、力学性能有关的临界变形的界限,热变形时金属的流动性,导热性能等。一般来说,低碳钢具有良好的可锻性,铸铁则较差。

3）可铸性

可铸性反映金属材料熔化浇铸成为铸件的难易程度,表现为熔化状态时的流动性、吸气性、氧化性、熔点、铸件显微组织的均匀性、致密性以及冷缩率等。一般来说,铸铁、铸造铝合金具有较好的可铸性。

4）可焊性

可焊性反映金属材料在局部快速加热,使结合部位迅速熔化或半熔化(需加压),从而使结合部位牢固地结合在一起而成为整体的难易程度,表现为熔点、熔化时的吸气性、氧化性、导热性、热胀冷缩特性、塑性以及与接缝部位和附近用材显微组织的相关性对力学性能的影响等。

5）热处理性能

热处理性能是指金属材料适应各种热处理方法的能力,主要指金属材料在热处理中的可淬硬性、淬透性、变形开裂倾向、遇热敏感性、回火脆性倾向、冷脆性等。

金属材料的工艺性能对于机械零件加工工艺方法的选择极为重要。例如,铸造性能和切削加工性能较好的灰口铸铁可广泛应用于制造形状和尺寸较复杂的零件;压力加工性能和焊接性能较好的低碳钢常用来制造外形较复杂的零部件(如汽车车身、蒙皮等)。

4. 金属的力学性能

汽车用金属材料,最重要的性能是力学性能,它是衡量金属材料的主要指标之一。

金属在一定温度条件下承受外力(载荷)作用时,抵抗变形和断裂的能力称为金属材料的力学性能。材料受载荷作用后的变形可分为压缩、拉伸、剪切、扭转和弯曲等。

金属材料在不同载荷作用下的变形如图 5-1 所示。

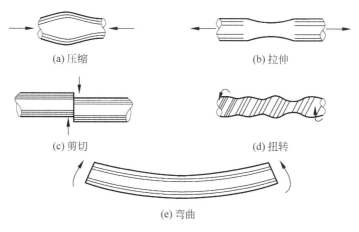

图 5-1　金属材料的变形

金属材料承受的载荷有多种形式，可以是静态载荷，也可以是动态载荷，包括单独或同时承受的拉伸应力、压应力、弯曲应力、剪切应力、扭转应力，以及摩擦、振动、冲击等。

衡量金属材料力学性能的指标主要有以下几项。

1）强度

强度表征材料在外力作用下抵抗变形和破坏的最大能力，可分为抗拉强度极限（σ_b）、抗弯强度极限（σ_{bb}）、抗压强度极限（σ_{bc}）等。由于金属材料在外力作用下从变形到破坏有一定的规律可循，因而通常采用拉伸试验进行测定，即把金属材料制成一定规格的试样，在拉伸试验机上进行拉伸，直至试样断裂。

金属材料的拉伸试验曲线如图 5-2 所示。

试验测定的强度指标主要有如下 4 个。

（1）抗拉强度。材料在外力作用下能抵抗断裂的最大应力，一般指拉力作用下的抗拉强度，以 σ_b 表示，常用单位为兆帕（MPa），换算关系有

$$1MPa = 1N/mm^2 = 9.8^{-1}kgf/mm^2 \qquad (5\text{-}1)$$

$$1kgf/mm^2 = 9.8MPa \qquad (5\text{-}2)$$

$$\sigma_b = \frac{P_b}{F_0} \qquad (5\text{-}3)$$

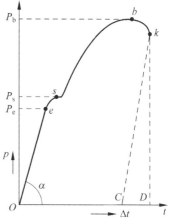

图 5-2　金属材料的拉伸试验曲线

式中，P_b 为材料断裂时的最大应力（或者说是试样能承受的最大载荷）；F_0 为拉伸试样原来的横截面积。

（2）屈服极限。金属材料试样承受的外力超过材料的弹性极限时，虽然应力不再增加，但是试样仍发生明显的塑性变形，这种现象称为屈服，即材料承受外力到一定程度时，其变形不再与外力成正比而产生明显的塑性变形。产生屈服时的应力称为屈服强度极限，用 σ_s 表示，单位为兆帕（MPa），换算关系为

$$\sigma_s = \frac{P_s}{F_0} \qquad (5\text{-}4)$$

式中，P_s 为材料发生屈服时的载荷。

对于塑性高的材料,在拉伸曲线上会出现明显的屈服点,而对于低塑性材料则没有明显的屈服点,从而难以根据屈服点的外力求出屈服极限。

屈服极限指标可作为要求零件在工作中不产生明显塑性变形的设计依据。但是对于一些重要零件还要求屈强比(即 σ_s/σ_b)要小,以提高其安全可靠性。

(3) 弹性极限。材料在外力作用下将产生变形,但是去除外力后仍能恢复原状的能力称为弹性。金属材料能保持弹性变形的最大应力即为弹性极限,相应于拉伸试验曲线图中的 e 点,以 σ_e 表示,单位为兆帕(MPa),换算关系为

$$\sigma_e = \frac{P_e}{F_0} \tag{5-5}$$

式中,P_e 为保持弹性时的最大外力(或者说材料最大弹性变形时的载荷)。

(4) 弹性模量。这是材料在弹性极限范围内的应力 σ 与应变 δ(与应力相对应的单位变形量)之比,用 E 表示,单位为兆帕(MPa),换算关系有

$$E = \frac{\sigma}{\delta} = \tan\alpha \tag{5-6}$$

式中,α 为拉伸试验曲线上 Oe 线与水平轴 Ot 的夹角。

弹性模量是反映金属材料刚性的指标(金属材料受力时抵抗弹性变形的能力称为刚性)。

2) 塑性

金属材料在外力作用下产生永久变形而不破坏的最大能力称为塑性,通常以拉伸试验时的试样标距长度延伸率 $\delta(\%)$ 和试样断面收缩率 $\phi(\%)$ 表示。延伸率的表达式为

$$\delta = \frac{L_1 - L_0}{L_0} \times 100\% \tag{5-7}$$

式中,L_1 为拉伸试验时试样拉断后将试样断口对合起来后的标距长度;L_0 为试样原始标距长度。

在实际试验时,同一材料但是不同规格(直径,截面形状,例如方形、圆形、矩形,以及标距长度)的拉伸试样测得的延伸率会有所不同,因此一般需要特别加注。例如最常用的圆截面试样,其初始标距长度为试样直径5倍时测得的延伸率表示为 δ_5,而初始标距长度为试样直径10倍时测得的延伸率则表示为 δ_{10}。

断面收缩率的表达式为

$$\phi = \frac{F_0 - F_1}{F_0} \times 100\% \tag{5-8}$$

式中,F_0 为拉伸试验时试样拉断后原横截面积;F_1 为断口细颈处最小截面积。

实际应用中对于最常用的圆截面试样通常可通过直径测量进行计算:

$$\phi = [1 - (D_1/D_0)^2] \times 100\% \tag{5-9}$$

式中,D_0 为试样原直径;D_1 为试样拉断后断口细颈处最小直径。

δ 与 ϕ 值越大,表明材料的塑性越好。

3) 硬度

金属材料抵抗其他更硬物体压入表面的能力称为硬度,或者说硬度表征材料对局部塑性变形的抵抗能力。因此,硬度与强度有一定的关系。硬度的测定方法主要有以下两种。

(1) 布氏硬度(Brinell hardness,HB)。用一定直径 D 的淬硬钢球在规定负载 P 的作

用下压入试件表面,保持一段时间后卸去负载,在试件表面将会留下表面积为 F 的压痕,以试件的单位表面积上能承受负载的大小表示该试件的硬度:

$$\mathrm{HB} = \frac{P}{F} \tag{5-10}$$

在使用布氏硬度计(见图 5-3)测试金属材料的硬度时,通常直接测量压坑的直径,并根据负载 P 和钢球直径 D 从布氏硬度数值表上查出布氏硬度值(显然压坑直径越大,硬度越低,表示的布氏硬度值越小)。

(2) 洛氏硬度(Rockwell hardness,HR)。其原理是:用有一定顶角(例如 120°)的金刚石圆锥体压头或一定直径 D 的淬硬钢球,在一定负载 P 作用下压入试件表面,保持一段时间后卸去负载,在试件表面将会留下某个深度的压痕。

由洛氏硬度计(见图 5-4)自动测量压坑深度并以硬度值读数显示(显然压坑越深,硬度越低,表示的洛氏硬度值越小)。根据压头与负载的不同,洛氏硬度还分为 HRA、HRB、HRC 3 种,其中以 HRC 最为常用。

图 5-3　电子布氏硬度计

图 5-4　洛氏硬度计

在特定的硬度范围内,洛氏硬度 HRC 与布氏硬度 HB 之间在数值上有如下换算关系:

$$\mathrm{HRC} \approx 0.1\mathrm{HB} \tag{5-11}$$

除了最常用的洛氏硬度 HRC 与布氏硬度 HB 之外,还有维氏硬度(Vickers hardness,HV)、肖氏硬度(Shore hardness,HS)、显微硬度(micro-hardness)以及里氏硬度(Leeb hardness,HL)。

这里特别要说明一下里氏硬度,这是目前最新颖的硬度表征方法。利用里氏硬度计进行测量,其检测原理是:里氏硬度计(见图 5-5)的冲击装置将冲头从固定位置释放,冲头快速冲击在试件表面上,通过线圈的电磁感应测量冲头距离试件表面 1mm 处的冲击速度与反弹速度(感应为冲击电压和反弹电压),里氏硬度值即以冲头反弹速度和冲击速度之比来表示:

$$\mathrm{HL} = \frac{V_r}{V_i} \times 1000 \tag{5-12}$$

式中,HL 为里氏硬度值;V_r 为冲头反弹速度;V_i 为冲头冲击速度。

图 5-5　系列里氏硬度计

　　实际应用中是以冲击装置中的闭合线圈感应的冲击电压和反弹电压代表冲击速度和反弹速度的。

　　冲击装置的构造主要有内置弹簧(加载套管,不同型号的冲击装置有不同的冲击能量)、导管、释放按钮、内置线圈与骨架、支撑环以及冲头。冲头主要采用金刚石、碳化钨两种极高硬度的球形(不同型号的冲击装置其冲头直径有所不同)。

　　里氏硬度计的主机对接收到的由冲击装置获得的信号进行处理、计算,然后在屏幕上直接显示出里氏硬度值,并且可以换算为常用的布氏、洛氏、维氏、肖氏硬度值,也可折算出材料的抗拉强度 σ_b,可以将测量结果储存、直接打印输出或传送给计算机作进一步的数据处理。

　　里氏硬度计是一种便携袖珍装置,可应用于各种金属材料、工件的表面硬度测量,特别是大型锻铸件的测量,其最大的特点是可以任意方向检测,免去了普通硬度计对工件大小、测量位置等的限制。

　　4) 冲击韧度

　　金属材料在冲击载荷作用下抵抗破坏的能力称为冲击韧度。通常采用冲击试验,即用一定尺寸和形状的金属试样在规定类型的冲击试验机上承受冲击载荷而折断时,断口上单位横截面积上所消耗的冲击功表征材料的冲击韧度,用 α_k 表示,单位为 J/cm^2 或 kg·m/cm^2:

$$\alpha_k = \frac{A_k}{F} \tag{5-13}$$

式中,A_k 为冲击功;F 为断口的原始截面积。

　　5) 疲劳极限

　　金属材料在长期的反复应力作用或交变应力作用下(应力一般均小于屈服极限强度 σ_s)未经显著变形就发生断裂的现象称为疲劳破坏或疲劳断裂,这是由于多种原因使得零件表面的局部产生大于 σ_s 甚至大于 σ_b 的应力(应力集中),从而使得该局部发生塑性变形或微观裂纹,随着反复交变应力作用次数的增加,使裂纹逐渐扩展加深(裂纹尖端处应力集中)致该局部处承受应力的实际截面积减小,直至局部应力大于 σ_b 而产生断裂。

　　在实际应用中,一般把试样在重复或交变应力(应力、压应力、弯曲或扭转应力等)作用下,在规定的周期数内(一般对钢取 $10^6 \sim 10^7$ 次,对有色金属取 10^8 次)发生断裂所能承受的最大应力作为疲劳极限,用 σ^{-1} 表示,单位为 MPa。

除了上述 5 种最常用的力学性能指标外,对一些要求特别严格的材料,还会要求下述一些力学性能指标:蠕变极限、高温拉伸持久强度极限、金属缺口敏感性系数等。

5.1.3　各种金属材料及其在汽车制造中的应用

应用于汽车上的金属材料分为黑色金属材料和有色金属材料两大类。黑色金属材料的质量占到汽车总质量的 80% 左右,有色金属占 3%～4.7%。一般要求的汽车结构零件大多采用碳素钢或铸铁制造,而有色金属具有很多钢铁材料所没有的性能,能够满足某些机械零件的特殊性能要求。

1. 碳素钢

碳素钢(carbon steel)简称碳钢,其含碳量(指碳的质量分数)小于 2.11%,除含有铁和碳两种元素外,还含有少量的硅、锰、硫、磷等常存元素。碳素钢具有成本低、加工难度较小、强度高、生产工艺较成熟、炼钢能耗低、容易回收再利用、利于环境保护等优点,因此在汽车制造中得到广泛的应用。

1) 碳和常存元素对碳素钢的影响

碳是决定钢性能的主要元素。随着含碳量的增加,碳素钢的强度和硬度都在升高,而塑性和韧性都在降低。当含碳量在 0.9% 左右时,强度达到最大值,以后随着含碳量的增加,硬度升高,强度、塑性和韧性降低,脆性增大。

锰是钢中的有益元素,是炼钢时用锰铁脱氧而残留在钢中的,锰有很好的脱氧能力,还可以与硫形成 MnS,从而消除了硫的有害作用。锰作为杂质一般应不超过 0.8%。

硅也是钢中的有益元素,也是作为脱氧剂而进入钢中的,硅的脱氧能力比锰还强,还能提高钢的强度及质量。硅作为杂质一般应不超过 0.4%。

硫是钢中有害元素,常以 FeS 形式存在,FeS 与 Fe 形成低熔点的共晶体,熔点为 985℃。钢中含硫量必须严格控制,通常应小于 0.05%。

磷也是钢中的有害元素,它使钢在低温时变脆,这种现象称为冷脆性。因此,钢中含磷量也要严格控制,通常应小于 0.045%。

氢也是钢中的有害元素,溶于钢中的氢能造成氢脆、白点等缺陷,且氢脆一经产生,就无法消除。

注:氢脆是溶于钢中的氢聚合为氢分子,造成应力集中,超过钢的强度极限,在钢内部形成细小的裂纹,使钢容易开裂。这种由于氢的存在引起的脆性称为氢脆,又称氢致开裂或氢损伤。氢脆只可防,不可治。

白点是因为钢中的含氢量过大,在加热后因未及时保温或退火,钢中的氢气析出而引起的一种钢材内部缺陷。白点的预防措施:在冶炼时控制氢气的含量;及时保温回火,采取缓冷工艺。

2) 碳钢的分类

按钢的含碳量可分为以下几种。

(1) 低碳钢(mild carbon steel),含碳量小于 0.25%;

(2) 中碳钢(medium carbon steel),含碳量为 0.25%～0.60%;

(3) 高碳钢(high carbon steel),含碳量大于 0.60%。

按钢的质量(按钢中含有害杂质硫、磷的多少来分)可分为以下几种。

(1) 普通钢(steel),含硫量小于 0.055%,含磷量小于 0.045%;

(2) 优质钢(quality steel),含硫量、含磷量均小于 0.04%;

(3) 高级优质钢(high-quality steel),含硫量、含磷量均小于 0.03%。

按用途可分为以下几种。

(1) 碳素结构钢(carbon structure steel),用于制造工程结构(如桥梁、船舶、建筑、高压容器等)和机械零件(如齿轮、轴、螺钉、螺母、连杆等),这类钢一般为低、中碳钢。

(2) 碳素工具钢(carbon tool steel),用于制造各种工具(如刀具、模具和量具等),这类钢一般为高碳钢。

3) 碳钢的牌号和用途

与合金钢相比,碳钢冶炼方便、价格低廉、产量大,且具有优良的锻造性、焊接性和切削加工性能,能满足许多场合机械加工用钢的要求,故在工业中应用非常广泛。

(1) 碳素结构钢

碳素结构钢的炼制过程比较简单,生产费用较低,价格便宜,并具有较高的塑性和焊接性能,能满足一般的使用要求,因此大量应用于汽车普通零件的制造。

根据《钢铁产品牌号表示方法》(GB/T 221—2008)的规定,碳素结构钢和低合金结构钢的牌号由 4 部分组成。

第一部分——前缀符号+强度值(以 N/mm² 或 MPa 为单位),其中,通用碳素结构钢前缀符号为代表屈服强度的汉语拼音字母"Q",专用碳素结构钢的前缀符号见表 5-1。

表 5-1　专用碳素结构钢的前缀符号(GB/T 221—2008)

产品名称	采用的汉字及汉语拼音或英文单词			采用字母
	汉字	汉语拼音	英文单词	
热轧光圆钢筋	热轧光圆钢筋	—	hot rolled plain bars	HPB
热轧带肋钢筋	热轧带肋钢筋	—	hot rolled ribbed bars	HRB
细晶粒热轧带肋钢筋	热轧带肋钢筋+细	—	hot rolled ribbed bars+fine	HRBF
冷轧带肋钢筋	冷轧带肋钢筋	—	cold rolled ribbed bars	CRB
预应力混凝土用螺纹钢筋	预应力、螺纹、钢筋	—	prestressing,screw,bars	PSB
焊接气瓶用钢	焊瓶	HAN PING	—	HP
管线用钢	管线	—	line	L
船用锚链钢	船锚	CHUAN MAO	—	CM
煤机用钢	煤	MEI	—	M

第二部分(必要时)——质量等级符号:A、B、C、D、E、F,依次提高。

第三部分(必要时)——脱氧方法符号:F—沸腾钢,B—半镇静钢,Z—镇静钢,TZ—特殊镇静钢。对于镇静钢、特殊镇静钢,其表示符号通常可以省略。

第四部分(必要时)——产品用途、特性和工艺方法表示符号,见表 5-2。

表 5-2　产品用途、特性和工艺方法表示符号（GB/T 221—2008）

产品名称	采用的汉字及汉语拼音或英文单词			采用字母
	汉字	汉语拼音	英文单词	
锅炉和压力容器用钢	容	RONG	—	R
锅炉用钢（管）	锅	GUO	—	G
低温压力容器用钢	低容	DI RONG	—	DR
桥梁用钢	桥	QIAO	—	Q
耐候钢	耐候	NAI HOU	—	NH
高耐候钢	高耐候	GAO NAI HOU	—	GNH
汽车大梁用钢	梁	LIANG	—	L
高性能建筑结构用钢	高建	GAO JIAN	—	GJ
低焊接裂纹敏感性钢	低焊接裂纹敏感性	—	crack free	CF
保证淬透性钢	淬透性	—	hardenability	H
矿用钢	矿	KUANG	—	K
船用钢	采用国际符号			

碳素结构钢和低合金结构钢的牌号示例见表 5-3。

表 5-3　碳素结构钢和低合金结构钢的牌号示例（GB/T 221—2008）

序号	产品名称	第一部分	第二部分	第三部分	第四部分	牌号示例
1	碳素结构钢	最小屈服强度 235MPa	A 级	沸腾钢	—	Q235AF
2	低合金高强度结构钢	最小屈服强度 345MPa	D 级	特殊镇静钢	—	Q345D
3	热轧光圆钢筋	屈服强度特征值 235MPa	—	—	—	HPB235
4	热轧带肋钢筋	屈服强度特征值 335MPa	—	—	—	HRB335
5	细晶粒热轧带肋钢筋	屈服强度特征值 335MPa	—	—	—	HRBF335
6	冷轧带肋钢筋	最小抗拉强度 550MPa	—	—	—	CRB550
7	预应力混凝土用螺纹钢筋	最小抗拉强度 830MPa	—	—	—	PSB830
8	焊接气瓶用钢	最小屈服强度 345MPa	—	—	—	HP345
9	管线用钢	最小规定总延伸强度 415MPa	—	—	—	L415
10	船用锚链钢	最小抗拉强度 370MPa	—	—	—	CM370
11	煤机用钢	最小抗拉强度 510MPa	—	—	—	M510
12	锅炉和压力容器用钢	最小屈服强度 345MPa	—	特殊镇静钢	R	Q345R

碳素结构钢在汽车上的应用见表 5-4。

表 5-4　碳素结构钢在汽车上的应用

型号	应用举例
Q235A	传动轴中间轴承支架、发动机支架、后视镜支架、油底壳加强板等
Q235AF	机油滤清器法兰、发电机连接板、前钢板弹簧夹箍、后视镜支架等
Q235B	同步器锥盘、差速器螺栓锁片、驻车制动器操作杆、棘爪和齿板等
Q235BF	消声器后支架、放水龙头手柄夹持架、百叶窗叶片等
Q395L	汽车部件的冲压件、前后保险杠
Q390L	汽车纵横梁、高强度车身骨架

（2）优质碳素结构钢

优质碳素结构钢（high-quality carbon structure steels）中有害杂质及非金属夹杂物含量较少，化学成分控制得也较严格，塑性、韧性较好，热处理后力学性能较好，用于制造较重要的汽车零件。

根据《钢铁产品牌号表示方法》（GB/T 221—2008）的规定，优质碳素结构钢和优质碳素弹簧钢的牌号由 5 部分组成：

第一部分——以两位阿拉伯数字表示平均含碳量（以万分之几计）；

第二部分（必要时）——较高含锰量的优质碳素结构钢，加锰元素符号 Mn；

第三部分（必要时）——用于表征钢材冶金质量，高级优质钢用 A 表示，特级优质钢用 E 表示，优质钢不用字母表示；

第四部分（必要时）——用于表征钢材的脱氧方式，沸腾钢、半镇静钢、镇静钢分别用"F""B""Z"表示，但镇静钢的符号通常可以省略；

第五部分（必要时）——产品用途、特性和工艺方法表示符号见表 5-2。

优质碳素结构钢和优质碳素弹簧钢的牌号示例见表 5-5。

表 5-5　优质碳素结构钢和优质碳素弹簧钢的牌号示例（GB/T 221—2008）

序号	产品名称	第一部分	第二部分	第三部分	第四部分	第五部分	牌号示例
1	优质碳素结构钢	含碳量：0.05%～0.11%	含锰量：0.25%～0.50%	优质钢	沸腾钢	—	08F
2	优质碳素结构钢	含碳量：0.47%～0.55%	含锰量：0.50%～0.80%	高级优质钢	镇静钢	—	50A
3	优质碳素结构钢	含碳量：0.48%～0.56%	含锰量：0.70%～1.00%	特级优质钢	镇静钢	—	50MnE
4	保证淬透性用钢	含碳量：0.42%～0.50%	含锰量：0.50%～0.85%	高级优质钢	镇静钢	H	45AH
5	优质碳素弹簧钢	含碳量：0.62%～0.70%	含锰量：0.90%～1.20%	优质钢	镇静钢	—	65Mn

一般将含锰量为 0.25%～0.80% 的优质碳素结构钢称为普通含锰钢，将含锰量为 0.80%～1.20% 的优质碳素结构钢称为较高含锰量钢（标出锰元素）。较高含锰量优质碳素结构钢的应用范围和同牌号的优质碳素结构钢基本相同，但其强度较高，可用于制造受力较大的零件。

优质碳素结构钢中的低碳钢（含碳量一般小于 0.25%，如 10 钢、20 钢等）强度和硬度不高，但塑性、韧性和焊接性能较好，常用于制造各种冲压件、焊接件和强度要求不高的零件，如发动机油底壳（见图 5-6）、油箱、车身外壳、离合器盖（见图 5-7）、变速叉、轮胎螺栓和螺母等。

中碳钢（含碳量一般在 0.25%～0.60% 之间，如 35 钢、45 钢等）具有较高的强度和硬度，切削性能良好，经过热处理后具有良好的综合力学性能，常用于制造受力较大的汽车零件，如曲轴正时齿轮、飞轮齿圈、万向节叉、离合器从动盘、连杆等。

高碳钢（含碳量一般大于 0.60%）具有高的强度、硬度和弹性，常用于制造弹性件和耐磨件，如气门弹簧、离合器压盘弹簧、活塞销卡簧、空气压缩机阀片、弹簧垫圈等。

图 5-6　发动机油底壳

图 5-7　离合器盖

常用优质碳素结构钢在汽车上的应用见表 5-6。

表 5-6　常用优质碳素结构钢在汽车上的应用

牌　　号	应 用 举 例
08	驾驶室外壳、油底壳、油箱、离合器盖等
15	轮胎螺栓和螺母、发动机气门室罩、离合器调整螺栓、曲轴箱螺栓等
20	离合器分离杠杆、风扇叶片、驻车制动杆等
35	曲轴正时齿轮、半轴螺栓锥形套、机油泵齿轮、连杆螺母、汽缸盖定位销等
45	气门推杆、同步器锁销、变速杆、凸轮轴、曲轴、离合器踏板轴及分离叉等
50	离合器从动盘等
65Mn	气门弹簧、转向纵拉杆弹簧、离合器压盘弹簧、活塞销卡簧、拖曳钩弹簧等

(3) 碳素工具钢

碳素工具钢(carbon tool steels)主要用于制造刀具、量具和模具,具有较高的硬度和耐磨性,其平均含碳量为 0.7%～1.3%,属于高碳钢。这类钢的质量较高,是经过精炼的优质钢,要求 S、P 等杂质的含量特别低。所有碳素工具钢都要经过热处理后,才能进一步提高硬度和耐磨性。

根据《钢铁产品牌号表示方法》(GB/T 221—2008)的规定,碳素工具钢的牌号由 4 部分组成:

第一部分——以符号"T"("碳"字汉语拼音首位字母)表示碳素工具钢;

第二部分——以阿拉伯数字表示平均含碳量(以千分之几计);

第三部分(必要时)——较高含锰量的碳素工具钢,加锰元素符号 Mn;

第四部分(必要时)——用于表征钢材冶金质量,高级优质碳素工具钢用 A 表示,优质碳素工具钢不用字母表示。

碳素工具钢的牌号示例见表 5-7。

表 5-7　碳素工具钢的牌号示例(GB/T 221—2008)

产品名称	第一部分			第二部分	第三部分	第四部分	牌号示例
	汉字	汉语拼音	采用字母				
车辆车轴用钢	辆轴	LIANG ZHOU	LZ	含碳量: 0.40%～0.48%	—	—	LZ45
机车车辆用钢	机轴	JI ZHOU	JZ	含碳量: 0.40%～0.48%	—	—	JZ45
非调质机械结构钢	非	FEI	F	含碳量: 0.32%～0.39%	含钒量: 0.06%～0.13%	含硫量: 0.035%～0.075%	F35VS

续表

产品名称	第一部分			第二部分	第三部分	第四部分	牌号示例
	汉字	汉语拼音	采用字母				
碳素工具钢	碳	TAN	T	含碳量: 0.80%～0.90%	含锰量: 0.40%～0.60%	高级优质钢	T8MnA
合金工具钢	含碳量: 0.85%～0.95%			含硅量: 1.20%～1.60% 含铬量: 0.95%～1.25%	—	—	9SiCr
高速工具钢	含碳量: 0.80%～0.90%			含钨量: 5.50%～6.75% 含钼量: 4.50%～5.50% 含铬量: 3.80%～4.40% 含钒量: 1.75%～2.20%	—	—	W6Mo5Cr4V2
高速工具钢	含碳量: 0.86%～0.94%			含钨量: 5.90%～6.70% 含钼量: 4.70%～5.20% 含铬量: 3.80%～4.50% 含钒量: 1.75%～2.10%	—	—	CW6Mo5Cr4V2
高碳铬轴承钢	滚	GUN	G	含铬量: 1.40%～1.65%	含硅量: 0.45%～0.75% 含锰量: 0.95%～1.25%	—	GCr15SiMn
钢轨钢	轨	GUI	U	含硫量: 0.66%～0.74%	含硅量: 0.85%～1.15% 含锰量: 0.85%～1.15%	—	U70MnSi
冷镦钢	铆螺	MAO LUO	ML	含碳量: 0.26%～0.34%	含铬量: 0.80%～1.10% 含钼量: 0.15%～0.25%	—	ML30CrMo
焊接用钢	焊	HAN	H	含碳量: ≤0.10%的高级 优质碳素结构钢	—	—	H08A

产品名称	第一部分			第二部分	第三部分	第四部分	牌号示例
	汉字	汉语拼音	采用字母				
焊接用钢	焊	HAN	H	含碳量： ≤0.10% 含铬量： 0.80%～1.10% 含钼量： 0.40%～0.60% 的高级优质 合金结构钢	—	—	H08CrMoA
电磁纯铁	电铁	DIAN TIE	DT	顺序号 4	磁性能 A 级	—	DT4A
原料纯铁	原铁	YUAN TIE	YT	顺序号 1	—	—	YT1

（4）铸钢

对于需要承受冲击载荷作用的形状复杂零件，很难用锻压等方法成型，用铸铁又难以满足力学性能要求，这时常需选用铸钢（cast steel）。

根据《铸钢牌号表示方法》（GB/T 5613—2014）的规定，铸钢的代号由"铸钢"两字的汉语拼音首字母"ZG"组成。当需要表示铸钢具有某种特殊性能时，可用代表铸钢特殊性能的汉语拼音的第一个大写正体字母排列在"ZG"之后。

铸钢牌号中的主要合金元素符号用国际化学元素符号表示，混合稀土元素用符号"RE"表示。名义含量及力学性能用阿拉伯数字表示。

铸钢牌号的表示方法有两种。

① 以力学性能表示的铸钢牌号。以力学性能表示的铸钢牌号由"ZG"和两组数字组成，前一组数字表示铸钢的屈服强度 σ_s 的最低值，后一组数字表示抗拉强度 σ_b 的最低值。两组数字之间用"-"隔开。例如，ZG200-400 为 $\sigma_s \geq 200\text{MPa}$，$\sigma_b \geq 400\text{MPa}$ 的铸钢。

② 以化学成分表示的铸钢牌号。当以化学成分表示铸钢的牌号时，含碳量以及合金元素符号和含量排列在铸钢代号"ZG"之后。在"ZG"后面以一组（两位或三位）阿拉伯数字表示铸钢的名义含碳量（以万分之几计）。平均含碳量<0.1%的铸钢，其第一位数字为"0"，牌号中名义含碳量用上限表示；含碳量≥0.1%的铸钢，牌号中名义含碳量用平均含碳量表示。在名义含碳量的后面排列各主要合金元素符号，在元素符号后用阿拉伯数字表示合金元素名义含量（以百分之几计）。合金元素平均含量<1.50%时，牌号中只标明元素符号，一般不标明含量；合金元素平均含量分别在 1.50%～2.49%、2.50%～3.49%、3.50%～4.49%、4.50%～5.49%…之间时，在合金元素符号后面相应写成 2、3、4、5…。当主要合金元素多于三种时，可以在牌号中只标注前两种或前三种合金元素的名义含量值；各元素符号的标注顺序按其平均含量的递减顺序排列。若两种或多种合金元素平均含量相同，则按合金元素符号的英文字母顺序排列。铸钢中常规的锰、硅、磷、硫等元素一般在牌号中不标明。在特殊情况下，当同一牌号的铸钢又分为几个不同品种时，可在牌号后面用"-"隔开，用阿拉伯数字标注品种序号。

几种常用铸钢的牌号含义如图 5-8～图 5-11 所示。各种铸钢的名称、代号及牌号实例见表 5-8。

图 5-8 铸钢 ZG200-400 的牌号含义

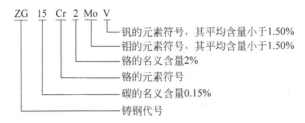

图 5-9 铸钢 ZG15Cr2MoV 的牌号含义

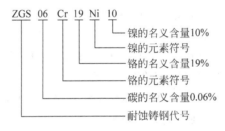

图 5-10 铸钢 ZGS06Cr19Ni10 的牌号含义

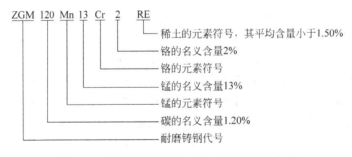

图 5-11 铸钢 ZGM120Mn13Cr2RE 的牌号含义

表 5-8 各种铸钢的名称、代号及牌号实例

铸钢名称	铸钢代号	铸钢牌号实例
铸造碳钢	ZG	ZG270-500
焊接结构用铸钢	ZGH	ZGH230-450
耐热铸钢	ZGR	ZGR40Cr25Ni20
耐蚀铸钢	ZGS	ZGS06Cr16Ni5Mo
耐磨铸钢	ZGM	ZGM30CrMnSiMo

铸钢的平均含碳量一般在 0.15%～0.60%之间。铸钢具有较好的力学性能、良好的焊接性能，但其铸造性能比较差，一般需要进行热处理，以改善其力学性能。

常见铸钢在汽车上的应用见表 5-9。

表 5-9 铸钢在汽车上的应用

牌 号	应 用 举 例
ZG270-500	机油管法兰、化油器活动接头、车门限制器的限制块等
ZG310-570	进排气歧管压板、风扇过渡法兰、前减振器下支架、变速叉、起动爪等
ZG340-640	齿轮、棘轮等

2. 合金钢

汽车上的一些受力复杂的重要零件，如变速器齿轮、半轴和活塞销等，如果采用碳素钢制造则不能满足其性能要求，因此，在汽车制造中还广泛应用合金钢。

所谓合金钢(alloy steels)，是在碳钢的基础上，有目的地加入一些合金元素的钢。常加入元素有锰(Mn)、硅(Si)、铬(Cr)、镍(Ni)、钼(Mo)、钨(W)、钒(V)、钛(Ti)、铌(Nb)、锆(Zr)、稀土(Xt)等。目前世界上已有数千种合金钢。

1) 合金钢的分类

按用途分为：合金结构钢、合金工具钢、特殊性能钢。

接合金元素的含量分为：低合金钢、中合金钢、高合金钢。

按合金元素的种类分为：锰钢、铬钢、镍铬钢等。

2) 合金钢牌号表示方法

合金钢的牌号是采用合金元素符号和数字来表示的，即数字＋合金元素符号＋数字。

(1) 元素符号最前的数字表示含碳量。低合金钢、合金结构钢、合金弹簧钢用两位数字表示平均含碳量(以万分之几计)。不锈耐酸钢、耐热钢等，一般用一位数字表示平均含碳量(以千分之几计)；平均含碳量小于千分之一的用"0"表示，含碳量不大于 0.03%的用"00"表示。

一般合金工具钢含碳量大于 1.0%时不标出含碳量数字；若平均含碳量小于 1.0%时，可用一位数字表示含碳量(以千分之几计)，但高速钢含碳量小于 1.0%也不标出。

(2) 合金元素符号后的数字表示合金元素含量。平均合金含量小于 1.5%时，牌号中仅标明元素，一般不标明含量。当平均合金含量分别大于 1.5%、2.5%、3.5%…时，则相应地以 2、3、4…表示。

高碳铬轴承钢，其含铬量用千分之几计，并在牌号头部加符号"G"。例如，平均含铬量为 0.9%的轴承钢，其牌号表示为"GCr9"。

低铬(平均含铬量小于 1%)合金工具钢，其含铬量亦用千分之几计，但在含量数值之前加一数字"0"。例如，平均含铬量为 0.6%的合金工具钢，其牌号表示为"Cr06"。

(3) 高级优质合金钢(含 S、P 较低)，在牌号尾部加符号"A"。

(4) 为了表示钢的专门用途，在牌号头部(或尾部)附以相应用途符号。例如，滚动轴承钢前加"G"("滚"字的汉语拼音字首)，如"GCr15"，又如"20MnK"，牌号后附以符号"K"，则表示此合金多为矿用。

3) 低合金结构钢

(1) 成分。在碳素结构钢的基础上加入少量合金元素,其含碳量小于 0.2%,合金元素总量小于 3%。加入 Mn、Si 等元素起到强化铁素体的作用,提高强度;加入 V、Ti 等元素主要是细化组织,提高韧性;加入 Cu、P 等元素在钢中能提高耐蚀性。

(2) 性能。具有较高的强度、良好的综合力学性能,特别是有较高的屈服强度,有良好的塑性、焊接性能、耐腐蚀性,更低的冷脆转变温度,因而常称为低合金高强度钢。

(3) 用途。一般工程结构和机械零件,如桥梁、船舶、车辆、锅炉、高压容器、输油管道、建筑钢筋等。

(4) 热处理。这类钢通常是在热轧后经退火或正火处理后使用。使用低合金替代碳素钢可以提高结构的强度,减轻结构的重量。

低合金结构钢在汽车上常用于制造车架纵、横梁和前保险杠等结构件。常用低合金结构钢在汽车上的应用见表 5-10。

表 5-10　常用低合金结构钢在汽车上的应用

牌　　号	应 用 举 例
Q295	水箱固定架底板、风扇叶片、车架横梁等
Q345	车架纵梁、车架横梁、油箱托架、车架角撑、蓄电池固定筐后板等
Q390	车架前横梁、车架中横梁、前保险杠、车架角撑等

4) 合金渗碳钢

合金渗碳钢是按热处理方法命名的合金钢,主要热处理方法是渗碳后再淬火,然后低温回火。合金渗碳钢的含碳量较低,能保证零件的芯部有足够的塑性和韧性。

(1) 成分。含碳量很低,在 0.1%～0.25% 之间,为了提高淬透性,加入 Cr、Mn、Ni、B 等并强化渗碳层和芯部组织。此外,还加入微量的 Mo、W、V、Ti 等强碳化物形成元素。这些元素形成的稳定合金碳化物,除能防止渗碳时晶粒长大外,还能增加渗碳层硬度,提高耐磨性。

(2) 热处理。经渗碳、淬火和低温回火后,表面具有高硬度、高耐磨性而芯部具有足够的塑性和韧性。

渗碳钢按淬透性的高低分为低淬透性钢、中淬透性钢、高淬透性钢 3 类。

汽车上的某些零件是在高速、重载、强烈冲击和剧烈摩擦的状态下工作的,如变速箱齿轮、万向节十字轴(见图 5-12)和活塞销(见图 5-13)等零件。这些零件的表面要求具有高硬度、高耐磨性,而芯部则要求具有高的强度和韧性,这就需要采用合金渗碳钢制造,经热处理后使用。

图 5-12　合金渗碳钢制造的万向节十字轴

图 5-13　合金渗碳钢制造的活塞销

常用合金渗碳钢在汽车上的应用见表 5-11。

表 5-11　常用合金渗碳钢在汽车上的应用

牌　号	应　用　举　例
15Cr	活塞销、推杆、气门弹簧座等
20CrMnTi	变速器齿轮、变速器啮合套、变速器轴、半轴齿轮、万向节和差速器十字轴等
15MnVB	变速器轴、变速器啮合套、变速器齿轮、钢板弹簧中心螺栓等
20MnVB	减速器齿轮、万向节十字轴、差速器十字轴等

5）合金调质钢

在碳素钢的基础上加入合金元素，经调质处理后获得良好的综合力学性能的钢，称为合金调质钢。

（1）成分。含碳量一般在 0.25%～0.50% 之间，常加入的合金元素有 Mn、Si、Cr、Ni、B 等，主要作用是提高钢的淬透性和保证良好的强度和韧性。

（2）用途。制造各种负载较大的、受冲击的重要的机器零件，如齿轮、轴类件、连杆、高强度螺栓等。常用的合金调质钢有 40Cr 等。

汽车上的半轴（见图 5-14）、连杆（见图 5-15）、转向节等都是用合金调质钢来制造的。这些零件在工作中承受较大的冲击载荷，所以不仅要求有高的强度，还要求有好的塑性和韧性，即要求有良好的综合力学性能，而合金钢经过热处理后就能满足这些要求。

图 5-14　半轴

图 5-15　连杆

常用合金调质钢在汽车上的应用见表 5-12。

表 5-12　常用合金调质钢在汽车上的应用

牌　号	应　用　举　例
40Cr	发动机支架固定螺栓、水泵轴、连杆、连杆盖、汽缸盖螺栓等
40MnB	半轴、水泵轴、变速器轴、转向节、转向节臂、万向节叉等
40Mn2	进气门、半轴套管、钢板弹簧 U 形螺栓等
50Mn2	离合器从动盘、减振盘等

6）合金弹簧钢

合金弹簧钢是制造弹簧和弹性元件的专用钢，含碳量在 0.45%～0.70% 之间。加入 Mn、Si、Cr 等合金元素的主要作用是提高钢的淬透性、强度和弹性；加入 Mo、W、V 等合金元素的主要作用是防止 Si、Mn 在加热时过热，提高弹性、耐热性和回火稳定性。

弹簧是汽车上常用的元件,要求具有较高的疲劳强度和抗拉强度,有良好的工艺性和足够的韧性和塑性。

合金弹簧钢的牌号表示方法与合金结构钢相同,示例见表5-13。

表5-13　合金弹簧钢和合金结构钢的牌号表示方法(GB/T 221—2008)

产品名称	第一部分	第二部分	第三部分	第四部分	牌号示例
合金结构钢	含碳量: 0.22%~0.29%	含铬量: 1.50%~1.80% 含钼量: 0.25%~0.35% 含钒量: 0.15%~0.30%	高级优质钢	—	25Cr2MoVA
锅炉和压力容器用钢	含碳量: ≤0.22%	含锰量: 1.20%~1.60% 含钼量: 0.45%~0.65% 含铌量: 0.025%~0.050%	特级优质钢	锅炉和压力容器用钢	18MnMoNbER
优质弹簧钢	含碳量: 0.56%~0.64%	含硅量: 1.60%~2.00% 含锰量: 0.70%~1.00%	优质钢	—	60Si2Mn

汽车上的气门弹簧、离合器弹簧、转向纵拉杆弹簧和活塞销卡簧常采用合金弹簧钢65Mn制造,钢板弹簧等大截面弹簧常采用合金弹簧钢55Si2Mn、60Si2Mn制造。

7) 滚动轴承钢

滚动轴承钢是用来制造滚动轴承内、外圈和滚动体的专用钢,其含碳量较高,在0.95%~1.05%之间,以保证有较高的硬度和耐磨性。加入0.40%~1.65%的Cr,用以提高钢的淬透性和耐磨性,对于大型滚动轴承用钢,还加入Si、Mn等元素。

滚动轴承钢分为高碳铬轴承钢、渗碳轴承钢、高碳铬不锈轴承钢和高温轴承钢四大类。

(1)高碳铬轴承钢。高碳铬轴承钢牌号通常由两部分组成。第一部分:滚动轴承钢符号"G",但不标明含碳量。第二部分:合金元素符号"Cr"及其含量(以千分之几计)。其他合金元素含量以化学元素符号及阿拉伯数字表示,表示方法同合金结构钢第二部分。高碳铬轴承钢牌号示例见表5-7。

(2)渗碳轴承钢。渗碳轴承钢在牌号头部加符号"G",采用合金结构钢的牌号表示方法。对于高级优质渗碳轴承钢,则在其牌号尾部加字母"A"。

例如,含碳量为0.17%~0.23%,含铬量为0.35%~0.65%,含镍量为0.40%~0.70%,含钼量为0.15%~0.30%的高级优质渗碳轴承钢,其牌号表示为"G20CrNiMoA"。

(3)高碳铬不锈轴承钢和高温轴承钢。高碳铬不锈轴承钢和高温轴承钢在牌号头部加符号"G",采用不锈钢和耐热钢的牌号表示方法。

例如,含碳量为0.90%~1.00%,含铬量为17.0%~19.0%的高碳铬不锈轴承钢,其牌号表示为"G95Cr18";含碳量为0.75%~0.85%,含铬量为3.75%~4.25%,含钼量为

4.00%～4.50%的高温轴承钢,其牌号表示为"G80Cr4Mo4V"。

汽车上常用的滚动轴承钢有 GCr9、GCr15、GCr15SiMn 和 GSiMnV 等。

8) 特殊性能钢

特殊性能钢是指不锈钢、耐热钢、耐磨钢等一些具有特殊的物理和化学性能的钢,又称为特殊用途钢,简称特殊钢。

(1) 不锈钢是指在大气和一般介质中具有高耐蚀性能的钢,其成分特点如下。

高铬:当 Cr 含量大于 12%时,就会使钢表面形成致密的氧化膜(Cr_2O_3),防止继续氧化。含铬量越高,钢的耐蚀性越好。

低碳:一般不锈钢含碳量较低,只有要求高硬度和耐磨性的不锈钢才能适当地提高含碳量。

不锈钢在汽车上可用于制造化油器针阀、空气压缩机阀片等。

(2) 耐热钢是抗氧化钢和热强钢的总称。金属材料的耐热性包含高温抗氧化性和高温强度两方面性能。

在高温下有较好的抗氧化性又有一定强度的钢称为抗氧化钢,又称不起皮钢。抗氧化性主要由材料中加入一定量的 Cr、Al、Si 等元素形成致密的、连续的氧化膜,如 Cr_2O_3、Al_2O_3、SiO_2 等保护钢不继续腐蚀,可提高钢的抗氧化能力。

高温下有一定抗氧化能力和较高强度以及良好组织稳定性的钢称为热强钢。钢中加入 Cr、Mo、W、Ni 等元素可溶入基体强化固溶体,使再结晶温度提高,从而增强钢在高温下的强度。Cr、Mo、W、V 等元素还可形成硬度高、热稳定性好的碳化物,分布在基体上起到弥散强化作用。汽车发动机的排气门在高温下工作,要求具有良好的耐热性,常采用耐热钢 4Cr9Si2、4Cr10Si2Mo 等制造。

(3) 耐磨钢通常指的是在冲击载荷下发生冲击硬化的高锰钢。主要成分是含 1.0%～1.4%的 C 和 11%～14%的 Mn,常用耐磨钢的牌号为 ZGMn13。

这种钢机械加工较困难,基本上采用铸造成型。生产上常用"水韧处理",即钢加热到临界温度以上,使钢中全部碳化物溶解到奥氏体中去,然后迅速淬入水中,碳化物来不及从奥氏体中析出,则保持了均匀的奥氏体状态,当奥氏体受到强烈磨损和冲击时,由于塑性变化引起了加工硬化,促使表面奥氏体转变成马氏体,使钢具有高硬度和高耐磨性。

高锰钢零件在使用过程中,必须有剧烈冲击或较大压力时才能显示出其高的耐磨性,否则高锰钢是不耐磨的。

3. 铸铁

铸铁(cast iron)广泛应用于机械制造中。按重量计算,汽车中铸铁零件占 50%～70%,汽车发动机汽缸体、汽缸盖、变速器壳和后桥壳等大多采用铸铁。

铸铁之所以应用广泛,除了因为它具有接近共晶的成分、熔点低、流动性好、易于铸造外,还因为它的 C、Si 含量较高,使碳大部分不以化合状态(Fe_3C)而是以游离的石墨状态存在,石墨有润滑作用和吸油能力,使得铸铁有良好的减摩性和切削加工性。

根据碳在铸铁组织中存在形式的不同,可分为白口铸铁、灰口铸铁、可锻铸铁、球墨铸铁、蠕墨铸铁等。

1)铸铁牌号表示方法

根据《铸铁牌号表示方法》(GB/T 5612—2008)的规定,铸铁的基本代号由表示该铸铁特征的汉语拼音字的第一个大写正体字母组成,当两种铸铁名称的代号字母相同时,可在该大写正体字母后加小写正体字母加以区别。当要表示铸铁的组织特征或特殊性能时,代表铸铁组织特征或特殊性能的汉语拼音字的第一个大写正体字母排列在基本代号的后面。铸铁代号及实例见表 5-14。

表 5-14 铸铁的代号及牌号表示方法(GB/T 5612—2008)

铸铁名称		代　号	牌号表示方法实例
灰口铸铁(HT)	灰口铸铁	HT	HT250,HT Cr-300
	奥氏体灰口铸铁	HTA	HTA Ni20Cr2
	冷硬灰口铸铁	HTL	HTL Cr1Ni1Mo
	耐磨灰口铸铁	HTM	HTM Cu1CrMo
	耐热灰口铸铁	HTR	HTR Cr
	耐蚀灰口铸铁	HTS	HTS Ni2Cr
球墨铸铁(QT)	球墨铸铁	QT	QT400-18
	奥氏体球墨铸铁	QTA	QTA Ni30Cr3
	冷硬球墨铸铁	QTL	QTL CrMo
	抗磨球墨铸铁	QTM	QTM Mn8-30
	耐热球墨铸铁	QTR	QTR Si5
	耐蚀球墨铸铁	QTS	QTS Ni20Cr2
蠕墨铸铁(RuT)	蠕墨铸铁	RuT	RuT420
可锻铸铁(KT)	白心可锻铸铁	KTB	KTB350-04
	黑心可锻铸铁	KTH	KTH350-10
	珠光体可锻铸铁	KTZ	KTZ650-02
白口铸铁(BT)	抗磨白口铸铁	BTM	BTM Cr15Mo
	耐热白口铸铁	BTR	BTR Cr16
	耐蚀白口铸铁	BTS	BTS Cr28

铸铁的合金化元素符号用国际化学元素符号表示,混合稀土元素用符号"RE"表示。名义含量及力学性能用阿拉伯数字表示。

铸铁的牌号有两种表示方法。

(1)以化学成分表示的铸铁牌号。当以化学成分表示铸铁的牌号时,合金元素符号及名义含量(质量分数)排列在铸铁代号之后。在牌号中常规碳、硅、锰、硫、磷元素一般不标注,有特殊作用时,才标注其元素符号及含量。

合金化元素的含量大于或等于 1% 时,在牌号中用整数标注,数值的修约按《数值修约规则与极限数值的表示和判定》(GB/T 8170—2008)执行;合金化元素的含量小于 1% 时,一般不标注,只有对该合金特性有较大影响时,才标注其合金化元素符号。合金化元素按其含量递减次序排列,含量相等时按元素符号的字母顺序排列。

(2)以力学性能表示的铸铁牌号。当以力学性能表示铸铁的牌号时,力学性能值排列在铸铁代号之后。当牌号中有合金元素符号时,抗拉强度值排列于元素符号及含量之后,之间用"-"隔开。

牌号中代号后面有一组数字时,该组数字表示抗拉强度值,单位为 MPa;当有两组数字时,第一组表示抗拉强度值,单位为 MPa,第二组表示伸长率值,单位为％,两组数字间用"-"隔开。

几种常用铸铁的牌号结构形式示例如图 5-16～图 5-18 所示。

图 5-16　铸铁牌号示例(1)

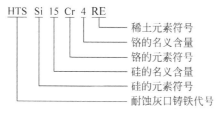

图 5-17　铸铁牌号示例(2)

图 5-18　铸铁牌号示例(3)

2) 白口铸铁

白口铸铁(white cast iron)简称为白口铁,是完全按照 Fe-Fe_3C 相图进行结晶而得到的铸铁。其中碳全部以渗碳体(Fe_3C)形式存在,断口呈银白色。由于存在有大量硬而脆的 Fe_3C,因而其硬度高、脆性大,很难切削加工,很少用来直接制造机器,主要用作炼钢原料或制造可锻铸铁的毛坯。

3) 灰口铸铁

灰口铸铁(gray cast iron)中的碳主要结晶成游离状态的石墨。其中碳主要以片状石墨形状存在,断口为暗灰色,常见的铸铁件多数是灰口铸铁。

灰口铸铁有许多优良的性能,且价格低廉,在汽车制造中得到广泛的应用。如汽缸体、汽缸盖和变速器壳等一些形状复杂、强度要求不高的零件,均可采用灰口铸铁铸造。灰口铸铁在汽车上的应用见表 5-15。

表 5-15　灰口铸铁在汽车上的应用

牌　　号	应 用 举 例
HT150	进排气歧管、变速器壳体、水泵叶轮等
HT200	凸轮轴正时齿轮、飞轮壳、汽缸体、汽缸盖、气门导管、制动蹄等
HT250	汽缸体、飞轮、曲轴带轮等

4) 可锻铸铁

可锻铸铁(malleable cast iron)又称马铁或玛钢,实际并不可以锻造,这些名称只表示它具有一定的塑性和韧性,故称为展性铸铁或韧性铸铁。可锻铸铁是由白口铸铁通过退火处理使渗碳体分解而得到团絮状石墨的一种高强度铸铁。

可锻铸铁主要用来制造一些形状复杂而强度和韧性要求较高的薄壁零件。常用可锻铸铁在汽车上的应用见表 5-16。

表 5-16　常用可锻铸铁在汽车上的应用

牌　　号	应 用 举 例
KTH350-10	后桥壳、差速器壳、减速器壳、轮毂、钢板弹簧吊架、制动蹄片等
KTZ450-06	曲轴、凸轮轴、连杆、齿轮、活塞环、发动机气门摇臂等

5）球墨铸铁

球墨铸铁(nodular cast iron)是 20 世纪 50 年代发展起来的一种高强度铸铁材料,其综合性能接近于钢,正是基于其优异的性能,目前已成功地用于铸造一些受力复杂且强度、韧性、耐磨性要求较高的零件。球墨铸铁已迅速发展为仅次于灰铸铁的、应用十分广泛的铸铁材料。所谓"以铁代钢",主要指球墨铸铁。

球墨铸铁是铁水在浇注前经球化处理,其中碳大部分或全部以球状石墨形式存在,其力学性能高,生产工艺比可锻铸铁简单。

球墨铸铁与灰口铸铁相比,C、Si 含量较高,而 Mn 含量较低,对 S、P 的限制较严。其化学成分的质量分数一般为:$3.5\%\sim3.8\%$ 的 C,$2.0\%\sim3.0\%$ 的 Si,$0.5\%\sim0.7\%$ 的 Mn,小于 0.08% 的 P,小于 0.02% 的 S,$0.03\%\sim0.07\%$ 的 Mg(此为无稀土元素时),当有稀土元素存在时,则 Mg 含量可低些。

由于球墨铸铁的某些性能与钢相近,价格比钢低,又具有灰口铸铁的优点,因此在汽车制造中应用广泛,常用来制造曲轴(见图 5-19)、轮毂等汽车机件。球墨铸铁在汽车上的应用见表 5-17。

图 5-19　球墨铸铁曲轴

表 5-17　常用球墨铸铁在汽车上的应用

牌　号	应用举例
QT450-10	轮毂、转向器壳、制动蹄、牵引钩前支承座、辅助钢板弹簧支架等
QT600-03	曲轴、发动机气门摇臂、牵引钩支承座等

6）蠕墨铸铁

蠕墨铸铁(vermicular cast iron)是 20 世纪 70 年代发展起来的一种新型高强度铸铁。生产蠕墨铸铁的方法与球墨铸铁相似,即在出铁时往铁水中加入蠕化剂,进行蠕化处理,然后加入孕育剂作孕育处理而得到。目前所用的蠕化剂有镁钛合金、稀土镁钛合金或稀土镁钙合金等。

蠕墨铸铁中的碳以蠕虫状石墨形式存在,形态介于片状和球状石墨之间。此外,为了满足一些特殊要求,向铸铁中加入一些合金元素,如 Cr、Cu、Al、B 等,可得到耐蚀、耐热及耐磨等特性的合金铸铁。

目前,在汽车上主要用来制造汽缸体(见图 5-20)、汽缸盖、进排气管、制动盘和制动鼓等。

图 5-20　蠕墨铸铁汽缸体

7) 合金铸铁

合金铸铁(alloy cast iron)是在普通铸铁中加入适量合金元素(如硅、锰、磷、镍、铬、铂、铜、铝、硼、钒、锡等)而获得的。合金元素使铸铁的基体组织发生变化,从而具有相应的耐热、耐磨、耐蚀、耐低温或无磁等特性,它们分别被称为耐热铸铁、耐磨铸铁、耐蚀铸铁。

耐热铸铁是在球墨铸铁中加入铝、硅、铅等合金元素而形成的,主要用于制造在高温下工作的发动机进、排气门及排气管密封环等。

耐磨铸铁是在灰口铸铁中加入铬、铂、铜、钛、磷等合金元素而形成的,在汽车上主要用于制造汽缸盖、活塞环等。

耐蚀铸铁是在灰口铸铁中加入硅、铝、铬、镍等合金元素而形成的,主要用来制造汽车中的各种在腐蚀介质环境下工作的零件。

4. 铝及铝合金

纯铝(aluminium)的特点是密度小,为 $2.7 \times 10^3 \, kg/m^3$,导电、导热性能好,化学性质很活泼,在空气和水中有较好的耐蚀性,但不能耐酸、碱、盐的腐蚀。

在变形铝及铝合金中,铝的质量分数不小于 99.00% 的金属即为纯铝(即牌号为 1×××系的金属)。

纯铝加入合金元素,如 Si、Cu、Mg、Mn 等,可制成铝合金。铝合金强度较高、密度小,有很高的比强度(即强度极限与密度的比值)、良好的导热性及耐蚀性等。

根据《铝及铝合金术语 第 1 部分:产品及加工处理工艺》(GB/T 8005.1—2008)的规定,按照铝合金的成分及生产工艺特点,可将铝合金分为变形铝合金和铸造铝合金两大类。

变形铝合金中固溶体的成分不随温度的变化而变化,不能进行热处理强化的称为热处理不能强化的铝合金;固溶体成分随温度的变化而改变,可用热处理来强化的称为热处理能强化的铝合金。

铸造铝合金可按照其中主要合金元素的不同分为 Al-Si、Al-Cu、Al-Mg、Al-Zn 等。

1) 变形铝合金

变形铝合金(wrought aluminium alloy,亦称形变铝合金)加热时能形成单相固溶体组织,塑性较好,适于压力加工。

(1) 四位字符体系牌号。现行国家标准《变形铝及铝合金牌号表示方法》(GB/T 16474—2011)规定,我国采用国际通用的四位字符体系对变形铝及铝合金的牌号进行命名。

① 四位字符体系牌号的结构。变形铝及铝合金的牌号由四位字符构成。四位字符体系牌号的第一、三、四位为阿拉伯数字,第二位为大写英文字母(C、I、L、N、O、P、Q、Z 字母除外)。牌号的第一位数字表示铝及铝合金的组别(见表 5-18),牌号的第二位字母表示原始纯铝或铝合金的改型情况,牌号的最后两位数字用以标识同一组中不同的铝合金或表示铝的纯度。

② 纯铝的牌号命名方法。含铝量不低于 99.00% 时称为纯铝,其牌号用 1××× 表示。牌号的最后两位数字表示最低铝百分含量。当最低铝百分含量精确到 0.01% 时,牌号的最后两位数字就是最低铝百分含量中小数点后面的两位。牌号第二位的字母表示原始纯铝的改型情况。如果第二位字母为 A,则表示为原始纯铝;如果第二位字母为 B~Y 的其他字母,则表示为原始纯铝的改型,与原始纯铝相比,其元素含量略有变化。

表 5-18　铝及铝合金的组别系列

组　　别	牌号系列
纯铝(铝含量不低于 99.00%)	1×××
以铜(Cu)为主要合金元素的铝合金	2×××
以锰(Mn)为主要合金元素的铝合金	3×××
以硅(Si)为主要合金元素的铝合金	4×××
以镁(Mg)为主要合金元素的铝合金	5×××
以镁和硅(Mg+Si)为主要合金元素,并以 Mg2Si 相为强化相的铝合金	6×××
以锌(Zn)为主要合金元素的铝合金	7×××
以其他合金为主要合金元素的铝合金	8×××
备用合金组	9×××

③ 铝合金的牌号命名方法。铝合金的牌号用 2×××～8××× 系列符号表示。牌号的最后两位数字没有特殊意义,仅用来区分同一组中不同的铝合金。牌号第二位的字母表示原始合金的改型情况。如果第二位字母为 A,则表示为原始合金;如果第二位字母为 B～Y 的其他字母,则表示为原始合金的改型合金,与原始合金相比,其化学成分略有变化。

(2) 依据性能特点进行划分的牌号(旧标准)。在原国家标准中,将变形铝合金按照其主要性能特点分为防锈铝合金、硬铝合金、超硬铝合金及锻铝合金等,并规定了相应的牌号命名规则。尽管相关标准已经作废,但由于其影响很大,故在此做一简单介绍,为汽车工程技术人员选择铝合金材料时提供一些方便。

防锈铝合金是指在大气、水和油等介质中具有良好的抗腐蚀性能的铝合金,简称防锈铝。其主要合金元素是 Mn 和 Mg,锻造退火后是单相固溶体,塑性好,但不能通过热处理来强化,主要用于载荷不大的压延、焊接,或耐蚀结构件,如油箱、导管、线材、轻载荷骨架以及各种生活器具等。

防锈铝牌号用"铝防"汉语拼音字首"LF"加顺序号表示,常用防锈铝的代号有 LF5(四位字符体系牌号为 5A05)、LF11(5A11)、LF21(3A21)等。

硬铝合金基本上是 Al-Cu-Mg 合金,还含有少量的 Mn,硬铝比强度高,且可以进行时效强化,但抗蚀性差。硬铝牌号用"铝硬"汉语拼音字首"LY"加顺序号表示,如 LYl(铆钉硬铝,2A01)、LY11(标准硬铝,2A11)及 LY12(高强度硬铝,2A12)等。

超硬铝合金是 Al-Cu-Mg-Zn 合金。这类合金是目前强度最高的铝合金,比强度更高,故称超硬铝。超硬铝的缺点是抗蚀性很差,选用超硬铝时,可提高人工时效温度或包一层纯铝,以提高其耐蚀性。超硬铝合金的牌号用"铝超"汉语拼音字首"LC"加顺序号表示,如 LC9(7A09)、LC10(7A10)、LC15(7A15)等。

锻铝合金是 Al-Cu-Mg-Si 合金,合金元素的种类多,每种元素的含量较少,具有良好的热塑性及耐蚀性。淬火、时效后均可提高强度。锻铝合金的牌号用"铝锻"汉语拼音字首"LD"加顺序号表示,如 LD2(6A02)、LD30(6061)、LD31(6063)等。

2) 铸造铝合金

铸造铝合金(casting aluminium alloy)是指适于铸造成型的铝合金,简称铸铝。其具有低熔点共晶组织,流动性好,适于铸造,但不适于压力加工。汽车上应用的铝合金大多为铸造铝合金,常用的有铝-硅系、铝-铜系、铝-镁系、铝-锌系铸造铝合金。

铸造铝合金种类很多,其中铝硅合金具有良好的铸造性能、足够的强度,而且密度小,用得最广,占铸造铝合金总产量的 50% 以上。含硅量 10%～13% 的铝硅合金是最典型的铝硅合金,属于共晶成分,通常称为"硅铝明"(silumin)。

根据《铸造有色金属及其合金牌号表示方法》(GB/T 8063—1994)的规定,铸造铝合金的牌号由"铸"字的汉语拼音字首"Z"＋Al＋其他主要元素符号及百分含量来表示,如 ZAlSi12 表示含 12%Si 的铸造铝硅合金。而合金的代号用"铸铝"的汉语拼音字首"ZL"加 3 位数字表示。第一位数字表示合金类别,第二、三位则表示合金的顺序号。例 ZL102 表示 2 号铝硅系铸造铝合金。

铸造铝合金一般用于制作质轻、耐蚀、形状复杂并有一定力学性能的零件。

3) 铝合金在汽车上的应用

由于现代汽车要求提高行驶速度、节约能源、减少污染和降低噪声等,都需要减轻自重,实现轻量化,而铝合金的比强度较高,因此,铝合金在汽车工业中得到广泛的应用。

随着科学技术的发展,铝合金不仅用于制造活塞、汽缸体(见图 5-21)、汽缸盖、连杆和进气歧管等发动机零件,还用于制造轮毂(见图 5-22)、离合器壳、变速器壳、转向器壳和变速器拨叉等底盘零件,甚至车身、车架也可采用铝合金制造。

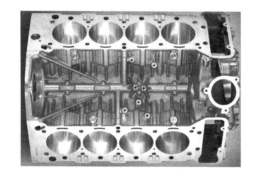

图 5-21　铝合金汽缸体

图 5-22　铝合金轮毂

常用铝合金在汽车上的应用见表 5-19。

表 5-19　常用铝合金在汽车上的应用

代　　号	应 用 举 例
LF5(5A05)、LF11(5A11)、LF21(3A21)	车身、汽油箱、油管、防锈蒙皮、铆钉和装饰件等
ZL103	发动机风扇、离合器壳体、前盖及主动板等
ZL104	汽缸盖罩、推杆室盖板、机油滤清器底座、转子及外罩等
ZL108	发动机活塞等

5. 铜及铜合金

纯铜(copper)是呈玫瑰红色的金属,表面形成氧化铜膜后,外观呈紫红色,故称紫铜。它无同素异构转变,属逆磁性材料,具有抗磁性。

纯铜的突出优点是导电及导热性好,广泛地应用于电气工业。纯铜在汽车上的主要应用有两个方面,一是利用其导电性,制造电线、电缆和电路接头等电气元件;二是利用其导热性,制造散热器等导热元件。另外,纯铜还可用于制作汽缸垫,进、排气管垫,轴承衬垫和各种管接头等。

在工程中应用较多的是在纯铜中加入合金元素后形成铜合金,铜合金分为黄铜和青铜两大类。

1) 黄铜

以锌为主要合金元素的铜合金称为黄铜(brass)。按照化学成分,黄铜分普通黄铜和复杂黄铜两类。

普通黄铜是铜和锌的二元合金,具有相当好的抗腐蚀性,加工性能很好。

根据《铜及铜合金牌号和代号表示方法》(GB/T 29091—2012)的规定,普通黄铜的牌号用"H"加数字表示。"H"是"黄"字汉语拼音字首,数字表示平均含铜量,余量为锌(Zn)。例如,含铜量为 63.5%～68.0%,余量为锌的普通黄铜,其牌号为 H65。

普通黄铜在汽车上主要用来制造散热器管、油管接头、汽缸水套和黄油嘴等。

为了改善黄铜的某些性能,向其中加入少量其他元素,如 Al、Mn、Sn、Si、Pb 等,形成固溶体,以提高合金强度及改善耐腐蚀性,这种黄铜称为复杂黄铜(旧标准称其为特殊黄铜)。根据主要添加元素命名为锰黄铜、铅黄铜、锡黄铜等。

根据《铜及铜合金牌号和代号表示方法》(GB/T 29091—2012)的规定,复杂黄铜的牌号是在"H"之后标以主加元素的化学符号,并在其后标明铜及合金元素含量的百分数,如 HPb59-1 表示含 Cu59%、含 Pb 1%,其余为 Zn 的铅黄铜。

复杂黄铜在汽车上主要用来制造转向节衬套、钢板销衬套等,也可用来制造化油器零件、管接头和垫圈等零件。

2) 青铜

青铜(bronze)按照其化学成分的不同,可分为锡青铜和复杂青铜两类。

锡青铜(tin-bronze)是铜和锡的二元合金,其主要特点是有良好的耐磨性,具有很高的耐蚀性能(但耐酸性差),具有足够的抗拉强度和一定的塑性,致密程度较低。

根据《铜及铜合金牌号和代号表示方法》(GB/T 29091—2012)的规定,青铜的牌号以"青"字的汉语拼音字首"Q"加锡元素和数字表示。如 QSn6.5-0.4 表示含 Sn 为 6.5%,含其他元素(P)0.4%,余为 Cu 含量的锡青铜。锡青铜在汽车上主要用来制造发动机气门摇臂衬套、连杆衬套等。

复杂青铜亦称特殊青铜(special bronze),是以其他元素(如 Al、Pb、Mn 等)代替价格昂贵而稀缺的锡(Sn)之后得到的青铜。因此,此类青铜亦称无锡青铜,如铝青铜、铅青铜、锰青铜等。加入的合金元素可以改善合金的力学性能、耐腐蚀性、耐磨性以及热强性等。复杂青铜常用来制造重载荷的轴瓦。

复杂青铜的牌号表示方法与锡青铜类似。例如,含铝量为 4.0%～6.0% 的铝青铜,其牌号表示为 QAl 5;含锡量为 6.0%～6.0%,含磷量为 0.10%～0.25% 的锡磷青铜,其牌号表示为 QSn6.5-0.1。

此外,对于铸造用铜及其铜合金,在其牌号前面加"铸"的第一个汉语拼音字母"Z";对于再生铜及其铜合金,在其牌号前面加"再生"的英文单词"Recycling"第一个字母"R"。

常用铜合金在汽车上的应用见表 5-20。

表 5-20　常用铜合金在汽车上的应用

牌　号	应用举例
H62	发动机散热器(简称散热器,俗称水箱)进/出水管,散热器盖,散热器加液口座及支承等
H68	散热器储液室、散热器夹片、散热器本体主片、散热器主片等
H90	排气管密封圈外壳、散热器本体、散热器散热管及冷却管等
HPb59-1	化油器零件、制动阀阀座、储气筒放水阀本体及安全阀阀座等
HSn90-1	转向节衬套、行星齿轮及半轴齿轮支承垫圈等
QSn4-4-2.5	活塞销衬套、发动机气门摇臂衬套等
QSn3-1	散热器出水阀弹簧、空气压缩机卸压阀阀门、车门铰链衬套等
ZCuSn5Pb5Zn5	机油滤清器上/下轴承等
ZCuPb30	曲轴轴瓦、曲轴止推垫圈等

6. 滑动轴承合金

轴承起减摩作用,分为滚动轴承和滑动轴承两类。其中滑动轴承具有承压面积大、工作平稳无噪声及检修方便等优点,所以占有相当重要的地位。汽车发动机的曲轴轴承、连杆轴承、凸轮轴轴承等广泛采用滑动轴承。

1) 传统轴承合金——巴氏合金

在滑动轴承中,制造轴瓦及内衬的合金称为轴承合金(bearing alloy)。最早提出轴承合金概念的是美国人巴比特(Babbitt)。1839 年巴比特发明了锡基合金和铅基合金用于制造滑动轴承,故称锡基减摩合金和铅基减摩合金为巴氏合金。后来业内人士通常称用于制造滑动轴承的铜基减摩合金和巴氏合金为轴承合金。

目前,汽车上常用的滑动轴承合金有锡基轴承合金、铅基轴承合金、铜基轴承合金、铝基轴承合金等。

锡基轴承合金的牌号用"ZCh"加基本元素与主加元素的化学符号并标明主加元素与辅加元素的含量(%)表示。如 ZChSnSb11-6 表示锡基轴承合金,基本元素为 Sn,主加元素为 Sb,其含量为 11%,辅加元素为 Cu,其含量为 6%,余为 Sn 的含量。

锡基轴承合金的摩擦因数和热膨胀系数小,具有良好的导热性、塑性和耐蚀性,适于制造高速重负荷零件。锡基轴承合金在汽车上主要用于制造发动机的曲轴轴瓦和连杆轴瓦等。

铅基轴承合金常用牌号为 ZChPbSb16-16-2,含 16% 的 Sb,16% 的 Sn,2% 的 Cu,其余为 Pb 的含量。铅基轴承合金的硬度、强度和韧性比锡基轴承合金低,常做低速、低负载的轴承合金使用。铅基轴承合金在汽车上主要用来制作中等负载的轴瓦。

铜基轴承合金有铅青铜、锡青铜等,常用牌号有 ZCuPb30、ZCuSn10P1。铜基轴承合金具有高的疲劳强度和承载能力,优良的耐磨性、导热性和低的摩擦因数,因此,铜基轴承合金在汽车上常用作制造承受高载荷、在高速度及高温下工作的轴承。

铝基轴承合金是以铝为基体加入锑、锡等合金元素所组成的合金,其密度小,导热性和耐蚀性好,疲劳强度高,原料丰富,价格低廉,广泛应用于制作汽车上的曲轴轴瓦和连杆轴瓦。

2)新型轴承合金——龙氏合金

1959 年,国际铅锌组织成员单位联合启动了一项名为"LONG-S PLAN"的科研计划,其宗旨是研发一种比铜基合金和巴氏合金的性能更好、使用寿命更长、成本更低的新一代减摩合金,并将此类减摩合金称为龙氏合金(long-s metal)。

研究发现铸造锌基合金和铸造铝基合金的力学性能和减磨性能均可以超过铜基合金和巴氏合金,并率先研制出铝基龙氏减摩合金,牌号分别为 AS7、AS12、AS20 等。

铝基龙氏合金 AS7、AS12 首先被应用在汽车上,用于替代传统的铜基合金轴瓦,使汽车的高速性能得到了很大提高,促进了汽车工业快速发展。

此后,铝基龙氏合金 AS20 又在大、中型电动机、汽轮机、水轮机、工业泵、鼓风机、压缩机等高速、中低载荷的工况下得到了应用,替代了传统的巴氏合金,促进了装备制造业的快速发展。21 世纪将是龙氏合金的全盛时期。

3)基于纳米技术的轴承合金——微晶合金

2009 年,中科院沈阳金属研究所、中科院沈阳铸造研究所等单位开发出基于纳米技术的微晶合金材料,如具有超低减摩系数的微晶合金 LZA3805,具有较大 PV 值特性的微晶合金 LZA4008,具有超耐磨特性的微晶合金 LZA4205,具有良好抗冲击特性的微晶合金 LZA4510 等。

微晶合金可以满足单项性能特殊要求的特性,是区别于传统普通减摩合金的重要标志,为实现装备制造的高效率、高精度、高可靠性、低成本等方面提供了有力的保障。

注:在机械密封制造行业中,用 PV 值来表征机械密封的工作能力(也可用其表征机械密封的工况负荷)。P——密封流体压力(MPa);V——密封端面的平均滑移速度(m/s)。PV 值的单位为 MPa·m/s。机械密封的 PV 值越高,表征机械密封的工作能力越强;工况 PV 值越高,表征机械密封所承受的负荷越高。

5.2 汽车用非金属材料

在汽车制造中,除使用金属材料外,还广泛使用非金属材料,如常见的汽车灯罩、仪表板壳、转向盘、坐垫、风窗玻璃、轮胎、传动带、连接软管等都是由各种非金属材料制成的。非金属材料因具有许多优良的理化性能,可以满足某些特殊要求,而且原料来源丰富、加工简便,因此得到广泛使用。

非金属材料的种类很多,本节主要介绍塑料、橡胶、涂料、石棉、纸板、玻璃、木材等非金属材料的基本知识及其在汽车上的应用。

5.2.1 塑料

塑料在汽车上的应用发展很快,从最初的内饰件和小机件发展到可代替金属制造各种配件,近年来,全塑料车身汽车也已问世。用塑料代替金属,既可获得汽车轻量化的效果,还可改善汽车某些性能,如耐磨、防腐蚀、避振、减少噪声等。因此,随着汽车工业的不断发展,塑料越来越受到汽车工程师的重视。

1. 塑料的组成

塑料是以合成树脂为主要原料,并加入某些添加剂,在一定的温度和压力下,能塑造各种形状制品的高分子材料。

1) 合成树脂

合成树脂是由低分子聚合而成的高分子化合物,在常温下呈固态或黏稠液态。合成树脂是塑料的主要成分,其种类、性质及含量决定了塑料的性能。因此,大部分塑料是以所加树脂的名称来命名的。工程上常用的合成树脂有酚醛树脂、环氧树脂、氨基树脂、有机硅树脂和聚氯乙烯、聚苯乙烯等。

2) 添加剂

加入添加剂是为了改善塑料的性能,以扩大其使用范围。添加剂包括填料、增塑剂、稳定剂、固化剂、着色剂等。

填料主要起强化作用,同时也能改善或提高塑料的某些性能,如加入云母、石棉粉可以改善塑料的电绝缘性和耐热性,加入氧化硅可提高塑料的硬度和耐磨性等。增塑剂用于提高塑料的可塑性与柔软性;稳定剂可以提高塑料在光和热作用下的稳定性,以延缓老化;固化剂可以促进塑料在加工过程中硬化;着色剂可使塑料制品色彩美观,以适应不同的使用需要。

各类添加剂加入与否和加入量的多少,均视塑料制品的性能和用途而定。

2. 塑料的分类

塑料的种类有很多,一般可以按以下两种方法分类。

(1) 按其热性能不同,可分为热固性塑料和热塑性塑料两大类。

热固性塑料是指经一次固化后,不再受热软化,只能塑制一次的塑料。这类塑料耐热性能好,受压不易变形,但力学性能较差,常用的有环氧塑料、酚醛塑料、氨基塑料、有机硅塑料等。

热塑性塑料是受热时软化,冷却后变硬,再加热又软化,再冷却又变硬,可反复多次加热塑制的塑料。这类塑料加工成型方便、力学性能较好,但耐热性相对较差、容易变形。热塑性塑料数量很多,约占全部塑料的 80% 左右,常用的有聚乙烯、聚氯乙烯、聚四氟乙烯、聚苯乙烯、聚丙烯、聚甲醛、聚苯醚、聚酰胺等。

(2) 按塑料的用途分,可分为通用塑料和工程塑料。

通用塑料是指用于制造日常用品、农用品等的塑料。这类塑料产量大、成本低,应用广泛,主要有聚乙烯、聚氯乙烯、聚苯乙烯、聚丙烯、氨基塑料、酚醛塑料等。

工程塑料是指用于制造工程构件和机械零件的塑料。这类塑料强度、刚度较高,韧性、耐热性、耐腐蚀性较好,可代替金属材料来制造各种机械设备和零件。工程塑料主要有聚酰胺(尼龙)、聚甲醛、聚碳酸酯、饱和聚酯、聚苯醚、丙烯腈-丁二烯-苯乙烯三元共聚物(acrylonitrile-butadiene-styrene,ABS)等。

3. 塑料的特性

与其他材料相比较,塑料具有许多特殊的物理、化学性能和力学性能。

(1) 质量轻　一般塑料的密度在 $0.82 \times 10^3 \sim 2.29 \times 10^3 \, \mathrm{kg/m^3}$ 之间,仅是钢铁的 1/8~

1/4。而泡沫塑料则更轻,密度在 $20\sim200kg/m^3$ 之间。因此,用塑料制备汽车零部件,可大幅度减轻汽车的自重。

(2)耐腐蚀性好 一般的塑料对酸、碱、盐和有机溶剂都有良好的耐蚀性能。特别是聚四氟乙烯,除了能与熔融的碱金属作用外,其他化学药品包括"王水"也难以将其腐蚀。因此,在潮湿或腐蚀环境中工作的零件可采用塑料制作,或采用在表面喷塑的方法提高其耐蚀能力。

(3)比强度高 比强度即单位质量的强度。虽然塑料的强度要比金属低些,但由于塑料密度小,因此相同质量的构件,塑料的比强度要高。如用碳素纤维强化的塑料,它的比强度要比钢材高 2 倍左右。

(4)良好的电绝缘性能 塑料几乎都有良好的电绝缘性能,可与陶瓷、橡胶和其他绝缘材料相媲美。因此,汽车电器零件广泛采用塑料作为绝缘体。

(5)优良的耐磨、减摩性 大多数塑料的摩擦因数较小,耐磨性好,能在半干摩擦甚至完全无润滑条件下良好地工作,所以可作为耐磨材料,制造齿轮、密封圈、轴承、衬套等。

(6)优良的消声和隔热作用 塑料具有优良的隔热作用,尤其是泡沫塑料可用来制造汽车隔音、隔热、保温的零部件,如汽车顶棚内衬、门内板、地垫、行李厢垫等。塑料的隔热性能好,同时也说明其导热性能差。

(7)耐热性较差 在温度升高后,塑料的强度会很快下降。一般使用温度在 100℃以下,只有少数工程塑料可在 100℃以上使用。

(8)耐老化性差 塑料的老化是指在使用、储存和加工过程中由于受到光、热、氧、水、生物、应力等外来因素的作用,引起化学结构破坏而使原有的优良性能下降的现象。塑料老化会降低汽车零部件的使用寿命。

(9)热膨胀系数大 塑料的线膨胀系数要比金属的线膨胀系数大很多,为 $3\sim10$ 倍。因此,在加工塑料制品时,必须考虑其模塑收缩量。

4. 塑料在汽车上的应用

由于塑料具有诸多金属和其他材料所不具备的优良性能,因此在汽车上的应用很广泛,常用于制作各种结构零件(见图 5-23)、耐磨减摩零件、隔热防振零件等。汽车常用塑料的种类、特性及应用见表 5-21。

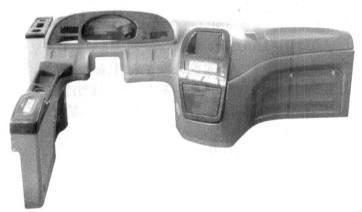

图 5-23 客车仪表板总成(聚氨酯泡沫塑料制品)

表 5-21　汽车常用塑料的种类、特性及应用

名　称		主　要　特　性	应　用　举　例
一般结构零件	酚醛塑料	有优良的耐热、耐磨、电绝缘、化学稳定性、尺寸稳定性和抗蠕变性,但较脆、抗冲击能力差	分电器盖、分火头、水泵密封垫片、制动摩擦片、离合器摩擦片等
	聚苯乙烯	有优良的耐蚀、电绝缘、着色及成型性,透光度较好,但耐热、抗冲击能力差	各种仪表外壳、汽车灯罩、电器零件等
	低压聚乙烯	强度较高,耐高温、耐磨、耐蚀,电绝缘性好	汽油箱、挡泥板、手柄、风窗嵌条、内锁按钮、乘用车保险杠等
	ABS	有较高的抗冲击性能,良好的强度、耐磨性、化学稳定性、耐寒性,吸水性小	转向盘、仪表板总成、挡泥板、行李厢、乘用车车身等
	有机玻璃	高透明度,耐蚀、电绝缘性能好,有一定的力学强度,但耐磨性差	油标尺、油杯、遮阳板、后灯灯罩等耐磨减摩零件
耐磨减磨零件	聚酰胺(尼龙)	有韧性、耐磨、耐疲劳、耐水等综合性能,但吸水性大,尺寸稳定性差	车窗升降摇把、风扇叶片、里程表齿轮、输油管、球头碗、衬套等
	聚甲醛	有优良的综合力学性能,尺寸稳定性好,耐油、耐磨、电绝缘性好,吸水性小	万向节轴承、半轴和行星齿轮垫片、汽油泵皮碗、转向节衬套等
	聚四氟乙烯	有极强的耐蚀性、良好的化学稳定性、耐高低温性、电绝缘性,摩擦因数小	汽车各种密封圈、垫片等
耐高温零件	聚苯醚	具有很宽的使用温度范围($-127\sim121$℃),良好的耐磨、抗冲击及电绝缘性能	小型齿轮、轴承、水泵零件等
	聚酰亚胺	有良好的力学性能,耐磨、耐高温,自润滑性能好,化学性能稳定	活塞裙、正时齿轮、水泵、液压系统密封圈、冷却系统密封垫等
隔热减振零件	聚氨酯泡沫塑料	相对密度小、质轻、强度高、热导率小、耐油、耐寒、防振和隔音	汽车内饰材料、坐垫、仪表板、扶手、头枕等
	聚氯乙烯泡沫塑料	相对密度小、热导率小、隔热防振等	各种内装饰覆盖件、密封条、垫条、驾驶室地垫等

5.2.2　橡胶

橡胶(rubber)是一种有机高分子材料,汽车上有许多零件是用橡胶制造的,如轮胎、风扇传动带、缓冲垫、油封、制动皮碗等。仅轮胎一项,在汽车运输成本中就占了 10% 左右。

1. 橡胶的基本性能

(1) 极高的弹性。因此,橡胶可作为减振材料用于制造各种减轻冲击和吸收振动的零件。

(2) 良好的热可塑性。根据这一特性,可把橡胶加工成不同形状的制品。

(3) 良好的黏着性。汽车轮胎就是利用橡胶与棉、毛、尼龙、钢丝等牢固地黏结在一起而制成的。

(4) 良好的绝缘性。橡胶大多数是绝缘体,是制造电线、电缆等导体的绝缘材料。

此外,橡胶还具有良好的耐寒、耐蚀和不渗漏水、气等性能。橡胶的缺点是导热性差、硬度和拉伸强度不高等,尤其是容易老化。

橡胶老化是指橡胶在储存和使用中,其弹性、硬度、抗溶胀性及绝缘性发生变化,出现变色、发黏、变脆及龟裂等现象。引起橡胶老化的主要原因是受空气中氧、臭氧的氧化以及光照(特别是紫外线照射)、温度的作用和机械变形而产生的疲劳等。

因此,为减缓橡胶制品老化、延长使用寿命,橡胶制品在使用和储存中应避免与酸、碱、油及有机溶剂接触,尽量减少受热和日晒、雨淋。

2. 橡胶的组成

橡胶主要是以生胶为原料,加入适量的配合剂制成的。

1)生胶(生橡胶)

生胶是橡胶工业的主要原料,按其来源可分为天然橡胶和合成橡胶两种。

(1)天然橡胶是从热带橡胶树上采集的胶乳,经凝固、干燥、加压等工序而成的一种高弹性材料。加工后的天然橡胶通常呈片状固体,其单体为异戊二烯。

(2)合成橡胶主要以煤、石油和天然气为原料用化学合成方法获得。按其性质和用途,分通用和特种两大类。通用合成橡胶的性能与天然橡胶相近,物理性能、力学性能和加工性能较好。特种合成橡胶具有某种特殊性能,如耐热、耐寒、耐油及耐化学腐蚀等。合成橡胶种类较多,常用的有丁苯橡胶、丁基橡胶、氯丁橡胶和丁腈橡胶等。

2)配合剂

配合剂是为了提高和改善橡胶制品性能而加入的物质,主要有硫化剂、硫化促进剂、补强剂、软化剂、防老剂等。

硫化剂的作用与塑料中的固化剂相类似,常用的有硫黄、氧化硫、硒等;硫化促进剂起加速硫化过程、缩短硫化时间的作用,常用的有氧化锌、氧化铝、氧化镁以及醛胺类有机化合物等;补强剂用于提高橡胶的力学性能和耐磨、抗撕裂性能,常用的有炭黑、氧化硅、滑石粉等;软化剂能提高橡胶的柔软性和可塑性;防老剂主要是防止橡胶老化。

3. 橡胶在汽车上的应用

橡胶在汽车上用量最大的制品是轮胎(见图5-24),目前全世界生产的橡胶约有80%为制造轮胎所用。此外,橡胶还广泛用于各种胶带、胶管(见图5-25)、减振配件以及耐油配件等。

图 5-24 轮胎

图 5-25 橡胶水管(发动机冷却液管)

汽车常用橡胶的种类、特性及应用见表 5-22。

表 5-22　汽车常用橡胶的种类、特性及应用

种　类	主　要　特　性	应　用　举　例
天然橡胶	有良好的耐磨性、抗撕裂性,加工性能好,但耐高温、耐油、耐臭氧能力较差,易老化	轮胎、胶带、胶管及通用橡胶制品等
丁苯橡胶	有优良的耐磨性、耐老化性,力学性能与天然橡胶相近,但加工性能,特别是黏着性较天然橡胶差	轮胎、制动摩擦片、离合器摩擦片、胶带、胶管及通用橡胶制品等
丁基橡胶	有良好的耐候、耐臭氧、耐酸碱及无机溶剂性能,气密性好,吸振能力强	轮胎内胎、电线、电缆、胶管、减振配件等
氯丁橡胶	有良好的物理、力学性能,耐臭氧、耐腐蚀、耐油,黏着性好,但密度大,电绝缘性差,加工时易粘辊、粘模	胶带、胶管、橡胶胶黏剂、模压制品、汽车门窗嵌条等
丁腈橡胶	优良的耐油、耐老化、耐磨性能,耐热性、气密性好,但耐寒性、加工性较差	油封、皮碗、O 形密封圈、油管等耐油配件

5.2.3　涂料

涂料(paint)俗称“油漆”,由于早期涂料是利用植物油和天然漆制成的,因而得名。但由于近年来石油化工和有机合成化工工业的发展,为涂料工业提供了新的原料,许多新型涂料已不再使用植物油和天然漆,而是广泛地利用各种合成树脂与颜料及溶剂。因此,将涂料称为“油漆”已不能准确地表达其真正含义,所以目前已正式使用“涂料”这个名称。

汽车涂料由于其产量大、品种多、要求高以及独特的施工性能等而成为一种专用涂料。汽车车身涂料又是汽车涂料中用量最大、要求最高的。

1. 底层涂料

1) 特性

底层涂料俗称底漆,是直接涂布在经过表面处理的车身表面上的第一道涂料,是整个涂层的基础。它对车身的防锈蚀和整个涂层的经久耐用起着重要作用。

底层涂料必须具备下列特性:附着力强,除在车身表面上附着牢固外,还能与腻子或表面层涂料黏附牢固;有良好的防锈能力、耐腐蚀性和耐水性(耐潮湿性);底层涂料的涂膜应具有较高的机械强度和适当的弹性,当车身蒙皮膨胀或收缩时,不致脆裂脱落,并且当表面层涂料老化收缩时,也不致折裂卷皮,能满足表面层涂料持久性的要求;有良好的施工性,能适应汽车涂装工艺和流水生产的要求。

2) 种类

底层涂料的品种甚多,按汽车涂料涂层的分组,底层涂料可以分为优质防腐蚀性涂层、高级装饰性填充涂层、中级装饰性保护性涂层、一般防锈蚀保护性涂层等。

按底漆使用漆料的不同分组,如用醇酸涂料制成的底漆称醇酸底漆,此外,还有酚醛底漆,环氧底漆,铁红、锌黄醇酸底漆,环氧富锌底漆等。

随着合成化学工业的发展和对汽车防腐蚀性能要求的提高,近年来汽车车身用底漆经历了几次重大变革,其演变过程大致如下:

油性底漆→硝基底漆→醇酸树脂底漆或酚醛树脂底漆(喷用或浸用)→环氧树脂底漆→浸用水性底漆→阴离子型电泳底漆→阳离子型电泳底漆和粉末底漆。

2. 中间层涂料

1) 特性

中间层涂料是指介于底漆层与面漆层之间的涂层所用的涂料。其主要功能是改善被涂工件表面和底漆层的平整度,为面漆层创造良好的基底,以提高整个涂层的装饰性。对于表面平整度较好,装饰性要求又不太高的载重汽车的车身和中级客车、乘用车,在大量流水生产中,常不采用中间涂层,以简化工艺。但对于装饰性要求高的客车、乘用车,有时采用几种中间层涂料。

中间层涂料应具有以下特性:应与底漆、面漆层配套良好,涂层的结合力强,硬度适中,不被面漆的溶剂咬起;应具有填平性,能消除被涂漆表面的划纹等微小缺陷;打磨性能好,打磨时不粘砂纸,在湿打磨后,能得到平整光滑的表面,并能高温烘干;耐潮湿性好,不应引起涂层起泡。

为保证涂层间的结合力和配套性,中间层涂料所选用的漆基与底漆和面漆所用的漆基相仿,并逐步由底向面过渡。

2) 种类

中间层涂料的种类也比较多,主要是环氧树脂、氨基醇酸树脂和醇酸树脂涂料等。

3. 表面层涂料

1) 具体要求

表面层涂料俗称面漆,是汽车多层涂层中最后涂层用的涂料,它直接影响汽车的装饰性、耐候性、耐潮湿性和抗污性。在汽车车身生产中,尤其是在乘用车和高级客车生产中,对汽车车身用面漆的质量要求非常高。

2) 种类

汽车车身用面漆的种类很多,按其成分主要有硝基漆、过氯乙烯漆、醇酸树脂漆、氨基醇酸烘漆和丙烯酸漆几大类。

5.2.4 填料和其他非金属材料

填料和其他非金属材料在汽车上主要起密封、保温、装饰等作用,常用的有纸板、石棉、玻璃、毛毡、木材、皮革、车蜡等。

1. 纸板制品

纸板制品(paper board)在汽车上主要用于制作各种衬垫,常用的有以下几种。

1) 钢纸板

钢纸板分为软钢纸板和硬钢纸板两类。

软钢纸板是由纸类经甘油、蓖麻油及氧化锌处理而成的软性纤维纸板。它强度高、韧性好,且具有耐油、耐水和耐热及对金属无腐蚀作用等特点,主要用于制作汽车发动机和总成密封连接处的垫片,如机油泵盖衬垫等。

硬钢纸板是由纸类经氧化锌处理而成的硬性纤维纸板。它具有抗张力强、绝缘性好等特点,可制作发电机、调节器等部件上的绝缘衬垫。

2)滤芯纸板

滤芯纸板是具有过滤性能的纸板,它有较强的抗张能力。滤芯纸板(见图 5-26)分薄滤芯纸板和厚滤芯纸板两种。薄滤芯纸板适于制作滤清器的内滤片,厚滤芯纸板则常用作内滤片的垫架。

图 5-26 空气滤清器(滤芯纸板)

3)防水纸板

防水纸板分为沥青防水纸板和普通防水纸板两类。防水纸板具有伸缩率小、吸水率低和韧性较好等特点,常用于车身蒙皮或与水接触部件的衬垫。

4)浸渍衬垫纸板

浸渍衬垫纸板是在纸浆中加入胶料,制成成品后再经甘油水溶液浸渍而成的纸板。浸渍衬垫纸板具有弹性好、吸水和吸油性小等特点,一般用于制作汽车发动机、变速器与汽油、润滑油或水接触的衬垫。

5)软木纸

软木纸是由颗粒状软木和骨胶、干酪素等物质黏合后压制而成的。软木纸质轻、柔软、有弹性和一定的韧性,主要用于制作各种密封衬垫,如气门室盖衬垫、水套孔盖板衬垫、水泵衬垫、油底壳衬垫等。

2. 石棉制品

石棉(asbestos)具有良好的柔软性,本身不会燃烧,而且有较好的防腐性和吸附能力,导热、导电性差。石棉在汽车上主要用于密封、隔热、保温、绝缘和制作摩擦材料等。常用的石棉制品有以下几种。

1)石棉盘根

石棉盘根分橡胶石棉盘根和浸油石棉盘根两种。

橡胶石棉盘根是由石棉布或石棉线以橡胶为结合剂卷制或编织后压成方形、扁形,外涂高碳石墨密封材料制成的。

浸油石棉盘根是用经润滑油和石墨浸渍过的石棉线(或铜丝石棉线)编织或扭制而成的。

石棉盘根可作为转轴、阀门杆的密封材料,在汽车上常用作发动机曲轴最后一道主轴承的密封件(油封)。

2)石棉板

石棉板是用石棉、填料和黏结材料制成的,它分耐油橡胶石棉板、衬垫石棉板、高压橡胶石棉板三种。石棉板通常用于制作有高温要求的密封衬垫及垫片内衬物,如汽缸体、排气管接口垫圈内衬等。

3)石棉摩擦片

石棉摩擦片是由石棉、辅助材料和胶黏剂经混合加热后压制而成的。它具有硬度高、摩擦因数大、耐高温、耐冲击和耐磨损等特点,主要用于汽车的动力传递和制动系统,如制作离合器和制动器的摩擦片(见图5-27)等。由于石棉是致癌物质,作为制动材料将逐渐被淘汰。

图 5-27　汽车制动器的石棉摩擦片

3. 安全玻璃

玻璃(glass)是构成汽车车身的重要材料之一,它具有透明、隔音和保温的特点。汽车上使用的安全玻璃(safety glass)有以下几种。

1) 钢化玻璃

钢化玻璃(tempered glass/reinforced glass)其实是一种预应力玻璃,为提高玻璃的强度,通常使用化学或物理的方法,在玻璃表面形成压应力,玻璃承受外力时首先抵消表层应力,从而提高了承载能力,增强玻璃的自身抗风压性、寒暑性、冲击性等。

钢化玻璃的抗弯强度比普通玻璃大5~6倍,热稳定性好,冲击强度较高,且钢化玻璃破碎时,会形成无锐锋的颗粒状碎片(见图5-28),对人体伤害小。早期曾广泛用于制作汽车的挡风玻璃等。

但钢化玻璃因制作时内应力大,容易产生"自爆",整块玻璃呈稠密网状裂纹全面破碎,在行驶时会严重影响视线(见图5-29),容易引发二次事故。

图 5-28　钢化玻璃破碎时形成无锐锋的颗粒状碎片

图 5-29　钢化玻璃破碎时影响视线

因此,汽车前挡风玻璃采用钢化玻璃实际上也是不安全的,它不能保证安全驾驶,而只能用作侧窗、后挡风玻璃和车门玻璃。

2) 局域钢化玻璃

仅对局部区域进行钢化的玻璃称为局域钢化玻璃(zoned tempered glass)。为了弥补钢化玻璃的缺点,采用特殊的热处理方法,控制玻璃碎片的大小和形状,以保证玻璃破碎后不影响视线,避免二次事故的发生。

3) 夹层玻璃

夹层玻璃(laminated glass,见图5-30)是由两块2~3mm的玻璃中间夹一层安全膜(聚乙烯醇缩丁醛,polyvinyl butyral,PVB)而制成的。夹层玻璃的抗冲击性能虽然不及钢化玻璃,但其中间的安全膜有很好的弹性和吸振能力,破碎时碎片仍能黏附在安全膜上,因此具有很好的安全性(见图5-31)。但是,夹层玻璃的价格要比钢化玻璃及局域钢化玻璃贵得多。

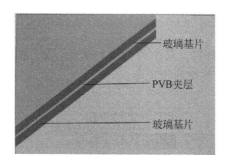

图 5-30　夹层玻璃的结构

图 5-31　夹层玻璃具有很好的安全性

出于安全性的考虑,目前乘用车的前挡风玻璃均采用夹层玻璃,而侧窗玻璃、车门玻璃、后挡风玻璃则采用钢化玻璃。对于天窗,则夹层玻璃和钢化玻璃均有采用。

《营运客车类型划分及等级评定》(JT/T 325—2013)规定,营运客车在其紧急出口附近必须配备应急锤(亦称安全锤或逃生锤,见图 5-32),以便在发生紧急情况时,及时砸碎钢化玻璃,使乘员迅速逃生。

4)塑玻复合材料

塑玻复合材料是指由一层或多层玻璃与一层或多层塑料材料复合而成的玻璃材料,安装后其面向汽车乘员的一面为塑料层。

5)中空安全玻璃

中空安全玻璃是指把两片或多片安全玻璃以均匀

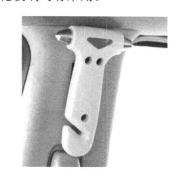

图 5-32　应急锤(亦称安全锤或逃生锤)

间隙分开,永久性地装配在一起的玻璃组合件。中空安全玻璃具有很好的隔音、隔热作用。

目前,塑玻复合材料和中空安全玻璃在汽车上的应用很少。

6)热线反射玻璃(hot-ray reflecting glass)

热线反射玻璃是具有反射红外线和紫外线能力的玻璃。这种玻璃,在夏季可以降低车内的温度,能减轻空调系统的负荷,同时还可延缓内部装饰件的老化。

热线反射玻璃是用喷镀或其他方法使金属薄膜镀在玻璃表面,或是把喷镀了金属薄膜的聚酯薄膜夹在夹层玻璃中间。它可使 70% 的可见光通过,以保证驾驶人视线清晰,同时可反射 60% 的红外线,阻挡 45% 的紫外线。

此外,为提高舒适性和扩大用途,在现在的高级乘用车上还装有天线夹层玻璃,主要用于电视、收音机及电话的信号接收;安装调光夹层玻璃,以提高舒适性、居住性;安装除霜玻璃,可自动加热除霜等。

4. 毛毡

毛毡是由羊毛或合成纤维加入胶黏剂制成的,常用的有细毛毡、半粗毛毡、粗毛毡 3 类。毛毡具有储存润滑油、防止水和灰尘侵入及减轻冲击等作用,主要用于制作油封、衬垫及滤芯等。

5. 木材

木材是工业用途广泛、消耗量很大的一种非金属材料。其主要特点有质轻，易于加工，有很好的弹性，可以胶合或用螺钉及嵌接器结合，具有美观的纹理等。

1）汽车用常用木材

木材曾是制造汽车车身的主要材料。在现代汽车上，仍得到一定的应用。

（1）地板。在大型客车上及载货汽车货厢上，仍有不少采用木材制作地板。

（2）装饰。在一些豪华乘用车上，采用高级木材（胡桃木等）用作仪表板、内饰件（见图 5-33）和转向盘的表面装饰。

图 5-33　劳斯莱斯幻影敞篷车的胡桃木内饰

（3）密封。用软木板制成密封衬垫，有较好的防止漏油、漏水的作用。

（4）车厢。载货汽车车厢制造所用木材一般有针叶材如落叶松、云杉、冷杉、红松等，阔叶材如柞木、水曲柳、大叶榆等。

木材还用于在车架纵梁与钢板车厢之间做垫木。

2）汽车用胶合板

胶合板是一组单板按相邻层木纹方向相互垂直组坯胶合而成的板材，通常把其表板和内层板对称地配置在中心层或板芯的两侧。

在胶合板上附有一层酚醛树脂、三聚氰胺树脂等热固性塑料，有美丽的图案和明快的光泽，称为保利板，可以作为中、低档客车的内饰材料。

3）汽车用纤维板

纤维板是以植物纤维为原料，经成型、预压和热压而成的板材，是木材在综合利用和深加工方面的一大发展。

纤维板在汽车制造中主要作为内饰材料使用，如车门内板、遮阳板、车内护板等。

4）竹材胶合板

竹材胶合板是用胶黏剂将竹片黏合并压制而成的板材。竹材胶合板主要用于制造载货汽车车厢底板，取代原用的木材。

6. 皮革

皮革是用牛、羊等牲畜的皮经加工制成的熟皮。在汽车上常用以包覆座椅、车门内板及扶手等,是高档的内部装饰材料。

豪华乘用车所用的真皮,是经过特殊加工的意大利水牛皮。它要经过一系列严格的工序:急速冷冻,干燥处理,紫外线消毒和计算机染色。然后根据座椅或其他被包覆部位的尺寸,精心缝制,紧紧包上。这样的真皮座椅(见图 5-34)具有坚韧耐磨、柔软防皱、冬暖夏凉、富有弹性、不褪色、透气好、抗老化、抗酸碱、抗紫外线、不易点燃等优点。当然,其价格也十分昂贵。

图 5-34　真皮座椅

7. 车蜡

车蜡是用于汽车车身漆面处理和保护的用品。按其作用不同,一般可分为研磨蜡和保护蜡两大类。

1) 研磨蜡

研磨蜡是汽车车身漆面翻新处理时使用的车蜡,常用的有粗蜡、细蜡和抛光蜡等。

粗蜡是半固态,颗粒较粗,适用于汽车车身漆面最初的研磨。它能去除漆面的粗粒、细划痕、轻微氧化膜、柏油和酸雨滴等,并可使车身漆面恢复光亮。若遇深度的划痕,可和细砂纸配合使用,经抛光、研磨后,即可修复。

细蜡和抛光蜡有半固态、液态和喷雾式等形式,适用于汽车车身漆面的细研和精研处理。细蜡和抛光蜡使用抛光机研磨时,能去除漆面的细划痕、轻微氧化膜、粗研留下的抛光痕、蜡痕等,其清除能力强,操作轻松,去渍和抛光一次完成,处理后能使车身漆面达到光洁如镜的效果。

2) 保护蜡

保护蜡是对车身漆面起保护和增艳作用的车蜡。保护蜡的种类和名称很多,常见的有水彩蜡、油蜡和水晶蜡等。

水彩蜡能快速去除汽车车身的污渍、水渍和氧化膜等,并能在漆面覆盖一层光滑、坚韧的保护膜。它具有清洁、保养、抗氧化等功效,但其处理效果较差,保持的时间不长。

油蜡可用于汽车车身漆面的最后处理,能快速去除漆面的污渍、水渍和氧化膜等,并能在漆面覆盖一层光滑、坚韧的保护膜。使用后不仅能使车身漆面光滑亮丽,同时还可以防紫外线,抗静电粉尘,减少水渍、酸雨等对漆面的影响。

水晶蜡是一种高级保护蜡,用于汽车车身漆面的最后处理,能使漆面达到光洁如镜的效果。它含有活性很强的化学成分,不仅能在漆面上形成一层光滑、坚韧的保护膜,而且能渗透进漆层内,形成持久坚固、不易分解的保护层,长时间保持车身漆面亮丽如新,使其防紫外线、抗静电粉尘、耐酸雨、防油污等功能更强。

8. 车膜

车膜又称为汽车太阳膜或防爆膜,它是粘贴在汽车玻璃上的一种薄膜。车膜不只是作为一种汽车装饰材料以增强汽车的美观性,它还具有良好的隔热性,能阻挡阳光曝晒,保持车室内的温度;能过滤阳光中的紫外线;具有防爆性,在车窗玻璃爆裂时,可以避免玻璃碎片飞溅伤人;具有较高的透光性,由车内向外看有较高的清晰度,柔和的色觉,不影响驾驶者的视线。

车膜一般由内衬、粘胶和膜片等多层结构组成,优质的车膜一般不易褪色,且不易被刮伤。目前有多种颜色的车膜可供选择,一般可根据汽车车身的颜色搭配适宜颜色的车膜。

5.3 汽车用新型材料

5.3.1 粉末冶金材料

1. 粉末冶金与粉末冶金材料

粉末冶金(powder metallurgy)是以金属或以金属粉末(或金属粉末与非金属粉末的混合物)作为原料,经过成型和烧结,制造金属材料、复合材料以及各种类型制品的工艺技术的统称。

粉末冶金材料(powder metallurgy material)是指通过粉末冶金工艺制得的多孔、半致密或全致密材料(包括制品)。粉末冶金材料具有传统熔铸工艺所无法获得的独特的化学组成和物理、力学性能,如材料的孔隙度可控,材料组织均匀、无宏观偏析(合金凝固后其截面上不同部位没有因液态合金宏观流动而造成的化学成分不均匀现象),可一次成型等。

2. 粉末冶金材料的分类与牌号

1) 粉末冶金材料的分类

根据《粉末冶金材料分类和牌号表示方法》(GB/T 4309—2009)的规定,将粉末冶金材料按照其用途和特征分为九大类(见表 5-23),各大类粉末冶金材料按照其材质和用途不同,又细分为诸多小类。

表 5-23　粉末冶金材料的分类(GB/T 4309—2009)

序号	代号	类　　别
1	F0	结构类粉末冶金材料
2	F1	摩擦材料类粉末冶金材料和减磨材料类粉末冶金材料
3	F2	多孔材料类粉末冶金材料
4	F3	工具材料类粉末冶金材料
5	F4	难熔材料类粉末冶金材料
6	F5	耐蚀材料类粉末冶金材料和耐热材料类粉末冶金材料
7	F6	电工材料类粉末冶金材料
8	F7	磁性材料类粉末冶金材料
9	F8	其他材料类粉末冶金材料

注:"F"为"粉"的第一个汉语拼音字母

2) 粉末冶金材料的牌号

粉末冶金材料采用汉语拼音字母和阿拉伯数字组成的五位符号体系表示材料的牌号,其通式及各符号的意义如图 5-35 所示。

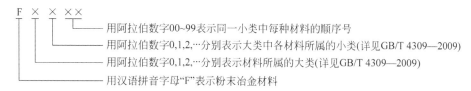

图 5-35　粉末冶金材料牌号通式及各符号的意义

例如,F00××表示铁基合金结构材料类粉末冶金材料,F11××表示铜基摩擦材料类粉末冶金材料,F16××表示铜基减磨材料类粉末冶金材料,F24××表示镍及镍合金多孔材料类粉末冶金材料。

3. 粉末冶金材料的应用

1）结构类粉末冶金材料

结构类粉末冶金材料（亦称烧结结构材料）能承受拉伸、压缩、扭曲等载荷,并能在摩擦磨损条件下工作。由于材料内部有残余孔隙存在,其延展性和冲击值比化学成分相同的铸锻件低,从而使其应用范围受限。

2）摩擦材料类粉末冶金材料

摩擦材料类粉末冶金材料（亦称烧结摩擦材料）由基体金属（铜、铁或其他合金）、润滑组元（铅、石墨、二硫化钼等）、摩擦组元（二氧化硅、石棉等）三部分组成。摩擦材料类粉末冶金材料的摩擦因数高,能很快吸收动能,制动、传动速度快、磨损小；强度高,耐高温,导热性好；抗咬合性好,耐腐蚀,受油脂、水分影响小。目前,摩擦材料类粉末冶金材料主要用于制造飞机、汽车的各种离合器摩擦片和制动器摩擦片（见图 5-36 和图 5-37）。

图 5-36　制动器摩擦片（摩擦材料类粉末冶金材料）

3）减磨材料类粉末冶金材料

减磨材料类粉末冶金材料（亦称烧结减磨材料）是通过在材料孔隙中浸润滑油或在材料成分中加减磨剂或固体润滑剂制得的。材料表面间的摩擦因数小,在有限润滑油条件下,使用寿命长、可靠性高；在干摩擦条件下,依靠自身或表层含有的润滑剂,即具有自润滑效果。减磨材料类粉末冶金材料广泛用于制造汽车轴承、支承衬套或作端面密封等。

4）多孔材料类粉末冶金材料

多孔材料类粉末冶金材料（亦称多孔烧结材料）是由球状或不规则形状的金属或合金粉末经成型、烧结制成的。材料内部孔道纵横交错、互相贯通,一般有 30%～60% 的体积孔隙度,孔径 $1 \sim 100 \mu m$。透过性能和导热、导电性能好,耐高温、耐低温,抗热振,抗介质腐蚀。多孔材料类粉末冶金材料主要用于制造汽车燃油滤清器滤芯、润滑油滤清器滤芯(见图 5-38)以及多孔电极、灭火装置、防冻装置等。

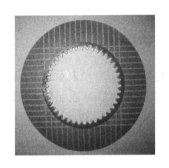

图 5-37　湿式离合器摩擦片(摩擦材料
类粉末冶金材料)

图 5-38　各种滤清器滤芯(多孔材料
类粉末冶金材料)

5) 工具材料类粉末冶金材料

工具材料类粉末冶金材料包括硬质合金、粉末冶金高速钢等。后者组织均匀,晶粒细小,没有偏析,比熔铸高速钢韧性和耐磨性好,热处理变形小,使用寿命长。工具材料类粉末冶金材料多用于制造切削刀具、模具及零件的坯件。

6) 难熔材料类粉末冶金材料

难熔材料类粉末冶金材料主要包括粉末冶金高温合金、难熔金属和合金、金属陶瓷、弥散强化和纤维强化材料等。难熔材料类粉末冶金材料多用于制造高温下使用的涡轮盘、喷嘴、叶片及其他耐高温零部件。

7) 电工材料类粉末冶金材料

电工材料类粉末冶金材料主要包括含有金、银、铂等贵金属的粉末冶金材料和以银、铜为基体添加钨、镍、铁、碳化钨、石墨等制成的粉末冶金材料。用作电极的有钨铜、钨镍铜等粉末冶金材料;用作电刷的有金属-石墨粉末冶金材料;用作电热合金和热电偶的有钼、钽、钨等粉末冶金材料。

8) 磁性材料类粉末冶金材料

磁性材料类粉末冶金材料包括软磁材料和硬磁材料两大类。软磁材料有磁性粉末、磁粉芯、软磁铁氧体、矩磁铁氧体、压磁铁氧体、微波铁氧体、正铁氧体和粉末硅钢等;硬磁材料有硬磁铁氧体、稀土钴硬磁、磁记录材料、微粉硬磁、磁性塑料等。磁性材料类粉末冶金材料多用于制造各种转换、传递、储存能量和信息的磁性器件、传感器等。

5.3.2　碳纤维材料

1. 碳纤维材料的性能

碳纤维(carbon fiber,CF,见图 5-39)是一种含碳量在 95% 以上的高强度、高模量新型纤维材料。碳纤维是由片状石墨微晶等有机纤维沿纤维轴向方向堆砌,再经碳化及石墨化处理而得到的微晶石墨材料。

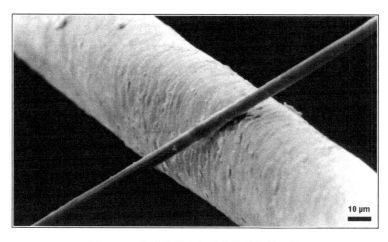

图 5-39　碳纤维(细)与头发丝(粗)的比较

　　碳纤维材料的轴向强度和模量高,密度低,比性能高,无蠕变,非氧化环境下耐超高温,耐疲劳性好,比热容及导电性介于非金属和金属之间,热膨胀系数小且具有各向异性,耐腐蚀性好,X 射线透过性好。此外,碳纤维还具有良好的导电导热性能、电磁屏蔽性能。

　　碳纤维材料不仅具有碳材料的固有本征特性,还兼备纺织纤维的柔软可加工性能(见图 5-40),是新一代增强纤维。

　　碳纤维材料"外柔内刚"——碳纤维具有极好的纤度(一般仅约为 19g,见图 5-39),拉力却高达 300kg/μm;密度低(仅为钢的 1/5,比金属铝还轻),但强度却远高于钢(抗拉强度一般都在 3500MPa 以上,是钢的 7~9 倍),并且具有耐腐蚀、高模量等特点,在国防军工(碳纤维材料是制作防弹衣的原料)和民用方面都是重要材料。

图 5-40　碳纤维材料编织物

　　注:纤度是用于表征纱线或纤维直径粗细的物理量。

2. 碳纤维材料的应用

　　在实际应用中,碳纤维材料多与树脂、金属、陶瓷等基体复合,制成碳纤维复合材料。

　　目前,碳纤维复合材料已经在汽车内外装饰中开始大量采用(见图 5-41 和图 5-42)。作为汽车材料,碳纤维复合材料的最大优点是质量轻、强度大,可以在汽车轻量化方面大展身手。

图 5-41　车外后视镜壳体(碳纤维复合材料)

图 5-42　发动机舱盖(碳纤维复合材料)

　　所谓汽车轻量化,是指在保证汽车的强度和安全性能的前提下,尽可能多地降低汽车的整备质量,从而提高汽车的动力性,减少燃料消耗并降低排放污染。

　　汽车轻量化的最主要和最有效的手段就是选用轻质材料,如铝、镁、陶瓷、塑料、碳纤维复合材料等。其中,既"身轻如燕",又"力大赛牛"的碳纤维复合材料在制造汽车结构件(见图 5-43～图 5-46)方面,具有极为明显的优势。

图 5-43　发动机进气歧管(碳纤维复合材料)　　图 5-44　汽车传动轴(碳纤维复合材料)

图 5-45　汽车轮毂(碳纤维复合材料)　　图 5-46　汽车车身(碳纤维复合材料)

5.3.3　陶瓷材料

　　陶瓷材料是用天然或合成化合物经过成型和高温烧结制成的一类无机非金属材料,它具有高熔点、高硬度、高耐磨性、耐氧化等优点。陶瓷材料既可作结构材料和刀具材料使用，又可作为功能材料使用。

1. 传统陶瓷

传统陶瓷是采用天然原料如长石、黏土和石英等烧结而成的，是典型的硅酸盐材料，主要组成元素是硅、铝、氧，这三种元素占地壳元素总量的 90%。普通陶瓷来源丰富、成本低、工艺成熟。传统陶瓷按性能特征和用途又可分为日用陶瓷、建筑陶瓷、电绝缘陶瓷（见图 5-47）、化工陶瓷等。

图 5-47　汽油发动机点火系统的火花塞（电绝缘陶瓷）

2. 特种陶瓷

特种陶瓷（亦称现代陶瓷或新型陶瓷）是以人工合成的高纯度无机化合物为原料，在严格控制的工艺条件下经成型、烧结及其他处理而得到的具有微细结晶组织的无机材料。根据其主要成分不同，特种陶瓷可分为氧化物陶瓷、氮化物陶瓷、碳化物陶瓷、金属陶瓷、智能陶瓷等。特种陶瓷具有特殊的力学、光、声、电、磁、热等性能，可适应各种特殊需要，其应用范围是传统陶瓷远远不能相比的。

1）氧化物陶瓷

氧化物陶瓷主要有氧化铝陶瓷、氧化锆陶瓷、氧化镁陶瓷、氧化钙陶瓷、氧化铍陶瓷、氧化锌陶瓷、氧化钇陶瓷、二氧化钛陶瓷、二氧化钍陶瓷、三氧化铀陶瓷等。

目前，氧化物陶瓷多用于制造汽车用传感器（见图 5-48 和图 5-49）。

图 5-48　氧传感器（二氧化锆陶瓷材料）

图 5-49　氧传感器（二氧化钛陶瓷材料）

2）氮化物陶瓷

氮化物陶瓷主要有氮化硅陶瓷、氮化铝陶瓷、氮化硼陶瓷、氮化铀陶瓷等。

氮化硅陶瓷抗温度急变性好，用氮化硅陶瓷材料制造发动机零部件（见图 5-50 和图 5-51），由于工作温度可提高到 1370℃，发动机效率可提高 30%。同时，由于温度提高，可使燃料充分燃烧，排出废气污染成分大幅度下降，不仅降低能耗，而且减少了环境污染。

图 5-50　陶瓷内冷铝活塞

图 5-51　陶瓷活塞环

此外,由于氮化硅陶瓷硬度高(其硬度仅次于金刚石、氮化硼等物质),抗磨性好,还可以用来制造制动器摩擦片(见图 5-52 和图 5-53)等零件。

图 5-52　盘式制动器摩擦片(氮化硅陶瓷材料)

图 5-53　鼓式制动器摩擦片(氮化硅陶瓷材料)

3) 碳化物陶瓷

碳化物陶瓷主要有碳化硅陶瓷、碳化硼陶瓷、碳化铀陶瓷等。其中,碳化硅蜂窝陶瓷在汽车上的应用前景极为广阔。

碳化硅蜂窝陶瓷是以碳化硅为主要成分的蜂窝式陶瓷。碳化硅蜂窝陶瓷不仅具有优良的常温力学性能,而且高温力学性能(强度、抗蠕变性等)也是已知陶瓷材料中最佳的。同时,其抗氧化性也是所有非氧化物陶瓷中最好的。

由于具有孔多(孔率大)、壁薄(结构轻薄)、耐高温、耐振动等显著特点,碳化硅蜂窝陶瓷多用于制造汽车尾气净化系统的催化剂载体(见图 5-54)。

图 5-54　汽车尾气净化系统的催化剂载体(碳化硅蜂窝陶瓷材料)

4) 智能陶瓷

集感知、驱动和信息处理于一体,具有类似生物智能属性的陶瓷称为智能陶瓷。

　　智能陶瓷材料已经在汽车智能雨刷系统中得到了实际应用。利用钛酸钡陶瓷压阻效应原理制成的智能陶瓷雨刷器,可以自动感知雨量大小,自动将雨刷器调节到最佳刷洗速度。

　　此外,利用智能陶瓷产品的正压电效应、逆压电效应原理工作的汽车智能减振器系统,目前正处于开发研制阶段。

复习思考题

　　1. 汽车用金属材料的力学性能指标主要有哪些?
　　2. 简述合金钢在汽车上的应用。
　　3. 简述铸铁在汽车上的应用。
　　4. 简述铝及铝合金在汽车上的应用。
　　5. 简述橡胶在汽车上的应用。
　　6. 简述粉末冶金材料在汽车上的应用。
　　7. 简述碳纤维材料在汽车上的应用。
　　8. 简述陶瓷材料在汽车上的应用。

第 6 章 汽车设计工程

⚠ **教学提示**：汽车设计是一项工程技术、计算机技术与艺术、美学高度结合的系统工程，每一环节都闪烁着人类智慧的光芒。

⚠ **教学要求**：本章主要介绍汽车设计、开发过程，重点内容是汽车设计技术和汽车设计开发流程。要求学生了解汽车设计的一般要求，熟悉汽车设计技术，掌握汽车设计开发的基本流程。

6.1 汽车的设计要求

对于汽车这样复杂的机电产品，其设计要求是多方面、多层次、互相关联、互相制约的。为了设计出市场竞争力强的汽车，设计人员除了不断创新，将各种新概念、新结构、新材料科学地结合进去外，更需要全面均衡地、有层次地处理各种不同的要求，务使整车的设计在技术、经济、艺术诸方面达到最佳状态。

汽车设计要求大体可归纳为功能性、工艺性、规范性、使用经济性、循环经济性、艺术性、和谐性等七个方面，现分述如下。

1. 功能性

功能性要求是为满足汽车的运输用途而提出的性能要求，即动力性、经济性、机动性、安全性和舒适性等。

设计人员在确定汽车功能性设计目标时，应根据国情、使用条件等规定优先次序。例如，高级乘用车的动力性、舒适性和安全性是首要的，其他性能则次之；对微型汽车而言，经济性和机动性是首要的，再兼顾其他性能；对于军用越野车来说，机动性和可靠性就成为设计的首要目标。

由于汽车的使用条件复杂多变，在设计汽车时，要考虑到不同道路、气候等条件对汽车性能的影响，要尽可能使汽车在不同使用条件下都满足其功能性要求，这便是汽车的适应性。可以通过精心设计，使同一辆汽车对复杂多变的使用条件有良好的适应性，也可以通过选装不同的部件使同一系列的汽车满足不同用户的需要。一般来说，后一种方式更经济。

随着汽车向个性化发展，满足用户的特殊功能要求将成为设计者需要考虑的一个重要问题。为此，汽车设计要具有更大的灵活性和变通性，以便可以在同一生产线上装配出定制要求不同的汽车。

2. 工艺性

汽车产品在设计时考虑到生产工艺的要求是一项十分重要的任务。一个好的设计不仅应使产品的性能优异,而且应使产品成本低,达到同类产品中最好的性价比。这种产品结构设计时所考虑的制造、维修的可行性和经济性称为结构工艺性。零件的机械加工工艺性和零部件的装配工艺性是结构工艺性的重要内容,其中特别要提到标准化、通用化和产品系列化的意义。

产品系列化是把产品合理分档,组成系列,并考虑各种变型,如发动机可按缸数分为直列 4 缸、6 缸或 V6、V8、V12 缸,分自然吸气、增压、增压中冷等几个品种,这样就可以较少的基本型满足广泛的需要。产品系列化给部件通用化创造了条件。所谓通用化是在总质量相近或同一系列车型上尽可能采用同样结构和尺寸的部件,使不同车型上的部件类型大为减少,从而因部件生产批量的增加而提高工效,降低制造成本。

零件的标准化或零件结构要素的标准化对大量生产的汽车来说也十分重要,不仅可以简化设计工作,而且使零件在机械加工中可使用标准的或通用的工艺装备,并减少工艺装备的规格,这些都有利于缩短零件的生产准备周期和降低生产成本。

产品设计的结构工艺性是随生产类型(主要是生产批量)、生产条件、技术发展的变化而变化的。例如,在高生产率的高精度加工中,铸件的精度适应不了对定位一致性的要求而向型材、冲压、烧结、压铸件等转化,这时,有关零件的结构设计便要考虑所采用的工艺方式。又如发动机的汽缸体,国外由于铝的供应充足并采用压力铸造等先进技术,单件质量降低,尺寸精度高,表面光洁,生产效率很高,成本也低。但我国目前铝供应不足,仍普遍采用铸铁缸体,在这种情况下,缸体的壁厚、未加工表面的表面粗糙度和尺寸精度就要适应铸铁铸造工艺所能达到的要求,这就说明工艺与生产条件有关。

随着先进技术的应用,有些过去加工过程很复杂、材料消耗大的零件变得加工简单、材料消耗低。比如球笼式万向节头的大端有一个内含 6 个形状复杂、尺寸精度高的偏心球面槽的碗形体,过去靠机械加工困难很大,质量也不易保证,现在通过冷挤压工艺使这 6 个偏心球面槽成型后不再需要进行磨削加工,工艺大为简化,制造成本显著降低。

除考虑机械加工工艺性外,设计者在设计汽车产品时,还要充分考虑其装配工艺性。这包括按零件→合件→组件→部件→总成→产品的顺序装配。考虑装配单元的划分和装配次序,考虑正确的装配基准和装配空间,尽可能采用完全互换装配法和在不能采用上述方法时合理安排尺寸补偿环节,注意焊装、涂装、胶粘装配等工艺对产品设计的影响等。

3. 规范性

汽车设计要在有关标准和法规的指导下进行。除设计图纸的绘制与标注应按有关国家标准进行外,汽车设计还应遵守与汽车有关的标准与法规。

中国汽车工业标准包括与国际基本通用的汽车标准和为宏观控制汽车产品性能和质量而制订的标准,它包括国家标准、行业标准和企业标准。汽车标准又分为强制性标准和推荐性标准。强制性标准主要有整车尺寸限制标准、汽车安全性标准、油耗限制标准、汽车排放物限制标准及噪声标准等。

为使我国汽车产品进入世界市场,设计时也应考虑到国际标准化组织汽车专业委员会

(ISO/TC22)制订的一些标准和美国标准协会(ANSI)标准、美国汽车工程师学会(SAE)标准、日本工业(JIS)标准、日本汽车标准组织(JASO)标准、日本汽车车身工业协会(JABIA)标准、日本汽车轮胎(JATMA)标准、日本汽车用品工业协会(JARP)标准、日本蓄电池工业协会(SBA)标准以及欧洲经济委员会(ECE)、欧洲经济共同体(EEC)所制订的汽车法规。

4. 使用经济性

汽车的功能性要求中已有燃油经济性一项,而使用经济性是包括燃油经济性在内的更广泛的一项要求,它包括燃料、润滑油、轮胎、易损件等的消耗,还包括维修、保养等方面的费用开支。

因此,要提高汽车的使用经济性,不仅需要在汽车设计中注意提高发动机的热效率、降低泵气和摩擦损失、减少附件的功率消耗、减少行驶阻力、降低机油消耗、减少轮胎磨损、注意汽车的轻量化等,而且需要减少维修和保养的工作量,提高汽车零部件的可靠性等。

例如,20 世纪 70 年代以前,国产车的大修里程一般规定为 10 万 km,现在,国产乘用车和轻型货车的大修里程为 15 万 km 左右,中吨位货车的大修里程为 20 万 km 左右,重型货车大修里程为 30 万 km 左右。大修里程的延长反映了汽车可靠性的提高,从而大大降低了汽车的运行费用。

5. 循环经济性

为了节省资源,减少给环境造成污染的各种废弃物,汽车部件所用材料的循环经济性(即可回收性)日益受到重视。一些对环境有害的材料已被限时停止使用,制动器摩擦片用的石棉、汽油添加剂四乙酸铅等,都已有了新的替代物。

为电动汽车发展的高能镍镉电池,也因镉的毒性而从重点发展的项目中被剔除出来。对于汽车用塑料件,应优先考虑使用那些可以回收后再利用的品种。

6. 艺术性

汽车既是代步工具,有实用价值,又是对产品的外观造型和内饰布置等十分讲究、具有艺术观赏价值的艺术品。在车身设计中,艺术家的作用与工程师的作用同等重要。造型设计师要使车型具有时代感、创新风格以及与环境的适配性。

而在色彩的设计上,要考虑到包括社会潮流、时尚、爱好、安全、合理等要素,尤其是大众的审美观。在车内装饰方面,室内的美术设计要求与汽车的等级和用户群特点相一致,例如年轻人喜好的跑车需要轻快感的美术效果,而高级豪华车需要庄重感的美术效果。

实际上,对于同一时期的汽车,其性能差异并不太大,而决定销售量的因素往往是其外形是否使人感到赏心悦目。从这一点看,艺术性对汽车特别是轿车来说至关重要。

7. 和谐性

汽车是由人来驾驶和乘坐的,是以人为核心并为人服务的交通工具。因此,其设计必须考虑人与车的和谐关系,即操纵要方便、乘坐要舒适。汽车设计是一门综合考虑人机工程、交通工程、制造工程、运营工程、管理工程的系统工程。

6.2　汽车设计理论与设计技术

6.2.1　汽车设计理论与设计技术的发展

汽车设计理论是指导汽车设计实践的,而汽车设计实践经验的长期积累和汽车生产技术的发展与进步,又使汽车设计理论得到不断的发展与提高。汽车设计技术是汽车设计方法和手段的结合,也是汽车设计实践软件与硬件的结合。

由于汽车是一种包罗了各种典型机械元件、零部件、各种金属与非金属材料及各种机械加工工艺的典型的机械产品,因此,其设计理论显然要以机械设计理论为基础,并考虑到其结构特点、使用条件的复杂多变以及大批量生产等情况。汽车设计理论涉及许多基础理论、专业基础理论及专业知识,例如,工程数学、工程力学、热力学与传热学、流体力学、空气动力学、振动理论、机械制图、机械原理、机械零件、工程材料、机械强度、电工学、工业电子学、电控与微机控制技术、液压技术、液力传动、发动机原理、汽车构造、汽车理论、车身美工与造型、汽车制造工艺、汽车维修,等等。

100 多年来,汽车设计技术也经历了由经验设计发展到以科学实验和技术分析为基础的设计阶段。

经验设计是以已有产品的经验数据为依据,运用一些带有经验常数或安全系数的经验公式进行设计、计算的一种传统的设计方法。这种设计由于缺乏精确的设计数据和科学的计算方法,使所设计的产品不是过于笨重就是可靠性差。一种新车型的开发,往往要经过设计→试制→试验→改进设计→试制→试验等二次或多次循环,需反复修改图纸,完善设计后才能定型,其设计周期长,质量差,财力、物力的消耗也大。

随着测试技术的发展与完善,在汽车设计过程中引进新的测试技术和各种专用的试验设备,进行科学试验,从各个方面对产品的结构、性能和零部件的强度、寿命进行测试。同时广泛采用近代数学物理分析方法,对产品及其总成、零部件进行全面的技术分析、研究,这样就使汽车设计发展到以科学试验和技术分析为基础的阶段。

电子计算机的出现和在工程设计中的推广应用,使汽车设计技术飞速发展,设计过程完全改观。汽车结构参数及性能参数等的优化选择与匹配,零部件的强度核算与寿命预测,产品有关方面的模拟计算和仿真分析,都可以在计算机上进行。这种利用计算机及其外部设备进行产品设计的方法,统称为计算机辅助设计(computer aided design,CAD)。20 世纪 60 年代中期,计算机辅助设计方法使汽车设计逐步实现半自动化和自动化。

随着计算机在汽车设计中的推广应用,一些近代的数学物理方法和基础理论方面的新成就在汽车设计中也日益得到广泛应用。现代汽车设计,除传统的方法和计算机辅助设计方法外,还引进了最优化设计、可靠性设计、有限元分析、计算机模拟计算和仿真分析、模态分析等现代设计方法与分析手段,甚至还引进了雷达防撞、卫星导航、智能化电子仪表及显示系统等高新技术。

在产品开发的整个过程中,产品的先天质量取决于设计,产品在包括原材料、制造、使用、维修等各方面的花费,即广义成本的 70% 是由设计阶段决定的。因此设计方案的修改尽可能地在产品开发的前期进行,使产品设计一次成功,从而避免在产品开发后期因修改设计而造成的巨大浪费。

6.2.2　现代汽车设计技术

汽车设计的现代理论和方法正在不断地发展之中,很难给它下一个确切的定义。一般来说,汽车的现代设计理论为汽车设计的创造性过程建立各种数学模型,而其现代设计方法则针对这些数学模型进行求解,或者为设计师实施创造性的设计过程提供各种手段。

采用现代设计理论和方法的优点是可以不做或少做试验,在设计阶段就能预估未来汽车产品的性能、结构和品质,从而缩短设计周期,提高设计质量。在汽车设计中所采用的现代设计方法择其要者有:有限元分析和评价技术、优化设计、系统工程方法、人工智能和专家系统、疲劳和可靠性设计、价值工程、反求工程、人机工程和计算机辅助设计技术等。现代设计方法是近代数学物理方法与计算机技术相结合的结果。但这并不是说有了现代设计方法就可以完全不要试验了。

实际上,无论是现代设计方法的发展还是其应用,都仍然需要各种试验技术,而且对试验技术提出了更高的要求,以便为精确的物理模型提供可靠的依据;为具有高空间分辨率和时间分辨率的计算结果提供试验验证;为各种计算提供边界条件、经验常数、基本统计数据等。以下就有限元分析、优化设计、系统工程方法、可靠性设计、反求工程、人机工程、计算机辅助设计、虚拟现实技术、神经网络方法这几种现代设计方法在汽车设计中的应用作一简要介绍。

1. 有限元分析

有限元分析(finite element analysis,FEA)是古典变分方法的一个分支,它直接把所需分析的结构离散化,使用最小位能原理或虚位移原理等力学基本原理,列出计算格式,用电子计算机求解。有限元法在结构离散化时可采用各种单元形式,以适应不同的问题,网格的加密也很方便,边界易贴合。有限元分析的算法无论对弹性或弹塑性问题均较成熟,对流体问题也有一定的长处。

在汽车设计中,有限元分析除应用于车身(见图 6-1)、车架等板梁结构外,还用来对各种零部件、组合结构等进行强度、刚度、热强度、振动模态、稳定性等各种计算分析。

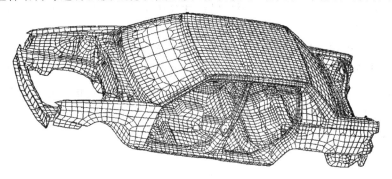

图 6-1　汽车车身有限元分析

很多完善的 CAD 软件系统都有网格划分模块和求解器,常用的有限元分析软件如 MSC/NASTRAN、MSC/PATRAN、MSC/XL、FEMB、MSC/DYTRAN、ANSYS、LS-DYAN、COSMOS、SUPERSAP 等。

有限元分析方法对设计轻量、安全、合理的车身结构,提高乘坐的舒适性,减少样车试验的数量,降低开发风险,缩短开发时间等有重大的影响,有限元分析方法现已成为汽车公司新车车身结构设计工作的规范计算分析内容。

2. 优化设计

无论是汽车外形设计(见图 6-2)、总体设计,还是零部件设计,汽车设计师总是力求从各种可行方案中选择最优方案,这就是优化设计的基本任务。过去工程设计中尽管没有"优化"这一词汇,但在实际设计过程中往往通过直觉判断、试验比较,对产品优胜劣汰。

图 6-2　汽车外形的优化设计

随着科学技术的进步,实际工程问题可以通过数学模型来描述,并发展了最优化数值方法求解所确定的数学模型,这就为优化设计提供了数学工具。目前,有许多优化算法可供选用,其优劣随所解问题的特征而异。

优化设计(optimal design)的一般过程与传统设计方法有所不同,它是以计算机自动设计选优为其基本特征,其设计过程分为四个阶段。

(1) 工程设计问题的提出。首先确定设计目标,它可以是单项设计指标,也可以是多项设计指标的组合。从技术经济观点出发,汽车的运动学和动力学性能、体积、质量、效率、成本、可靠性等都可以作为设计所追求的目标,然后分析设计应满足的要求。主要有以下三类:①某些设计参数的取值范围;②由某种设计性能或指标根据设计规范推导出的性能要求;③工艺条件对某些设计参数的限制等。

(2)建立数学模型。将以上工程设计问题用数学方程式的形式予以全面、准确的描述,其中包括根据设计目标建立起评价设计方案优劣的目标函数;把设计应满足的各类要求以等式或不等式的形式建立约束方程,确定哪些参与选优,也就是确定设计变量。这里一是要准,必须严格地按各种规范建立相应的数学描述;二是要全,必须把设计中应考虑的各种因素全部包括进去,这两点对于整个优化设计的效果是至关重要的。

(3)选择优化方法。根据数学模型中函数的性质、设计的精度要求等选择适用的优化方法,并作出相应的程序设计。

(4)得出最优设计方案。上机计算,并自动解得最优值;然后对计算结果作出分析和正确的判断,得出最优设计方案。

汽车优化设计理论和方法已应用于汽车领域的诸多环节,如汽车整车动力传动系统优化和匹配,汽车的发动机、底盘、车身各主要总成的优化设计,机械加工的优化设计,汽车车身 CAD/CAE/CAM 一体优化技术等,使汽车产品的性能和水平得到提高,生产的科学管理得到加强。汽车优化设计是一种有着广泛应用领域和良好经济效益的先进技术。

3. 系统工程方法

对于像车辆整体这样一个复杂系统,无法简单地定义为一个最优化设计问题。这时,为了能在设计阶段进行较为准确的定性和定量分析,就需要采用系统工程分析(system engineering analysis)方法进行研究,其中主要内容为系统分析。

汽车的系统分析除研究汽车系统结构、系统行为外,还要研究汽车系统的受控方式,研究怎样使汽车系统演化才能达到设计者所追求的目标。用系统分析的方法,可以预先研究系统结构及其相关性,可以通过建模和仿真进行模拟研究(见图 6-3),所以它能在设计阶段事前处理问题,提高了设计开发过程的质量和效率。

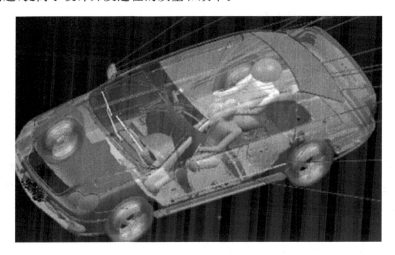

图 6-3　通过建模和仿真进行系统分析

4. 可靠性设计

可靠性理论(reliability theory)是以产品的寿命特征作为主要研究对象的一门综合性科学。20 世纪 60 年代以来,可靠性研究由电子、航空、宇航、核能等尖端工业部门,扩展到大批量生产的汽车工业部门,并取得了可喜成果。当今,提高产品的可靠性已成为提高产品质量、增强竞争力的关键。因此,可靠性设计已成为汽车现代设计方法中的一项重要内容。

可靠性设计(reliability design)主要包括可靠性预测和可靠性分配等。可靠性预测是一种预报方法,它在设计阶段从所得到的失效率数据,预报零部件和系统实际可能达到的可靠度,预报这些零部件和系统在规定时间、规定条件下完成规定功能的概率。在汽车设计初期,通过可靠性预报可以了解汽车中各零部件可靠度的相互关系,找出提高汽车可靠度的有效途径。

如何将系统规定的允许失效概率合理地分配给该系统的各零部件,是可靠性分配的主要任务。在可靠性设计中,采用最优化方法进行系统的可靠性分配,是当前可靠性研究的主要方向之一,称为可靠性优化设计。当完成可靠性分配后,就可以在给定可靠度下确定零部件尺寸,使零部件的质量得到恰当的减轻,而又保证足够的寿命。

5. 反求工程

反求工程(reverse engineering,RE),也称逆向工程、反向工程、反求设计,是指用一定的测量手段对实物或模型进行测量,根据测量数据通过三维几何建模方法重构实物的计算机辅助设计模型的过程,是一个从样品生成产品数字化信息模型,并在此基础上进行产品设计开发及生产的全过程。

因此,反求工程在本质上是从已知事物的有关信息(如国外样车的实物或自己设计的油泥模型)去寻求这些信息的科学性、技术性、经济性以及具体实施的途径,并经再创造达到设计目标。

由图 6-4 可知,反求工程系统主要由三部分组成:产品实物几何外形的数字化、CAD 模型重建、产品或磨具制造。另外,产品数据管理(product data management,PDM)系统也是不可或缺的重要组成部分。逆向工程作为掌握技术的一种手段,可使产品研制周期缩短40%以上,极大地提高了生产率。

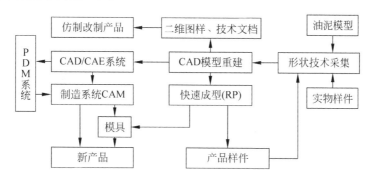

图 6-4　反求工程流程图

将反求工程用于汽车设计时,三坐标测量机(coordinate measuring machine,CMM,见图 6-5)是必不可少的重要设备。三坐标测量机是指在一个六面体的空间范围内,能够进

图 6-5　三坐标测量机

行几何形状、长度及圆周分度等测量并保全数据的仪器,又称为三坐标测量仪或三次元。

6. 人机工程

人机工程(ergonomics,human factors)又称人体工程学,是 20 世纪 50 年代前后迅速发展起来的一门新兴学科。它以工程设计中与人体有关的问题为研究对象,目的在于使设计更好地适应人体的各种要求,从而提高人机系统,亦即人与其所操纵的机构在内的整个系统的工作效能。

与人们日常生活息息相关的汽车,其车身及附件与人的关系十分密切,例如,设计中要考虑人的最小活动空间、手伸界限;考虑能适应不同人体的座椅及其可调装置;考虑人在车内如何减少车外视野中的盲区以提高安全性;考虑人体最敏感的频率范围,使悬架设计避开这一频率区域;考虑仪表指示和报警信息如何使人最易觉察又不致干扰其他操作和不引起疲劳;考虑车身在碰撞事故中如何保护人体不受或减少伤害等。

人机工程涉及人体尺寸(见图 6-6)、心理学、心理生理学、运动生理学、生物工程和医学等许多复杂课题,属于跨学科的边缘科学领域。

在汽车人机工程学上,人体模型是个很直观的数据化模型,其中胯点(hippoint,简称 H 点,见图 6-7)是最关键点,它是人体模型寻找各种坐姿的基准点。而人机布置的起始步骤,就是从制动踏板来确定 H 点位置,进而使人体模型在坐姿(见图 6-8)、视野、顶部空间(见图 6-9)、腿部纵向空间与膝部空间(见图 6-10)、垂直高度(见图 6-11)等方面实现合理协调。

7. 计算机辅助设计

在汽车设计过程中,有创造性的思维劳动(如方案构思、车身外形的创新设计等),有综合性的分析与判断(如方案评价),也有复杂的计算和精细的绘图等,其工作量十分巨大。计算机辅助设计技术将计算机高速而精确的计算能力、大容量数据存储和处理能力与设计者的综合分析和逻辑判断能力以及创造性思维结合起来,从而大大加快了设计进程,缩短了设计周期,提高了设计质量和水平。

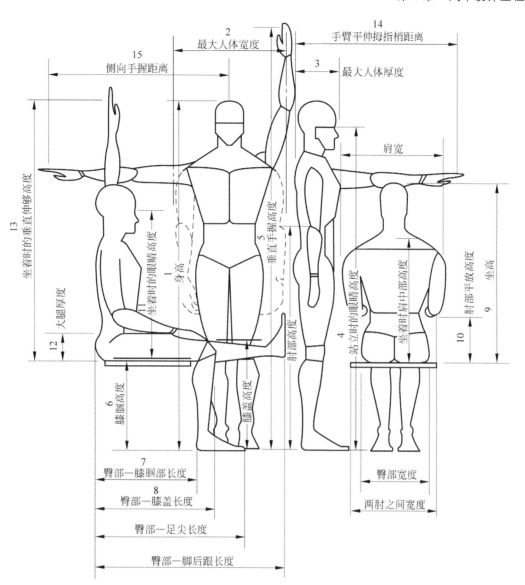

图 6-6 人体尺寸

图 6-7 胯点

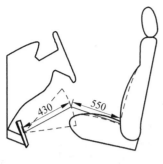

图 6-8　坐姿(驾驶员座椅状态)

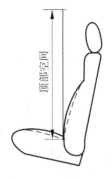

图 6-9　顶部空间

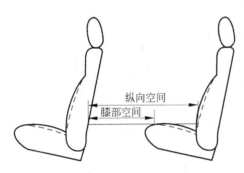

图 6-10　腿部纵向空间与膝部空间

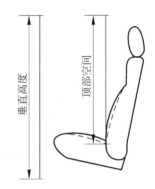

图 6-11　垂直高度

在工业发达国家,20 世纪 70 年代就已用 CAD 技术进行汽车设计,并逐步发展和完善了自己的 CAD 系统。现在,CAD 系统除进行结构和性能的计算、分析并绘制出零部件的设计图样外,还越来越多地把方案初选、最优决策、规划布置、经验评估等包括进去,构成所谓"智能化"CAD 系统。

在现代汽车开发工作中,就计算机辅助设计而言,其核心是以产品设计和绘图为主体的 CAD 系统、汽车性能和结构分析为主体的计算机辅助工程分析(computer aided engineering, CAE)系统、模型及其模具制造的计算机辅助制造(computer aided manufacturing,CAM)系统以及造型设计的计算机辅助造型(computer aided styling,CAS)系统。

在许多国内外的大公司中,从整车到各大总成的开发工作现已全面使用了 CAX 技术,最具典型的是汽车车身的开发工作(见图 6-12 和图 6-13),从概念设计阶段到模具制造的全过程都采用了串行和并行的混合开发过程,较全面地实现了 CAD/CAE/CAS/CAM 技术集成。在汽车规划和布置设计中,使用 CAD 及相关的性能和参数优化设计软件去预测新车型的性能和确定设计参数、进行法规校核、提出最佳的设计图和方案图、合理地进行汽车布置、方便有效地进行系列化车型设计。

8. 虚拟现实技术

虚拟现实(virtual reality,VR,见图 6-14)是一种全新的人机界面,它通过计算机构造出形象逼真的三维模型,从而生成一种具有三维视觉效果的特殊环境。该技术通过多种传感器和可视化设备,将视觉、听觉、触觉等作用于用户,使用户融入这种特殊的环境中去操作、

图 6-12　车身造型设计

图 6-13　车身覆盖件设计

图 6-14　虚拟现实技术

控制环境,产生身临其境的感觉,从而实现特殊的设计目的。它具有多感知、沉浸感、交互性、想象性等特征。

　　虚拟现实技术不仅仅局限于车型开发,它可以提供给汽车制造商以下方面的模拟数据:市场调查、工程研究、数字化制造及产品模拟、测试、制造、产品支持、数据管理及再使用、商业推广计划等。利用虚拟现实技术还可以进行汽车碰撞试验,不必使用真的汽车便可显示出不同条件下的碰撞后果。

　　简单而言,利用虚拟现实技术,汽车制造商可以在虚拟的环境中碰到在真实世界中可能碰到的所有问题。

　　一个基本的虚拟现实系统如图 6-15 所示。

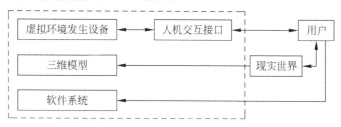

图 6-15　虚拟现实系统

9. 神经网络方法

人工神经网络(artificial neural network, ANN)是一门活跃的边缘性交叉学科,涉及生物、电子、计算机、数学和物理等许多学科。它主要是根据生物神经系统的作用原理发展起来的、由多个人工神经元互联组成的大规模的分布式并行信息处理系统,模拟人类神经系统的信息处理机制,对复杂的问题进行有效的解决。图 6-16 所示为神经网络拓扑结构。

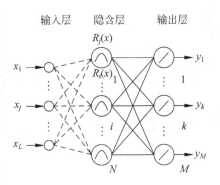

图 6-16　神经网络拓扑结构

目前神经网络在车辆工程中的应用尚处于试验阶段,距工程实用还有一段距离。由于神经网络具有自学习功能,因而对于传统计算机不能解决的那些不能用符号和数学方法描述的问题(如图像处理、语声处理、雷达信号识别及某些难以建模的过程控制等)显得十分优越。

车辆工程中模糊、非线性、不确定系统都可以用神经网络理论加以解决,如轮胎的动力学特性模型辨识、基于模糊理论和人工神经网络融合技术的车辆悬架系统的神经网络控制等。

另外,车内噪声控制预测、故障诊断、汽车牌照识别、操纵性能预报、发动机性能模型的建立、发动机燃烧系统的优化等也可以利用神经网络。

6.3　现代汽车开发流程

6.3.1　汽车开发的一般流程

汽车从构思到投放市场需要一个较长的过程,发展汽车工业需要有战略的眼光和思想。每个汽车企业都要有自己的发展战略,企业的一切经营活动都是以向市场提供适销对路的商品车为目的,通过实现商品车的销售而实现企业的利益和社会的效益。产品规划就是基于以上思想,使社会环境、市场要求和企业现实条件相协调,保证企业不断推出适销对路的商品车的一项计划和管理工作。

产品规划分两类:一是在一定时期内(如 5 年、10 年)涉及汽车企业所有产品系列的整个企业规划,即汽车企业规划;二是按每一个单独汽车产品制订方案的单个产品规划,包括产品计划,概念设计,确定汽车的市场目标、性能、成本等。为了保证实现汽车的顺利开发,按时投放市场,还需要编制产品开发计划、生产准备计划和销售计划。汽车新产品开发的流程如图 6-17 所示。

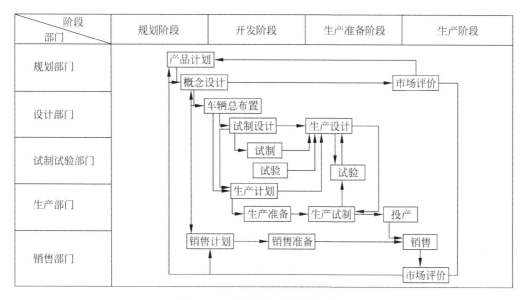

图 6-17　汽车新产品开发的流程

6.3.2　现代汽车开发流程实例

从图 6-18 所示的丰田量产车设计开发流程可以很清楚地看出现代汽车的设计开发过程。

在设计的过程中,首先会产生一个车型的概念,如 SUV、MPV 等。当根据市场等因素决定要开发一款新车时,方案负责人会召集所有的设计师,确定设计方向和产品的形象,然后要用形象化的表达方法表达出来。

意念草图也称为形象草图,是设计师把自己对设计项目的想法和意图等看不到的东西表现在图面上,使头脑中的构思视觉化,表现出所构思车型的形象特征。形象草图的画法没有什么规定,不限比例,不规定画法,可以勾画整车,也可以勾画局部,表现出强烈的个性。

概念草图是加上所设计车型的规划方向、实现生产车所需要的要点和概念,并绘制出能使第三者充分认识这些概念的内容和特点的表达设计的草图。为了保持形象草图所表达的特征,需要画出上百张的概念草图,然后从这些草图中选出体现设计要求、主题性强、特征效果好的方案。

比例模型是将被选用的概念图立体化,一般做 2~3 个,比例一般选用 1∶5(1∶4 或者1∶8),大型和特大型车也有选用 1∶10 的。做造型线图或者胶带图,主要校核造型是否满足特点要求。胶带图所用胶带是特制的,贴制时可以反复修改。

最后制作油泥模型,这一步是根据造型线图或者胶带图制作油泥模型,设计师和模型师共同合作将设计师意念中的特征实物化、鲜明化。同时,要进行设计目标、结构、生产方面的分析研究,在满足设计要求的情况下,对模型进行改造,以完成成熟的外观设计。

在进行外形设计的同时,要进行室内设计,室内造型设计是整车布置、人机工程、汽车性

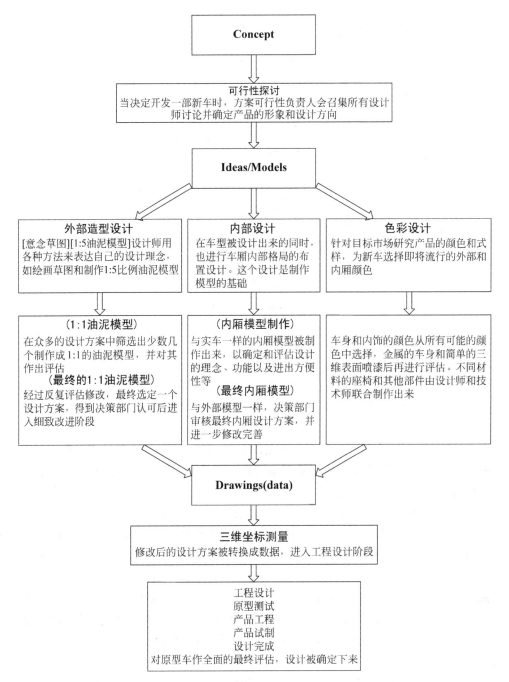

图 6-18　丰田量产车设计开发流程

能与艺术体现的综合展现,要实现的目标是方便、可靠地操纵和控制车辆,并且使乘员安全、舒适地渡过乘车时间。同时,还要进行色彩设计,以取得预期的色彩效果。

　　最终,把上面得到的模型结果利用三坐标测量仪转换成数据,再经过工程设计、原型测试、产品工程、产品试制等过程,最后对原型车进行性能评估,设计被确定下来。

6.4　概念车与概念设计

6.4.1　概念车

　　设计新颖、造型别致的概念车(concept car,见图 6-19)是汽车设计领域中概念设计的产物,也是汽车展览会上的焦点。由于企业之间激烈的相互竞争以及产品频繁地更新换代的需要,企业必须对下一代产品甚至更长远的产品进行提前研究与开发,概念设计和概念车便应运而生。

图 6-19　概念车

　　概念设计是对下一代车型或未来车型进行概括描述,确定汽车的基本参数、基本结构和基本性能的初步设计。概念设计针对现有车型的生产、使用、销售等情况,对比竞争企业的同类产品,拟订更适用、更先进的车型方案。

　　概念设计同样需要研究产品的开发目的、技术水平、企业条件、目标成本、竞争能力等。概念设计可能只停留在图画上或文件上的描述,称为"虚拟"的概念车;也可能制造出实体的样车供试验研究。概念车可能只是一种参考方案或技术储备,也可能成为正式产品开发计划的组成部分,成为下一代车型的初步设计。

　　概念设计虽然是针对现实设计的改革,但一些超前程度较大的概念设计往往可以不受现实社会条件的局限,使设计师有较大的创作自由,以便释放其灵感,充分发挥其个性和能力。这种设计就有可能大胆地突破传统的格局和条条框框,开发出令人耳目一新的车型。

6.4.2　概念车设计的目的

1. 提高企业和产品的形象、声誉

概念车是展示新意念和新风格的作品,大部分由汽车公司自己出资制作,从投资上来说属于纯花费性项目。开发概念车一方面可以作为刺激创新和提高设计水平的手段,更重要的是展示自己的开发实力,建立声誉从而吸引更多的客户。多年以来,许多汽车制造商都明白这样一个事实:通过概念车的展示,能大量地表述、充分地传达他们的事业以及公司的发展前景。

好的概念车能够告诉公众,企业所关注的趋势、风格以及企业的内部状态等。通过概念车,能把这些想要传达的东西清晰、集中、鲜明地表达出来。企业通过对概念车的设计向公众证明他们的实力,让公众对企业以及其产品产生一种不可动摇的信念,树立企业的信誉,使其旗下的产品拥有持久不衰的品牌吸引力。

而且,当公司决定改变品牌方向的时候,也会通过制作一系列的概念车来告诉公众和媒体关于品牌的精髓。概念车是努力树立企业形象和品牌效应的积极手段。

2. 增强产品的竞争力

传统的汽车对于公众已经习以为常,难以对人们产生视觉冲击力,公众更加希望有一种全新的、超越大家想象的产品出现在他们面前。如果汽车制造商仍无动于衷地继续生产已有的车型,那么它将会失去很大一部分客户,甚至可能要面临停产。

著名的汽车生产商克莱斯勒公司曾险些倒闭,其原因之一是在车型创新方面的失败,不重视概念车的开发。概念车能吸引公众目光,引起公众对产品的关注,换句话说,制造商只有不断地推出新的概念车(推陈出新),公众才会将注意力始终聚焦在它的身上,这样才会不断地增强其产品的竞争力,使自己在商战中立于不败之地。

3. 推进高科技在生活和生产的应用

概念车是梦想中的汽车,是一种人们热切盼望能看到预示未来的汽车。因此,在概念车设计和制造的时候,必然要采用一些全新的、高精尖的技术。公众在关注概念车的同时,必然也渴望看到这些技术的存在,这就有利于高技术迅速融入和应用到公众的生活和汽车生产中。

4. 创造舒适美好的环境

任何设计都是要以人为本,本着让人们生活得更美好的宗旨进行的。概念车既然是对未来的设计,也要重视如何创造未来美好的环境。在概念车开发过程中,设计师们都尽可能使汽车对环境的污染达到最小。

此外,在概念车设计过程中,有较多的精力和经费都被应用在室内的设计上,比如室内加入自动操控系统、导航系统、影音设备、空调设备等,这些都是为了让人在使用概念车时得到一种舒适的感受。

5. 促进节能环保和综合利用

概念车既然是未来的汽车,就必定会在节能环保、可持续发展等人类十分关注的课题方面着力进行研究和探讨。因此,概念车的开发对促进节能环保和综合利用等技术具有重要作用。

6. 促进各学科的协作和技术的革新

概念车的设计是一项复杂的工作,需要综合许多学科的实力,显示新的科技成果和新的设计思想。在进行概念车设计的时候,就需要把各方面的专家集合起来,一起来探讨未来社会和科技的发展方向,这就大大促进了各个学科技术的交流和协作。

在进行创作的时候,可能会出现这样的一些情况:一些构想在某种学科中可行,在另一种学科中却是不合理的;或者在一种学科中属最优方案,在另一种学科中却实现不了。这就必然会刺激大家寻求新的解决办法,从而导致某种技术的革新或边缘技术的产生。

6.4.3　经典概念车

1. 奥迪概念车 Cross Coupé quattro

如图 6-20 所示为奥迪公司的 Cross Coupé quattro 概念车。奥迪 Cross Coupé quattro 在混合车型领域开创了一个全新细分市场,它将高级跑车的设计与动感、四座运动多功能车 SUV 的宽敞和多功能性完美融合在一起。

奥迪以其独有的方式,利用创新的技术展示了其卓越的驾驶乐趣以及出色的舒适性。

2. 雷诺四座运动型概念跑车 Fluence

如图 6-21 所示为雷诺公司面向高端市场的四座运动型概念跑车 Fluence,Fluence 流畅的车身线条、体贴的车内设计,突出了其简约、感性的特质。

图 6-20　奥迪概念车 Cross Coupé quattro

图 6-21　雷诺四座运动型概念跑车 Fluence

雷诺品牌设计部高级副总裁 Patrict le Quement 先生对其的评价是:"Fluence 延续了法国杰出轿车设计的悠久传统。"

3. 福特 iosis X 概念车

如图 6-22 和图 6-23 所示为福特 iosis X 概念车的外形及内饰设计,它是福特 iosis 在动感设计理念上的全新延伸车型。

作为一款与众不同的新混合型运动概念车,福特 iosis X 显露出福特汽车未来产品设计的方向。

图 6-22　福特 iosis X

图 6-23　福特 iosis X 内饰设计

在"动感设计"梯形与三平面视图以及两者相互关系的基本设计要素上,福特 iosis X 借鉴了 iosis 所有主题和图形元素,在圆顺而有肌肉感的线条上,加以变形,使其风格更加粗犷,前脸和肌肉般隆起的曲面奔放而自然,运动员式的肩线孔武有力,整个侧面的细节显得凹凸有致,充分体现出设计师在这一全新车型领域的大胆尝试,"动感设计"理念也因此得到进一步延伸与升华。

4. 法国雪铁龙超级概念车 C-Metisse

如图 6-24 所示为法国雪铁龙超级概念车 C-Metisse。这款概念车是业内鼎鼎大名的雪铁龙品牌的总设计师普路依先生(Mr. Ploue)的大作,C-Metisse 概念车融入了雪铁龙的最新设计理念,并获得路易·威登(LV)2006 年度"最佳经典概念奖"。

法国雪铁龙超级概念车 C-Metisse 鸥翼式前后车门同时打开时,如雄鹰展翅,又像邀人入座,充满了绝妙想象力。

C-Metisse 采用了碳纤维的轻量化车身(见图 6-25),六速手自一体变速器以及独特的前后独立的四驱系统。前轮由最高输出功率达 208hp(1hp=0.735kW)的 3.0L V6 HDi 柴油发动机驱动,后轮驱动则配置了两台电动机,再加上双高扭矩电子牵引,雪铁龙 C-Metisse 将性能和环保有效地合二为一,既有从静止加速到 100km/h 仅需 6.2s 的强劲表现,又有 6.5L/100km 的超低油耗。

图 6-24　法国雪铁龙超级概念车 C-Metisse

图 6-25　C-Metisse 的轻量化碳纤维车身

5. Buick Riviera 概念车

如图 6-26 所示为上海通用汽车和泛亚汽车技术中心推出的一款具有非凡意义的别克品牌全球概念车,命名为 Buick Riviera(别克未来)。

图 6-26　Buick Riviera 概念车

Buick Riviera 融汇了别克品牌的全球未来设计理念和品牌 DNA,并巧妙融入了中国审美元素。作为别克品牌的全球概念车,该车由泛亚汽车技术中心主导构思和研发,生动描绘出别克品牌未来更加现代、科技、动感的发展趋势。

6. 奇瑞 Shooting Sport

如图 6-27 所示为中国奇瑞汽车公司推出的 Shooting Sport 概念车。

奇瑞汽车公司将国际先进的造车理念融入 Shooting Sport 这款概念车中。Shooting Sport 结合了跑车的运动、时尚与旅行轿车的空间实用性,既能满足消费者对运动、激情的需求,也能满足他们对高雅、华贵的追求,给人一种年轻、时尚、高质感的新型跑车形象,也诠释了一种激情、高雅的全新的汽车消费理念。

从手绘图(见图 6-28)中可以看出,此车既有跑车(coupe)的时尚、运动特点,又汲取旅行轿车(wagon)的空间实用性,概念来自于现代欧洲生活方式,是一个全新的细分市场。其设计元素融合了运动、时尚、高雅、华贵等特点。

图 6-27　奇瑞汽车公司的 Shooting Sport 概念车　　图 6-28　奇瑞汽车公司 Shooting Sport 概念车手绘图

在外形设计上,简约、硬朗的线条(见图 6-29)诠释了一种雕塑般的设计风格,凸现 Shooting Sport 的个性,紧绷的车身线条就像发达的肌肉,整个车身设计极具运动气息。而简洁、明快的轮廓设计增加了车体的稳定性,传达着一种安全感和对道路的全方位控制力。

Shooting Sport 的侧面采用箭式设计和包裹的 quarter light 设计,quarter light 与边窗及后窗相连,并与后灯系统融为一体,创造出车顶流线型的设计效果。

发动机罩的褶皱设计与侧面的线条遥相呼应,隐约的怀旧设计,唤起了人们对曾经的 Torino Coupe Fulwin 车型的回忆。

设计师巧妙地利用了结构和轮廓,使汽车的内部设计(见图 6-30)与外部轮廓协调一致、融为一体。客座空间的设计秉承了简约的风格,与之形成鲜明对比的是,抛光表面和环境照明系统营造的一种高贵气质。环境照明系统在强调细节设计的同时,拓展了车内的空间。采用真皮与抛光面相结合的设计材料,以及绿色与黄色相结合的色彩组合,为 Shooting Sport 营造出一种清新、灵动、华贵的感觉。

图 6-29　Shooting Sport 概念车简约、硬朗的线条

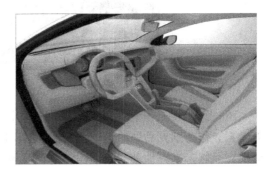

图 6-30　Shooting Sport 的内部设计

Shooting Sport 仪表盘的外形是一个白色镶边的对称外壳,凸现出其富有运动气息的光滑的绿色元件,而米黄色的仪表盘背景色则彰显了 Shooting Sport 高贵的一面。

仪表盘四周的间隙设计强调了一种流线效果,而 Shooting Sport 设置在转向盘上的各种控制按键,不仅方便了驾驶员的操作,而且没有了各种按钮的仪表台显得更加简洁、明快。

类似旅行车的尾部设计使得 Shooting Sport 拥有了宽敞的内部空间(见图 6-31),多变、多功能行李箱被设计成汽车不可分割的一部分,乘客在享受极速狂飙的同时也可以感受高尔夫运动的优雅。

而 Shooting Sport 创新地将后座分成两个大小不同的可折叠座椅,使得第三个乘客拥有更宽敞、舒适的空间。

动感的外形、宽敞的空间、舒适的内饰、Shooting Sport 的设计精神,完美地迎合了既对时尚设计具有浓厚的兴趣,又对汽车的功能性和合理性具有较高要求的消费者,从而满足了他们对动感、自由、刺激、华贵的生活方式的追求。Shooting Sport 以其多功能的休闲跑车

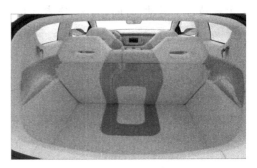

图 6-31　Shooting Sport 宽敞的内部空间

设计,诠释了一种全新的跑车理念。

7. 长安概念车 CV8

如图 6-32 和图 6-33 所示为长安汽车集团推出的 CV8 概念车。

图 6-32　长安概念车 CV8(左后)

图 6-33　长安概念车 CV8(左前)

从 2003 年上海车展的概念车杰勋,到 2004 年北京车展上的"长江鲟""龙腾",到 2005 年上海车展 SUV 概念车御风,再到 2006 年北京车展上的"星晴",长安汽车集团以惊人的研发速度,紧随国际汽车业的发展趋势,作为中国汽车业界的先锋,引领国内汽车技术发展方向,不断为用户开发出具有划时代意义的汽车。

CV8 以舒适的驾乘感受和全方位乘员保护为设计理念。整体造型秉承德系车典雅、大气的风格,内部空间宽敞,内饰豪华、工艺精湛,色彩搭配极富层次感,从外到内每个细节都洋溢着时尚、科技和奢华的韵味。

6.5　汽车的设计过程

6.5.1　制订产品开发规划

在汽车产品开始技术设计之前,必须制订产品开发规划。首先,必须确定具体的车型,就是打算生产什么样的汽车。其次是进行可行性分析,根据用户需求、市场情况、技术条件、工艺分析、成本核算等,预测产品是否符合需求,是否符合生产厂家的技术和工艺能力,是否对国民经济和企业有利。第三步是拟订汽车的初步方案,通过绘制方案图和性能计算,选定汽车的技术规格和性能参数。最后一步是制定出设计任务书,其中写明对汽车的形式、各个主要尺寸、主要质量指标、主要性能指标以及各个总成的形式和性能等具体要求。

产品开发的前期工作,是分析各方面的影响因素,明确产品开发的目的和工作方向。否则,不经过周密调查研究与论证,盲目草率上马,轻则会造成产品先天不足,投产后问题成堆;重则造成产品不符合需求,在市场上滞销,带来重大损失。

6.5.2 初步设计

汽车初步设计的主要任务是完成汽车的形状设计,主要包括如下内容。

1. 汽车总布置设计

总布置设计(又称初步造型),是将汽车各个总成及其所装载的人员或货物安排在恰当的位置,以保证各总成运转相互协调、乘坐舒适和装卸方便。为了保证汽车各部分合理的相互关系,需要定出许多重要的控制尺寸。在这个阶段,需要绘制汽车的总布置图,绘出发动机、底盘各总成、驾驶操作场所、乘员和货物的具体位置以及边界形状;也包括零部件的运动(如前轮转向与跳动)范围校核。经过汽车总布置设计,就可确定汽车的主要尺寸和基本形状。

2. 效果图

效果图(见图 6-34)是表现汽车造型效果的图画。造型设计师根据总布置设计所定出的汽车尺寸和基本形状,就可勾画出汽车的具体形象。

图 6-34　效果图

效果图又可进一步分为构思草图和彩色效果图两种。构思草图是记录造型设计师灵感的速写画(见图 6-35 和图 6-36)。彩色效果图是在构思草图的基础上绘制的较正规的绘画,需要正确的比例、透视关系和表达质感。

彩色效果图包括外形效果图、室内效果图和局部效果图,其作用是供选型讨论和审查之用。效果图的表现技法多种多样,可采用铅笔、钢笔,也可采用毛笔(水彩画或水粉画)等,而目前较流行的是混合技法——用麦克笔描画、喷笔喷染以及涂抹、遮挡等多种表现技法。只要效果良好,表现技法可不拘一格。

图 6-35　构思草图(右后部)

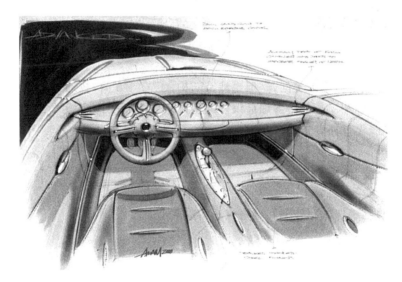

图 6-36　构思草图(车内)

3. 制作缩小比例模型

缩小比例模型(见图 6-37)是在构架上涂敷造型泥雕琢而成的,亦称油泥模型。轿车缩小模型常用 1∶5 的比例,亦即是真车尺寸的 1/5。造型泥是一种油性混合物,又称油泥,在常温下有一定硬度(比肥皂硬些),涂敷前须经烘烤。

缩小比例模型可以在彩色效果图的基础上更进一步表达造型构思,也更加形象具体,比效果图更有真实感,要求比例严格、曲线流畅、曲面光顺。雕琢一个缩小比例汽车模型,需要从各个角度审视,反复推敲,精雕细琢,因而很难在两三天内完成。

4. 召开选型讨论会

经过初步设计,绘制出一批彩色效果图和雕琢出几个缩小比例模型,就可以召开选型讨论会。会议的目的是从若干个造型方案中选择出一个合适的车型方案,以便作为技术设计的依据。

图 6-37 制作缩小比例模型

选型讨论会主要讨论审美问题,但也涉及结构、工艺等方面,故通常由负责人召集造型设计师、结构设计师和工艺师等参加会议。选型讨论会结束,说明选定车型的造型构思基本成熟,汽车的初步设计亦宣告结束。

6.5.3 技术设计

技术设计包括确定汽车造型和确定汽车结构两个方面。

1. 确定汽车造型

1) 绘制胶带图

胶带图是用细窄的彩色不干胶纸带粘贴成的 1∶1(全尺寸)汽车整车图样,可表达零部件形状及外形曲线。

胶带图的外形曲线数据取自选定的缩小比例模型,可用来审查整车外形曲线的全貌。如发现某条曲线不美观或不符合要求,可将胶带揭起重新粘贴,直到满意为止。胶带图完成后,缩小比例模型放大的曲线又要经过进一步修订。

2) 绘制 1∶1 整车外形效果图

单纯由缩小比例的绘画表达汽车的外形效果尚嫌不够,还需要绘制等大尺度(全尺寸)的彩色效果图。

现代造型设计非常重视等大的尺度感。缩小比例图样和全尺寸图样的真实感是截然不同的。打个比方,鸡雏看上去很小巧可爱,若放大 5 倍就显得太胖、太臃肿。汽车也是一样,缩小比例模型上某些圆角或曲线看上去很小巧雅致,放大 5 倍后就可能显得笨拙臃肿了。

因此,汽车形状的最后确定,不能从缩小比例的图样或模型直接放大,而应经过 1∶1 效果图和 1∶1 模型的修正,以符合等大的尺度感和审美要求。

3）制作 1∶1 外部模型

　　1∶1 外部模型是汽车外形定型的首要依据。根据缩小比例模型的放大数据,结合胶带图和 1∶1 效果图的修订情况,就可以制作 1∶1 外部模型(见图 6-38～图 6-40)。

图 6-38　制作 1∶1 外部模型(涂敷造型油泥)

图 6-39　制作 1∶1 外部模型(雕琢)

　　这个模型是在一个带有车轮的构架上涂敷造型泥经细心雕琢而成的。由于要用数以吨计的造型泥,并雕琢得细致、光整、平顺,所以制造一个 1∶1 外部模型的时间很长,通常需要几个星期。

图 6-40 制作 1∶1 外部模型(接近成型)

4)制作 1∶1 内部模型

1∶1 内部模型(见图 6-41)用以审视汽车内部造型效果和检验汽车内部尺寸。1∶1 内部模型与 1∶1 外部模型同时制作,其设计和尺寸相互配合。1∶1 内部模型的形状、色彩、覆盖饰物的质感和纹理都应制造得十分逼真,使人具有置身于真车室内的感觉。

图 6-41 1∶1 内部模型(仪表台模型)

5)造型的审批

1∶1 外部模型、内部模型、效果图完成后,需要交付企业最高领导审批,使汽车最终定型(见图 6-42)。汽车造型设计是促进汽车销售的重要竞争手段,大公司为了击败对手往往会采用频繁推出新车型的手段,对汽车造型设计的需求就十分迫切,并在整个汽车设计过程中占有愈来愈重要的地位。

图 6-42　汽车最终定型

2. 确定汽车结构

汽车造型审定后,就可以着手进行汽车结构设计。汽车的结构设计,就是确定汽车整车、部件(总成)和零件的结构。也就是说,设计师需要考虑由哪些部件组合成整车,又由哪些零件组合成部件。

零件是构成产品的最基本的、不可再分解的单元。毫无疑问,零件设计是产品设计的基础。进行零件设计时,首先要考虑这个零件在整个部件中的作用和要求;其次,为了满足这个要求,考虑零件应选用什么材料和设计成什么形状;最后,考虑零件如何与部件中其他零件相互配合和安装。

按照零件所使用的材料,可分为金属材料和非金属材料两大类。金属材料又可分为钢铁(黑色金属)材料和有色金属材料两大类。汽车所采用的非金属材料种类繁多。钢铁是汽车上所使用的最重要的材料,占全车重量的大部分。钢铁的主要优点是强度、刚度和硬度高,耐冲击和耐高温,因而用于汽车上载荷大、高温、高速的重要零件。所谓强度高,就是这种材料可承受较大的力而不被破坏;所谓刚度高,就是这种材料可承受较大的力而变形很小。

汽车的零件在工作时,有的零件承受拉力而有伸长的趋势,有的零件承受压力而有缩短的趋势,有的零件承受弯曲力矩而趋于弯曲变形,有的零件承受扭转力矩。事实上,许多汽车零件的受力比上述例子复杂得多。如汽车变速器的轴就同时承受了拉、压、弯、扭多种力的作用。汽车零件不仅承受静载荷,而且,由于汽车的行驶随路况变化,还要承受十分复杂的动载荷。作为汽车设计师,必须充分考虑零件的受力情况,经过周密的计算,确保零件的强度和刚度的数值在允许的范围内。

确定汽车零件的形状,也要花费汽车设计师许多心血。例如,发动机汽缸体的形状就非常复杂,需要设计汽缸和水套,考虑与汽缸盖、油底壳的接合,安装曲轴、进气管、排气管和各种各样的附属设备,乃至汽缸体内部细长的润滑油通道……,所有这些因素都应考虑周全,每个细节均不能遗漏。

汽车车身零件的形状就更特别,既不是常见的平面或圆柱体,也不是简单的双曲面或抛物面,而是造型设计师根据审美要求而塑造的。在确定零件的形状时,还需要考虑零件的制造工艺方法,例如零件在机床上怎样装夹、定位,刀具怎样加工,半成品怎样传送、堆叠,等等。

设计师必须把所设计的汽车结构用图纸表达出来。图纸是设计师与企业中的工艺师、技工和其他人员交流的"工程语言"。我国颁布了十多项关于机械制图的国家标准,规定了绘制机械产品图纸的方法。在工科院校还设置专门的课程,训练学生掌握这种标准的工程语言。

图纸绘制的方法,是按照投影原理并借助于几个视图、剖面或局部放大等手段,把产品的立体形状和内部结构详细而清晰地表达出来。图纸应按指定的比例绘制并且写出对产品的技术要求。零件图需要详细地标注出各部分的尺寸。总成图应清楚地表达各个零件之间的装配的关系并标注出相关的装配尺寸。设计一辆汽车,需要绘制数以千计的图纸。一些复杂的图纸,图面的长度竟达 10~15m。

复习思考题

1. 对汽车的设计要求主要有哪些?
2. 常用的现代汽车设计技术主要有哪些?
3. 简述汽车开发的一般流程。
4. 什么是概念车? 设计概念车的目的和意义何在?
5. 汽车油泥模型一般分为哪几种?

第 7 章　汽车试验工程

!教学提示：汽车试验贯穿汽车设计、研发、制造的全过程，对确保汽车综合性能的稳定、可靠具有重要意义。

!教学要求：本章主要介绍汽车的试验项目、试验方法和试验设备，重点内容是汽车试验方法和试验设备。要求学生了解常用的汽车试验设备，熟悉汽车试验项目，掌握基本的汽车试验方法。

7.1　汽车整车性能试验

汽车性能试验是为了测定汽车的基本性能而进行的试验，主要包括以下试验项目。

7.1.1　动力性能试验

动力性能试验是指对常用的三个动力性能指标——汽车的最高车速、加速性能和爬坡性能进行实际试验。最高车速试验的目的是测定汽车所能达到的最高车速，我国规定的测试区间是 1.6km 试验路段的最后 500m。

加速试验一般包括起步到给定车速、高速挡或次高速挡，以及从给定初速加速到给定车速两项试验内容，试验通常用图 7-1 所示的非接触式汽车性能试验仪进行。

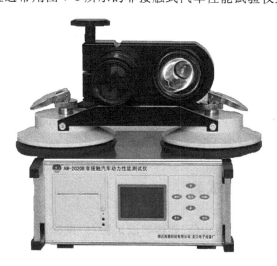

图 7-1　非接触式汽车性能试验仪

图 7-2 为重庆力帆 520 乘用车进行性能测试的情形,安装在发动机舱盖和前保险杠上的设备即为非接触式汽车性能试验仪。

爬坡试验包括最大爬坡度与爬长坡两项试验。最大爬坡度试验最好在坡度均匀、测量区间长 20m 以上的人造坡道上进行,如果人造坡道的坡度对所测车不合适(例如坡道过大或过小),可采用增、减载荷或变换挡位的办法做试验,再折算出最大爬坡度。

图 7-3 为军用汽车在进行爬坡试验,图 7-4 和图 7-5 为奥迪乘用车进行雪地爬坡试验的情形。

图 7-2   重庆力帆 520 乘用车在进行性能测试

图 7-3   军用汽车在进行爬坡试验

图 7-4   奥迪乘用车雪地爬坡试验(仰视)

图 7-5   奥迪乘用车雪地爬坡试验(俯视)

爬长坡试验主要用来检查汽车能否通过坡度为 7%～10%、长 10km 以上的连续长坡,试验中不仅要记录爬坡过程中的换挡次数、各挡位使用时间和爬坡总时间,还要观察发动机冷却系统有无过热,供油系统有无气阻或渗漏等现象。

7.1.2 燃料经济性试验

通常做道路试验或做汽车测功器(亦称转鼓试验台)试验,后者能控制大部分的使用因素,重复性好,能模拟实际行驶的复杂情况,能采用各种测量油耗的方法,还能同时测量废气排放。

图 7-6 所示为汽车转鼓试验台的主要构成。其中,转鼓模拟道路路面,飞轮模拟汽车当量惯性,增速箱使飞轮和加载装置不致过大,加载装置模拟汽车行驶阻力,轮胎冷却鼓风机防止轮胎过热,发动机冷却鼓风机用来冷却发动机,测量系统测量汽车驱动力、垂直力、车速、燃油经济性以及排放等参数,而控制系统用于对试验工况进行控制。

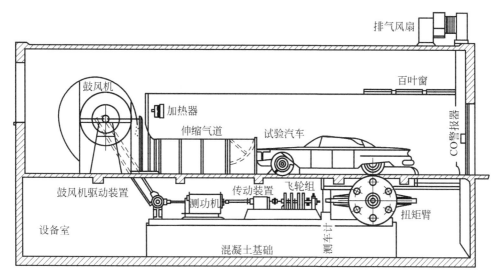

图 7-6　汽车转鼓试验台的主要构成

7.1.3　制动性能试验

汽车制动性能的优劣直接关系到汽车行驶的安全性,可用制动效能和制动效能的稳定性进行评价。常进行制动距离试验、制动效能试验(测定制动踏板力和制动减速度关系曲线)、热衰退和恢复试验、浸水后制动效能衰退和恢复试验等。

7.1.4　操纵稳定性试验

操纵稳定性试验类型较多,如用转弯制动试验评价汽车在弯道行驶制动时的行驶方向稳定性;用转向轻便性试验评价汽车的转向力是否适度;用蛇形行驶试验来评价汽车转向时的随从性、收敛性、转向力大小、侧倾程度和避免事故的能力;用侧向风敏感性试验来考察汽车在侧向风作用下直线行驶状态的保持性;用抗侧翻试验考察汽车在为避免交通事故而急打转向盘时是否有侧翻危险;用路面不平度敏感性试验来检查汽车高速行驶时承受路面干扰而保持直线行驶的能力;用汽车稳态回转试验确定汽车稳态转向特性等。

图 7-7 所示为汽车进行侧倾试验的情形。

7.1.5　平顺性试验

平顺性主要是根据乘坐者的舒适程度来评价的,所以又叫做乘坐舒适性,其评价方法通常根据人体对振动的生理感受和保持货物的完整程度来确定。汽车平顺性试验可以在汽车试验场进行,也可以在室内试验台上进行(见图 7-8)。

图 7-7 侧倾试验

图 7-8 平顺性测试试验

典型的试验有汽车平顺性随机输入行驶试验和汽车平顺性单脉冲输入行驶试验,前者用以测定汽车在随机不平的路面上行驶时,其振动对乘员或货物的影响;后者用以评价汽车行驶中遇到大的凸起物或凹坑冲击振动时的平顺性。

7.1.6 通过性试验

一般在汽车试验场和专用路段上进行通过性试验。

汽车通过性试验主要考察以下几个方面:

(1) 通过耕地、沙漠、雪地、沼泽等松软地面的能力;

(2) 越过垂直障碍及沟渠的能力(图 7-9 为德国奔驰军用越野车乌姆尼克越过垂直障碍的测试照片);

(3) 爬坡及在侧坡上行驶的能力(图 7-10 为爬坡测试过程的照片);

(4) 通过崎岖不平地面的平均速度;

(5) 操纵性能以及各方面的灵活性;

(6) 通过水区障碍的能力(图 7-11 为军用越野车进行涉水试验的情形);

(7) 空运的可能性,以及用其他方法运输的方便性。

(a) 跨上垂直障碍

(b) 跨过垂直障碍

图 7-9 越过垂直障碍

(a) 接近陡坡   (b) 爬上陡坡

图 7-10 爬坡测试过程

图 7-11 军用越野车涉水试验

7.1.7 安全性试验

安全性试验项目很多,而且耗资巨大,尤以汽车碰撞试验为甚。

1. 碰撞试验的作用和意义

汽车碰撞试验以再现交通事故的方式来分析汽车在碰撞过程中车内乘员与车辆相对运动状态、乘员及车辆伤害状态等,通过分析结果可以改进车辆结构安全性设计和增设汽车乘员保护装置。

通过对试验车辆上安放假人的伤害值评价,可以得到对汽车整体安全性能的综合评价;通过进行汽车碰撞试验还可以对汽车座椅、座椅头枕、安全带、门锁和门铰链、转向系统、安全气囊、油箱、儿童约束系统等部件进行安全性能评价,对汽车车身上的安全带连接部、座椅连接部、车身结构强度与吸能能力、车内凸物等方面进行安全性能评价。

汽车碰撞试验是在试验室里完成的。通过牵引,使汽车以一定的速度撞向事先设置好的障碍物,测量并记录相关数据,然后根据各种测试数据来判断试验车的安全性。其意义在于在汽车的设计制造阶段就将汽车的安全性作为极其重要的评价指标,并通过一系列的试验获得各种关键数据以提高汽车的被动安全性,最大限度地保障人员安全。

2．汽车碰撞防护装置

（1）安全带。汽车前部发生碰撞时，首先汽车要停止运动，车内乘员在惯性力作用下仍以原来速度继续向前运动，乘员将会与转向盘、仪表台、前挡风玻璃相碰，因而可能受到严重伤害；系安全带的乘员可以随着汽车停止运动而逐渐停止向前运动。目前汽车上广泛采用三点式安全带。

（2）保险杠。汽车正面发生碰撞时，它可以吸收撞击能量，缓和冲击，降低撞车伤害。

（3）安全气囊。如果碰撞剧烈，乘员向前运动更快，即使系了安全带，在完全停止运动前，仍会与车内物相碰。气囊的作用是保护乘员，减少其与车内物相碰的可能性，均匀地分散头、胸的碰撞力，吸收乘员运动能量，在缓冲前碰撞或近似前碰撞严重性方面，与安全带协同工作，共同为乘员提供保护。

3．汽车碰撞试验

研究汽车被动安全性能的目的是力求在事故中最大可能地避免或减缓对人员造成的伤害。所以，通过伤害生物力学对交通事故的保护客体——人体的伤害进行研究，了解造成伤害的机理、人体对碰撞的忍受能力，以制定伤害评价指标，是汽车碰撞安全性研究的基础。

提高汽车碰撞安全性的目的是在汽车发生碰撞时确保乘员生存空间、缓和冲击、防止发生火灾等。根据上述汽车碰撞安全性要求，试验方法可以分成以下三类：实车碰撞试验、滑车模拟碰撞试验和台架试验。

汽车发生事故时主要是正面碰撞、侧面碰撞、偏置碰撞、追尾碰撞和车辆翻滚等，所以对实车主要作正面碰撞试验、侧面碰撞试验、偏置碰撞试验、追尾碰撞试验和车辆翻滚试验。

碰撞试验是指被检验汽车以某一速度与一个刚性或者可变性壁障发生碰撞的试验。其目的是检查保险杠、车厢前部前围板区域所能吸收冲击能量的程度，考验车厢结构强度，借助车内假人的传感器所记录的数据，换算出和法规相对应的伤害指标，判断试验样车的碰撞安全性。

4．被动安全评价

1）乘员安全评价

碰撞试验假人（dummy，见图 7-12）又称为模拟人试验装置（anthropomorphic test devices），是用于评价碰撞安全性的标准人体模型。

假人的尺寸、外形、质量、刚度和能量吸收性能与相应的人体十分相似，所以当假人处于模拟的碰撞事故条件下时，其动力学响应与相应的人体也十分相近。

在假人身上装备有各种传感器（见图 7-13），可用于测量人体各部位的加速度、负荷、挤压变形量等。通过对这些物理量的分析、处理，可以定量地衡量汽车的碰撞安全性。

按人体类型分，假人可分为成年人假人和儿童假人。成年人假人按体型大小又分为中等身材男性假人、小身材女性假人和大身材男性假人等。

目前，随着碰撞试验技术的发展，已经研发出一系列的假人，形成了碰撞试验假人家庭（见图 7-14），甚至有孕妇假人（见图 7-15），可供研究在实车碰撞中对孕妇和胎儿的伤害情况。

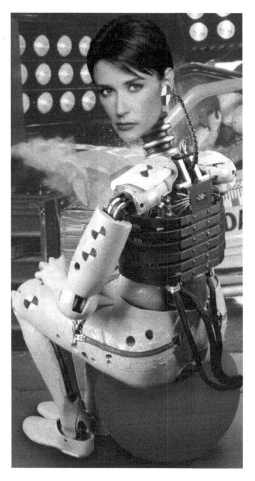

图 7-12　碰撞试验假人

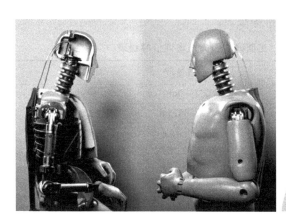

图 7-13　在假人身上装备的各种传感器

图 7-14　碰撞试验假人家庭

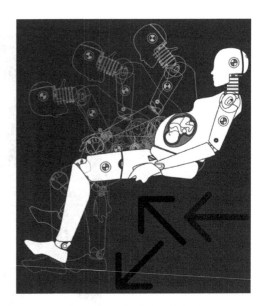

图 7-15　碰撞试验孕妇假人

在汽车碰撞试验中最常用到的是中等身材假人,其代表欧美男性第 50 百分位成年人的平均身材。为了在设计中考虑不同的人体体型,又按照欧美人体分布的两端极限,分别开发了小身材和大身材假人。小身材女性假人代表欧美第 5 百分位女性成年人的体型,大身材男性假人代表欧美第 95 百分位男性成年人的体型。儿童假人的身高、体重是指定年龄组儿童的平均身高和体重,而不考虑性别。

在国内进行实车碰撞试验时,可选用符合我国人体数据的第 50 百分位成年男子假人,并穿上外衣、长裤和鞋子。通过第 50 百分位男性 Hybrid Ⅲ假人(见图 7-16)的伤害程度进行成人乘客的全性评价,根据头部、颈部、胸部、腿部等主要部位的伤害程度对试验样车的被动安全性进行评价。

假人头部伤害指数(head injury criterion,HIC)不得大于 1000。

表 7-1 为正面碰撞假人伤害评价等级表。

表 7-1　正面碰撞假人伤害评价等级表

项　　目	好	可以接受	尚可	差
头部伤害指标(HIC)	<750	750～899	900～999	≥1000
胸部压缩	<50mm	50～59mm	60～74mm	≥75mm
胸部加速度	<60g	60g～74g	75g～89g	≥90g
大腿轴向力	<7.3kN	7.3～9.0kN	9.1～10.8kN	≥10.9kN
小腿指数	<0.8	0.8～0.9	1.0～1.1	≥1.2

2) 结构安全性评价

对碰撞过程中汽车结构性能的评价,主要是衡量乘员存活空间的完整性。通过对变形测量、技术报告、照片和高速摄影进行分析,评定汽车结构安全性等级。

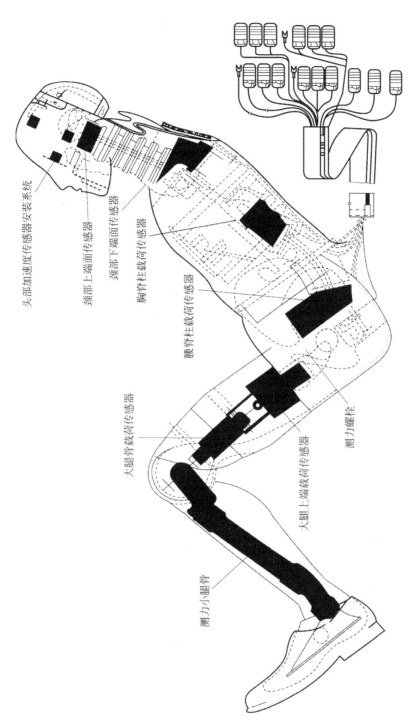

头部加速度传感器安装系统

颈部上端面传感器

颈部下端面传感器

胸脊柱载荷传感器

腰脊柱载荷传感器

大腿骨载荷传感器

大腿上端载荷传感器

测力螺栓

测力小腿骨

图 7-16　男性 Hybrid Ⅲ 假人及其传感器位置示意图

表 7-2 为正面碰撞试验汽车结构安全性评价等级。

表 7-2　正面碰撞试验汽车结构安全性评价等级

等级	伤害的可能性	色标
5 星	＜10％	蓝绿
4 星	10％～19％	鲜绿
3 星	20％～34％	黄
2 星	35％～45％	红
1 星	＞45％	黑

图 7-17 为上海华普 M203 乘用车整车撞车试验的情况。

(a) 撞车瞬间　　　　　　　　　　　　　　　　(b) 撞车后

图 7-17　整车撞车试验

图 7-17(a)是正面冲撞；图 7-17(b)是汽车以 50km/h 的时速剧烈撞击后的情况,车门开启自如,气囊弹出,驾乘员(假人)稳坐其中。

3) 乘员约束

在所有碰撞事故中均须对乘员约束系统(安全带、座椅、安全气囊和头部约束,见图 7-18)进行评价。表 7-3 为正面碰撞乘员约束系统的评价等级。

图 7-18　碰撞事故中的乘员约束系统

表 7-3 正面碰撞乘员约束系统评价等级

等级	评 定 原 则
差	碰撞时一个车门打开；一个座椅开始全部或部分脱离，一侧或两侧向前滑动，或椅背损坏（同样适用于无乘员的座椅）；乘员向安全气囊的一侧滑出，并造成 70g 或 70g 以上的硬性撞击（同样适用于安全气囊故障）；安全带故障（包括安全带、带扣、固定装置和卷收器）；一个乘员的头部部分越出车外 25% 以上（如果是经侧窗部分越出，而侧窗又符合碰撞约束条件，则该项不使用）；方向柱严重移动并增加伤害的危险
尚可	乘员向安全气囊的一侧滑出，但未造成硬性撞击（<70g）；乘员座椅完全倾斜或扭曲（未损坏或滑动）；安全气囊完全爆发但减速度太大（70g 或 70g 以上），以及头部伤害准则（HIC）>750；驾驶员头部或胸部撞击转向盘，造成硬性撞击（70g 或以上）；乘员向前运动并与仪表板发生硬性撞击（70g 或以上）；乘员向前运动并足以造成膝部撞击
可接受	安全气囊没打开时，无头部或胸部撞击，但减速度较大（70g 或以上）；安全气囊打开时，头部有较大减速度（70g 或以上），但 HIC 为 750 或以下；驾驶员头部或胸部撞击转向盘，但减速度较低或中等（<70g）；在回弹时，乘员离开椅背或头部约束，乘员头部撞击窗框、B 立柱或车顶
好	无头部、胸部撞击（除了安全气囊外），减速度适度（<70g），回弹能良好控制，乘员较小横向或垂直运动

7.2 汽车总成零部件试验

7.2.1 发动机试验

汽车总成零部件试验通常包括性能、强度、耐久性等内容。发动机是汽车中最重要的总成，其性能试验主要有功率、怠速、空转特性、负荷特性、调速特性、起动、机械效率、多缸工作均匀性、排放和噪声等试验。

发动机试验一般在发动机台架试验室内进行。图 7-19 为美国 Chrysler 公司的发动机台架试验室。

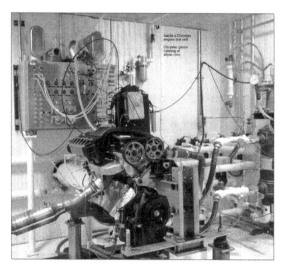

图 7-19 美国 Chrysler 公司的发动机台架试验室

7.2.2　汽车零部件试验

对发动机的重要零部件(如曲轴、连杆、活塞等运动件和缸盖、缸体等固定件)应进行强度试验,整机和重要部件常需进行耐久性试验,重要部件的耐久性试验可在专门的试验台上进行,整机的耐久性试验则在发动机台架上进行。

图 7-20 为常用的 MTS 零部件电液伺服试验台。

为了缩短试验时间,通常强化试验条件,如在额定工况、全负荷最大扭矩工况、超负荷超转速工况下进行。耐久性试验前后要全面测量被测零件的尺寸和性能,以便评价磨损情况和动力性、经济性、排放等指标的稳定程度。

图 7-20　MTS 零部件电液伺服试验台

许多汽车承载系统的寿命都与"道路-汽车"系统产生的随机振动特性有关。因此,可以按载荷谱提供激振力(或位移)的电子液压振动试验台成了许多零部件试验中不可缺少的加载工作台。图 7-21 为 MTS 十通道道路模拟机在进行试验。

(a) MTS 垂直十通道道路模拟机

(b) MTS 轴向十通道道路模拟机

图 7-21　MTS 十通道道路模拟机在进行试验

7.3　汽车试验场

7.3.1　汽车试验场的作用

汽车试验场,亦称试车场,是重现汽车使用过程中遇到的各种道路条件和使用条件,进行汽车整车道路试验的场所。为满足汽车的试验要求,汽车试验场将实际存在的各种道路经过集中、浓缩、不失真地强化成典型道路。汽车试验场的主要试验设施是集中修筑的各种试验道路,如高速环形跑道(见图 7-22)、高速直线跑道、可靠性强化试验路段、耐久性试验跑道、爬坡试验路以及特殊试验路段,如噪声试验路段、比利时路(Belgian road,见图 7-23)、卵石路(见图 7-24)、搓板路、随机波形路、扭曲路、越野路、涉水路以及灰尘洞、淋雨室、涉水池等。

图 7-22　高速环形跑道　　　　　　　　　图 7-23　比利时路

图 7-24　卵石路

　　由于汽车试验在汽车开发过程中处于极为重要的地位,因此许多汽车生产企业都投入巨额资金修建大型的汽车综合试验场,例如通用汽车公司的 Milford 汽车试验场、日本汽车研究所 JARI 汽车试验场、英国汽车工业研究协会的 MIRA 汽车试验场等(见表 7-4)。

表 7-4　典型的汽车试验场

汽车试验场名称	高 速 环 道		
	形状	长度/km	设计最高车速/(km/h)
Milford(GM)	圆形	7.2	177
Romeo(Ford)	长圆形	8.0	225
Chelesea(Chrysler)	长圆形	7.6	225
Volkswagen	电话听筒形	20.5	190
Ohio(TRC)	长圆形	12	225
MIRA	三角形	4.4	145
JARI	长圆形	5.5	190
海南汽车试验场	电话听筒形	6.0	120

汽车试验场名称	高速环道		
	形状	长度/km	设计最高车速/(km/h)
东风襄樊汽车试验场	长圆形	5.3	160
总装备部定远汽车试验场	长圆形	4	120
交通部公路交通试验场	长圆形	5.5	190
一汽农安汽车试验场	长圆形	4	210

7.3.2 我国的汽车试验场

海南汽车试验场始建于1958年,是我国第一个现代化湿热气候的汽车道路试验基地。该试验场设在海南省五指山区琼海市加积镇,海拔670m,年平均气温23.9℃,年平均湿度85%,是对车辆进行湿热气候实验的理想场所。

襄樊汽车试验场始建于1985年,隶属东风汽车工程研究院。试验场占地面积2902亩[①],内有高速环道、直线性能路、2#综合路、比利时环道等近30km试验路面和溅水池、标准坡、灰尘洞等试验设施。试验场设有汽车整车、总成、零部件等试验室十余个,国家进出口车商检试验室两个,可满足国内外机动车辆的新产品开发试验、产品质量鉴定的需要,是一个集室内零部件台架试验、整车试验以及道路试验、服务保障于一体的综合性的汽车产品研发基地。同时还具有汽车质量监督检验、进出口汽车商品检验、机动车排气污染监督检验、新产品定型以及汽车专用仪器和汽车检测线检验校准等能力,是目前全国功能最全、管理最好、服务一流的现代化汽车试验基地。

图7-25为襄樊汽车试验场全景图,图7-26为试验道路组成图。

图7-25 襄樊汽车试验场

此外,我国还有位于安徽省定远县境内的解放军装备发展部定远汽车试验场、具有寒带气候特点的一汽集团吉林农安汽车试验场(国内唯一具有侧向风试验设备的汽车试验场)、交通部北京汽车试验场、上海大众汽车试车场等汽车试验场。

---

① 1亩=666.6m²。

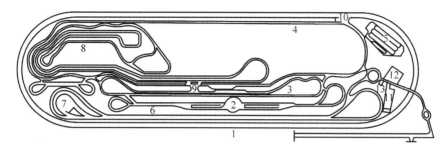

图 7-26　襄樊汽车试验场布置示意图

1—高速环道；2—综合试验路；3—比利时环道；4—普通路环道；5—标准坡道；6—综合性能路；
7—转向试验圆广场；8—二号综合路；9、10—停车场；11—中控室；12—油库；13—控制岗

7.3.3　试验场的道路设施

1) 高速环形跑道

高速环形跑道长度约 4～8km，多数采用两端圆形路和中间直线路的形状，也有椭圆形或其他形状；设有 3～5 条车道。这种跑道的设计最高车速通常在 200km/h 以上，可供汽车长时间持续高速行驶，以检验汽车的高速性能和零部件的可靠性。

2) 高速直线跑道

高速直线跑道是水平直线路，长度约 2.5～4km，可供汽车作动力性、制动性和燃料经济性试验。为了节省建设费用，许多试验场将高速直线跑道设置在高速环形跑道的直线部分，两者结合使用。

3) 可靠性、耐久性试验道路

为模拟汽车在各种好路和坏路上行驶的情况，在汽车试验场内除了建造沥青路外，也建造沙土路和各种不同的砾石路，以便进行强化试验，使汽车在较短的行驶里程内就能暴露问题。

我国海南汽车试验场的部分试验路面见表 7-5。

表 7-5　海南汽车试验场部分试验路面

| 高速跑道 | 性能跑道 |

ABS 试验路

盐水路

沙滩路

搓板路

扭曲路

条石路

石板路

标准坡道

石块路

波形路

鱼鳞坑路

沙土路

卵石路（甲）

卵石路（乙）

操纵稳定性试验广场

碎石路

续表

| 通过性路 | 凸块路 |

4) 扭曲试验路

　　汽车在扭曲试验路(见图 7-27)上行驶时,车身和车架、前后轴、悬架以及汽车传动系都产生反复扭转,以考验这些部件的性能。

图 7-27　定远扭曲试验路

5) 坡路

　　汽车试验场通常还建有各种坡度的坡路,用以检验汽车的爬坡能力,还可考察驻车制动器(手刹)在坡道上的停车能力、汽车在坡路上起步时离合器的工作状况等。

　　图 7-28 为长城哈弗 SUV 在做 40% 坡道的爬坡试验,图 7-29 为我国东风猛士高机动性军用越野车轻松爬上 60% 陡坡的情形。

6) 操纵性、稳定性试验设施

　　操纵性、稳定性试验设施最常见的是圆形广场(见图 7-30),其直径 100m,可供汽车转向或绕"8"字形行驶试验。有的圆形广场还配有洒水装置,使地面生成均匀的水膜以测试汽车的侧滑情况。

　　易滑路用来试验汽车在冰雪或附着条件很低的路况下的行驶性能和制动性能,常采用磨光、洒水及冰雪等方法降低路面的附着系数,也可以使用天然的沙漠和冰雪路面进行汽车在易滑路上的性能试验(见图 7-31 和图 7-32)。

图 7-28　长城哈弗 SUV 在做 40％坡道的爬坡试验

图 7-29　东风猛士高机动性军用越野车轻松爬上 60％的陡坡

图 7-30　操纵性、稳定性试验用圆形广场

图 7-31　易滑路性能试验(沙漠路)

图 7-32　易滑路性能试验(冰雪路)

侧向风(横向风)路段是考验汽车空气动力稳定性的设施。丰田汽车公司在试车道路旁排列有 15 个直径为 2.7m 的大型风扇,可产生类似垂直于道路的侧向风,以考验汽车在侧向风作用下的操纵性能。

7) 涉水池

涉水池(见图 7-33)有浅水池(水深约 0.2m)和深水池(水深 1～2m)两种,用以检查汽车涉水时水对汽车各种部件的影响,如电气设备、制动器、发动机进/排气管浸水后的工作情况等。

图 7-33　涉水池

7.4　汽车风洞

7.4.1　汽车风洞的组成

汽车风洞是用来研究汽车空气动力学的一种大型试验设施。其实风洞不是洞,而是一条大型隧道或管道,里面有一个巨型风扇,能产生强劲的气流。气流经过一些风格栅,减少涡流产生后才进入试验室。

按照尺寸的大小,风洞可分为供缩小比例模型试验的小型风洞和供整车试验的大型风洞两种。按照气流流动的形式,风洞又可分为直流式和回流式两种。

图 7-34 为整车试验风洞的一般布置。汽车被固定在天平平台 12 上,通过空气动力天平 10 测定试验风速下的 6 个气动力分量(阻力、升力、侧向力、俯仰力矩、侧倾力矩和横摆力矩)。用道路试验的办法是不可能同时测得空气作用力的 6 个分力的。

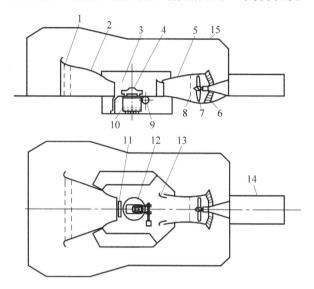

图 7-34　整车风洞示意

1—阻尼网；2—收缩段；3—试验段；4—试验汽车；5—扩散段；

6—螺旋扩散片；7—风扇叶片；8—安全网；9—转鼓试验台；10—空气动力天平；

11—附面层吸缝；12—天平平台；13—导流器；14—动力与传动装置；15—建筑物

附面层吸缝 11 用于消除气流造成的地面附面层对试验结果的影响。图 7-34 中转鼓试验台 9 可在模拟环境条件下做汽车性能试验。

7.4.2　汽车风洞的用途

风洞的最大作用是用来测量汽车的风阻,风阻的大小用风阻系数 C_d 表示,风阻系数越小,说明汽车受空气阻力影响越小。

当然,除了用来测量风阻外,风洞还可以用来研究气流绕过车身时所产生的各种效应,如升力、下压力等,还可以模拟不同的气候环境,如炎热、寒冷、下雨或下雪等情况。这样,工程师们便可以知道汽车在不同环境下的工作情况,特别是发动机散热器(冷却水箱)散热、制动器散热等问题。

新车在造型设计阶段,必须将汽车制成风洞试验模型进行风洞试验,以便改进汽车的外形设计,提高空气动力性能。

因而,风洞试验就成为研究汽车空气动力性能的最有效的手段。

风洞试验还可测定汽车表面的压力分布情况(见图 7-35)以及借助于烟雾、丝带、油膜等显示汽车周围的气流流动情况(见图 7-36 和图 7-37)。

风洞是在飞机制造业最先应用的,从 20 世纪 60 年代起,世界各大汽车公司和相关研究机构开始建立自己的风洞试验室。如德国大众汽车公司的多用途风洞试验室,可进行模拟

图 7-35　汽车表面压力分布测量试验

图 7-36　气流通过汽车顶部的情形(左前侧观察)

图 7-37　气流通过汽车顶部的情形(右侧观察)

多种环境条件下的汽车风洞试验,空气温度可在−30～45℃之间调节,湿度为 5％～95％,最大风速为 180km/h。

过去风洞试验中车轮是不转的,实际上转动的车轮对空气阻力系数也有一定影响。因此,近年来不少风洞纷纷安装转鼓以便能更好地模拟汽车行驶状态。带有转鼓测功器的全天候整车风洞功能较多,除可对汽车的空气动力学性能进行测试、评价外,还可对严寒、高温、潮湿等条件下的汽车性能进行测定。

7.4.3　典型汽车风洞

图 7-38 为沃尔沃公司的汽车风洞试验室,其测试区域长 15.8m,宽 6.6m,高 4.1m,测试平台直径为 6.6m。

该风洞不仅能模拟车身四周的高速气流,还能模拟车底气流,甚至能够模拟轮胎在平整路面上高速旋转时的风阻(见图 7-39),是目前全球汽车制造商自有风洞试验室中最先进的。

风洞的核心部件是巨型风扇(见图 7-40),风扇电动机的功率高达惊人的 5MW (6800hp),风扇直径为 8.15m。风扇拥有 9 个叶片,叶片由强度极高的碳纤维制成,风速高达 250km/h,控制精度为±0.18km/h,车底的滚动钢带能模拟的最高车速达到 260km/h。

目前,我国最大型的风洞是中国航空动力研究所的风洞试验室,主要承担中国航天(火箭、导弹)和航空机械(飞机)的风洞试验任务,也可用于汽车、建筑物、运动设备的风洞试验。

图 7-38　沃尔沃公司的汽车风洞试验室

图 7-39　模拟轮胎在平整路面上高速旋转时的风阻

图 7-40　沃尔沃汽车风洞的巨型风扇

　　经过多年建设,国内第一个汽车风洞——上海地面交通工具风洞中心已经在同济大学嘉定校区落成启用(见图 7-41),为我国汽车设计研发提供了强有力的试验手段。

　　在其空气动力声学试验室内,通过喷出的白色烟雾,可以清楚看出车辆在高速行驶中风向的变化(见图 7-42)。

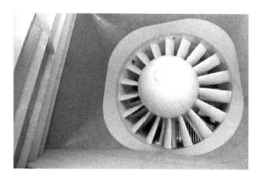

图 7-41　上海地面交通工具风洞中心的风机

图 7-42　车辆在高速行驶中风向的变化

复习思考题

1. 汽车整车性能试验主要包括哪些试验项目?
2. 汽车总成、零部件性能试验主要包括哪些试验项目?
3. 简述汽车试验场的组成和作用。
4. 简述汽车风洞的组成和作用。

第 8 章 汽车制造工程

⚠ **教学提示**：汽车生产是高度发展的大工业生产，汽车制造采用了大量的先进制造技术，是现代制造工艺的集中体现。

⚠ **教学要求**：本章主要介绍汽车制造的特点和汽车制造工艺流程，重点内容是汽车制造工艺流程。要求学生了解汽车制造的特点，熟悉汽车零部件的典型制造工艺，掌握汽车制造的基本工艺流程。

8.1 汽车制造的特点

汽车是复杂的机电产品，又具有大批量、多品种的特点，这就决定了它的生产是高度发展的大工业生产。现代汽车工业的特点集中了现代大工业生产的特点，可从技术方面、社会方面和组织方面加以说明。

8.1.1 汽车制造的技术特点

1. 高度分工的专业化生产

在汽车工业兴起的头 30 年，主要趋势是扩大工厂规模、高度综合化，也就是"大而全"。最典型的是福特公司在 20 世纪 20 年代末建成的露奇河厂（River Rouge Plant），后来苏联的高尔基汽车厂乃至我国的第一汽车制造厂也是按这种模式建立的。

但是随着汽车工业的发展，大而全的缺点也暴露出来了。首先，不能适应产品快速改型换代的要求；其次，每个分厂还是比专业厂的规模小，竞争能力也不强；第三，由于机构过于庞大，难以管理，领导对次要环节无暇顾及，妨碍了它们的自主发展和进步。因此，后来汽车厂趋向于分工细化，分成若干个专业厂。

汽车的生产过程是先由若干零件组成合件或部件，由小的合件或部件组成大的部件或总成，再由多个总成构成系统，进而由若干系统组合，构成整车。从零件到汽车有几个界限明显的层次，这样就可以进行生产分工，一个生产单位生产某一具有独特功能和相对完整性的部件或总成，并对这个部件或总成的功能和质量负责。

2. 零部件全球采购

汽车的零部件除了金属制品外，还有非金属制品，如橡胶、玻璃、塑料、石棉、纺织品等，这些产品只能由专业厂生产。即使是金属制品，有些也是由专业厂生产为宜，如电机、仪表、轴承、标准件等。汽车生产的分工首先是不同的专业生产厂的分工。由零部件专业厂组成的汽车零部件工业在发达国家是很强大的，有"小型巨人"之称。它们拥有很强的技术开发力量和先进的生产手段，进行多品种、系列化、大批量、专业化生产，因而质优价廉，面向全世界的汽车制造厂和用户，有很强的竞争力。

自从 20 世纪 90 年代初通用汽车公司成功地实施了以降低成本为核心的全球采购战略以来，世界上许多汽车整车企业不断降低零部件自制率和减少协作厂数，实行全球生产、全球采购的策略，从原先的向多个零部件厂商采购变为向少数系统供应商采购；从单个零件采购转变为模块采购；从国内采购转为全球采购。这些变革有力地推动了零部件企业与整车企业之间的相互独立与剥离。整车企业对所需的零部件实行全球采购，谁家产品的质量好、价格低就买谁的，不必拘泥于应用原来本集团公司的零部件企业。

3. 互换制

互换制的基础是零件的公差。在零件设计时必须考虑具体的配合要求，根据配合要求规定各有关部位的名义尺寸及极限偏差，即公差。凡是在公差范围内的零件，装配时都可以不经额外加工而达到预定的配合。这样，互换制就可以大大简化装配过程，提高生产率，而且在需要更换零件时也非常简便。

互换制的推行还为零部件的专业化生产创造了条件。许多机械零件都已标准化了，如各种紧固件、连接件、轴承等，任何一家工厂生产的都可以互相通用。这就使专业化生产成为可能。

为了实行互换制，在生产中要采取一系列保证措施：

(1) 依靠工艺装备保证加工精度，而不是依靠工人对每个零件进行调整；

(2) 使用专用量具检查每个零件是否符合公差要求，而不是使用万能量具；

(3) 对量具进行定期检查维修，以保证量具准确可靠；

(4) 制定各级计量标准以及标准的递进方法，使各企业有共同的计量标准，避免发生混乱。

对于各种机械零件的公差配合，各国都有国家标准，国际标准化组织（ISO）也有详细的规定，在汽车设计中广泛采用这些标准，用以保证零件的互换性。

4. 流水作业

流水作业是一种生产组织形式，是汽车工业首先发展起来为大批量生产服务的。由于总装采用了流水作业，大大加快了生产速度，使各分装工序和其前的加工工序不得不采取同样的措施以加快进度，于是输送各种零部件的输送带、输送链被广泛采用，整个厂的生产逐步转移到流水作业方式上来了，生产过程变得协调顺畅，生产效率大大提高。

现在，流水作业在汽车生产中得到充分的发展。汽车的总装生产线从车身的焊接开始，经过涂装（喷漆）、烘干、内饰、机械安装、附件安装、加油加水、调整试车，最后检查到新车下线，整条总装生产线由若干段空中、地面及地下的输送带组成。

沿线设置各工位所需零部件的周转库，并用输送带与大件分装线相连接，就像支流汇入主流一样。这样复杂、庞大的机电一体化系统是现代科学技术的伟大成就之一。

汽车零件的机械加工基本上采用流水作业方式。铸造的流水作业最彻底,从造型、浇铸、冷却到出铸件、空箱返回、再造型……组成一条环形铸造生产线。锻造和冲压一般为若干零件轮番生产的短流水线,在压力机上设置快速换模装置。

5. 生产过程自动化

汽车产量的增加促使汽车生产过程自动化,自动化不但提高了生产速度,降低了生产成本,而且能保证产品质量稳定。

生产过程自动化是从工艺过程开始的,首先是加工机床的半自动化和自动化。

生产自动化的另一种发展趋势是采用程序控制和数字控制,在机床上安装电子或液压控制系统,按设定程序对工件进行加工。数控机床比专用机床更加灵活,可以通过改变设定程序来加工各种形状和尺寸的工件,适应多品种加工的要求。

把计算机技术应用于汽车制造,可使汽车制造技术面目一新。有了计算机辅助制造技术,人们只要把零件的形状、尺寸要求等信息输入计算机,就可以由计算机控制机床自动加工出合格的产品。

现在,CAM 技术进一步发展为 CIMS 技术。CIMS(computer integrated manufacturing system)就是计算机集成制造系统,它是信息时代出现的一种利用计算机硬件、软件、网络、数据库等现代化高技术,将企业的经营、管理、计划、产品设计、加工制造、销售服务等环节和人力、物力、财务、设备等资源集成起来,使之一方面能发挥自动化的高效率、高质量,另一方面又具有充分的灵活性,以利于经营、管理及工程技术人员发挥智能,根据激烈变化的市场需要及企业的经营环境,灵活及时地改变企业的产品结构及人、财、物等生产要素的配置,实现全面优化,从而提高企业在激烈竞争中的生存、竞争能力,并赢得稳定的高效益。

因此,CIMS 已成为世界各主要工业国家竞相发展的一项具有战略意义的高技术,是现代制造企业和工厂自动化的一种最新模式和发展方向。

8.1.2　汽车制造的社会特点

1. 汽车生产的社会化

由于生产规模的扩大和竞争的日益激烈,像福特公司的露奇河厂那样从矿石进来到汽车出厂的大而全的生产方式已不复存在。汽车整车制造厂与众多的汽车零部件厂开展了广泛的配套协作,甚至跨出国门与国际汽车行业进行协作。然而,汽车生产在社会经济生活中所涉及的内容远不止于此,还涉及其他诸多方面的联系。

汽车工业与其他工业有密切的联系。首先是钢铁工业,钢铁是汽车工业的主要原材料,没有钢铁工业的发展,汽车工业的发展是不可能的。汽车制造业是机械制造业的一部分,它的装备必须由机械制造业提供。

其他如有色金属工业、橡胶工业、轻工业、纺织工业、电子工业等,都与汽车工业有密切关系,特别是随着汽车电子化的发展,电子工业与汽车工业的关系越来越密切了。

汽车是世界第一商品,各大公司的汽车销售网遍布世界各地。汽车工业与汽车商业的结合,再加上处理用户分期付款的银行业务,就形成了一个社会集团,其影响远远超出单纯工业生产的范围。

　　另一方面,汽车生产与汽车使用相结合,又形成一个更广的范畴。公路主要供汽车行驶,汽车的广泛使用促进了公路建设,发展了交通事业,公路的建设和维护管理是国家和地方重要的公用事业。沿公路的停车场、加油站、汽车维修站、餐馆、旅店等服务设施也都不可缺少。

2. 汽车生产的规模经济性

　　汽车生产的规模经济性是指汽车生产的经济效益与其规模有密切的关系。一条汽车生产线的最小有效经济规模是 6 万~10 万辆/年,一条发动机生产线的最小有效经济规模是50 万台/年,一条汽车覆盖件冲压生产线的最小有效经济规模是 100 万件/年。为了最大限度地发挥大批量生产的优越性,最好是一条生产线生产单一品种的汽车产品。

　　但是为了适应用户对车型多样化的要求,当前又有多品种大批量或多品种小批量生产的倾向。为此,要求汽车生产线具有相当的通用性,生产线的程序要容易变换,并能进行多种车型的混合生产,这就是柔性生产线。

3. 汽车工业新陈代谢快

　　现代科学技术的三大支柱是材料、能源和信息。随着材料、能源和信息科学的快速发展,汽车工业的技术基础也在加快新陈代谢。这不但表现在汽车产品的更新换代上,而且表现在生产方法和生产手段的进步上。

　　乘用车和轻型车的生产寿命较短,一般不超过 10 年。中型和重型货车的生产寿命较长。一种牌号的车,在生产期间也应随着技术进步或市场、用户的需求有所更新,不断提高其性能,改进其外观。要提高汽车产品的竞争力,必须加快更新换代的步伐。

8.1.3　汽车制造的组织特点

21 世纪世界汽车工业有着不同于 20 世纪的一些新特点,主要表现为以下几点。

1. 集中化

　　早年间,全世界有 25 家百万辆级独立的大型乘用车整车生产企业。如今,通过兼并、重组形成了 6 家超大型企业集团,他们生产了占世界 80% 以上的汽车,控制着大部分资金、技术和市场,使较小的企业难以生存。

　　今后,只有两种企业能够存在,一种是超大规模企业集团,一种是这些集团在世界各地建立的中小型独资或合资企业。后者在资金、技术市场等方面依靠超大型集团。

2. 跨国化

　　汽车业兼并浪潮的另一个特点是不同国家大型企业间实现联合。过去的所谓跨国公司是指大型企业在国外建立分支机构,而母公司的资本基本上是本国的。现在有些集团很难说是属于哪个国家的,世界汽车工业正从有国别的工业向世界统一的汽车工业转变。

　　这一转变不是意味着不存在国家利益。相反,各国更关注自己的利益,但追求的不是建立独立于世界的工业体系,也不仅仅是关注在本国领土上生产多少汽车,而是在统一的世界汽车工业中寻找自己的地位,从中追求最大的利益。

3. 自由化

既然汽车工业正在形成统一的世界工业,这一进程必然促进汽车产业进一步自由化,不仅产品要自由流动,资金也要自由流动。

所谓资金自由流动,就是要允许国内外任何企业从事汽车生产,那种由政府指定企业生产的做法不能继续下去了。自由化为世界大企业集团的经营创造了有利条件。

8.1.4　未来汽车制造技术展望

未来的汽车制造技术将在或已经开始在以下几个方面发展。

1. 制造智能化

智能制造是未来制造自动化发展的重要方向。所谓智能制造系统是一种智能机器和人类专家共同组成的人机一体化智能系统,它在制造过程中能进行智能活动,如分析、推理、判断、构思和决策等。

智能制造技术的宗旨在于通过人与智能机器的合作共事,去扩大、延伸和部分取代人类专家在制造过程中的脑力劳动,以实现制造过程的优化。21 世纪制造工业由两个“I”来标识,即 Integration(集成)和 Intelligence(智能)。

2. 制造敏捷化

敏捷制造是一种面向 21 世纪的制造战略和现代制造模式,当前全球范围内对敏捷制造的研究十分活跃。对广义制造系统而言,制造环境和制造过程的敏捷性问题是敏捷制造的重要组成部分。制造环境和制造过程的敏捷化内容包括机器、工艺等的柔性,重构能力、快速化的集成制造工艺等。

美国汽车公司(United States Motor Co.,USM)是以美国国防部为主要用户的汽车公司,它向用户承诺:每辆 USM 汽车都按照用户要求制造;每辆 USM 汽车从订货起 3 天内交货;在整个寿命周期内,有责任使用户满意。

在以前,任何一个汽车公司不管花多大的代价,都不可能做到以上三点。USM 公司成功的秘诀就在于它采用了敏捷制造。

USM 公司成功的关键因素是设计与制造能力相匹配,在该公司产品设计和工艺设计是并行进行的,并借助计算机对全车的设计和制造过程进行仿真。

3. 制造虚拟化

制造虚拟化主要指虚拟制造。虚拟制造是以制造技术和计算机技术支持的系统建模技术及仿真技术为基础,集现代制造工艺、计算机图形学、并行工程、人工智能、人工现实技术和多媒体技术等多种高新技术为一体,由多学科知识形成的一种综合系统技术。它将现实制造环境及其制造过程通过建立系统模型映射到计算机及其相关技术所支持的虚拟环境中,在虚拟环境下模拟现实制造环境及其制造过程的一切活动和产品的制造过程,并对产品制造及制造系统的行为进行预测和评价。

虚拟制造是实现敏捷制造的重要关键技术,对未来制造业的发展至关重要,并且有可能发展成为很大的软件产业。

4. 制造网络化

制造网络化是以网络为基础的一种制造技术,它包括制造环境内部的网络化、制造环境与整个制造企业的网络化、企业间的网络化、异地设计与制造等方面。

20世纪末由于网络技术的迅速发展和普及,给企业制造活动带来新的变革。其影响的深度、广度和发展速度已经远远超过了人们的预期。基于网络的制造技术已经成为21世纪制造技术发展的重要趋势。

5. 制造全球化

制造全球化的内容非常广泛,主要包括市场的国际化,产品设计和开发的国际合作,产品制造的跨国化,制造企业的世界范围内的重组与集成,制造资源的跨地区、跨国家的协调、共享和优化利用等。

6. 制造绿色化

绿色制造是一个综合考虑环境影响和资源效率的现代制造模式,其目标是使产品从设计、制造、包装、运输、使用到报废处理的整个产品生命周期中,对环境负面作用影响最小,资源效率最高。

绿色制造是可持续发展战略在制造业中的体现,或者说是现代制造业的可持续发展的模式。

绿色设计是绿色制造的核心,它决定了绿色制造系统的实现效率。随着研究工作的不断深入,产生了大量的绿色设计技术和各种环境管理工具,例如,可拆卸性设计、可回收性设计、选择绿色材料、清洁生产等。

8.2　汽车制造工艺流程

8.2.1　典型的汽车制造工艺流程

汽车工业是在许多相关联的工业和有关技术的基础上发展起来的综合性工业。一般来说,汽车的发动机、变速器、车桥、车身等主要总成由汽车厂自己制造,而轮胎、玻璃、电机、电器、仪表、车身内饰件和其他小型零部件多靠协作厂生产或从市场采购。外协、外购件的制造和选购往往涉及许多特殊的制造工艺和技术。

仅就汽车制造厂本身来说,它所用的原材料过去主要是钢铁,现在铝合金正越来越多地被采用,非金属材料特别是塑料和陶瓷的使用也在不断增加。

汽车制造厂所采用的工艺,从毛坯制造到整车装配,可分为铸造、锻造、冲压、热处理、机械加工、焊接、电镀、涂漆和装配工艺等许多种。

汽车生产工艺过程的编制通常以总装为核心。为了提高效率,汽车制造尽量采用流水线的生产方式。整个汽车厂的流水线生产方式,要求同时进行各种零部件的制造、加工,然后装配成大部件或总成,最后汇总到总装配线装配成整车出厂。

各条流水线之间必须互相协调,其中的一个环节出了问题都可能影响整个汽车厂的生产。

典型的汽车制造工艺流程如图 8-1 所示。

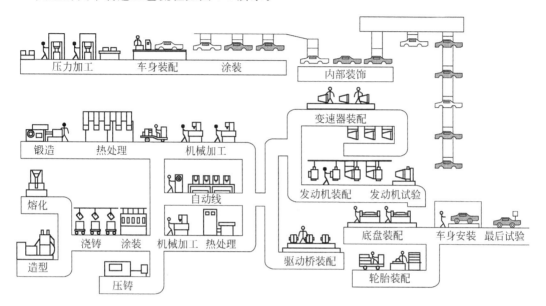

图 8-1　汽车制造工艺流程简图

8.2.2　铸造工艺

铸造是一种将金属熔炼成符合一定要求的液体并浇进铸型里,经冷却凝固、清整处理后得到有预定形状、尺寸和性能的铸件的工艺过程。铸造毛坯因近乎成型,而可以达到免机械加工或少量加工的目的,降低了成本并在一定程度上节省了时间。铸造是现代制造工业的基础工艺之一。

铸造而成的零件称为铸件。铸件通常用作汽车总成的基础件,在汽车制造中占有重要地位。

在汽车制造过程中,采用铸铁制成毛坯的零件很多,占全车重量的 10% 左右,如汽车发动机的汽缸体、汽缸盖、曲轴,汽车底盘的变速器壳体、后桥壳、制动鼓,各种支架等。

制造铸铁件通常采用砂型。砂型的原料以砂子为主,并与黏结剂、水等混合而成。砂型材料必须具有一定的黏合强度,以便被塑成所需的形状并能抵御高温铁水的冲刷而不致崩塌。

为了在砂型内塑成与铸件形状相符的空腔,必须先用木材制成模型,称为木模。炽热的铁水冷却后体积会缩小,因此,木模的尺寸需要在铸件原尺寸的基础上按收缩率加大,需要切削加工的表面亦应加厚。空心的铸件需要制成砂芯子和相应的芯子木模(芯盒)。

有了木模,就可以翻制空腔砂型(所以俗语把铸造称为"翻砂")。在制造砂型时,要考虑上下砂箱怎样分开才能把木模取出,还要考虑铁水从什么地方流入,怎样灌满空腔以便得到优质的铸件。

砂型制成后,就可以浇注,就是将铁水灌入砂型的空腔中,浇注时,铁水温度为 1250～1350℃,熔炼时温度更高。铸铁件冷却至 450℃时就可落砂,亦即将砂子从铸件表面清除干净。

砂型铸造工艺流程如图 8-2 所示。主要包括以下几个工序:模样与芯盒准备→型砂与芯砂配制→造型、造芯→熔炼、浇注→落砂、清理→铸件→检验入库。

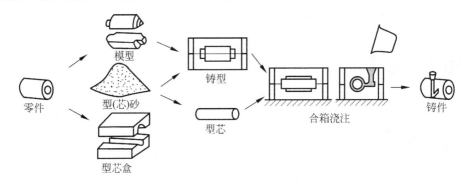

模型

型(芯)砂

零件

型芯盒

铸型

型芯

合箱浇注

铸件

图 8-2　砂型铸造生产工艺流程

钢和铁都是以铁元素为主要成分,它们之间的区别是含碳量不同。含碳量小于 0.02%的称为工业纯铁。钢的含碳量在 0.02%～2.11%之间,生铁的含碳量在 2.11%～6.69%之间。随着含碳量的提高,钢铁中所含的碳化三铁(Fe_3C)亦逐渐增多,而碳化三铁又脆又硬,没有塑性。也就是说,钢的韧性和塑性比铁好,而铁比钢更脆、更硬。当含碳量达到 6.69%时,全部铁元素都和碳化合成碳化三铁。

常用于铸造的是灰口铸铁、球墨铸铁、蠕墨铸铁等浇铸性能好的材料。

在铸造工艺方面,原始的手工造型根本不能适应工业化大生产的要求,现代汽车厂都采用各种铸造自动线,开发了振动造型、金属型铸造、气化模铸造、树脂砂铸造、压力铸造(见图 8-3)、低压铸造等新技术。

图 8-3　常见的汽车压力铸造零件

图 8-4 为长安汽车公司发动机铸造生产线。

图 8-4　长安汽车公司发动机铸造生产线

8.2.3　锻造工艺

1. 锻造

锻造(见图 8-5)是一种利用锻压机械对炽热的坯料施加压力,使其产生塑性变形以获得具有一定力学性能、一定形状和尺寸的锻件的机械加工方法。

通过锻造能消除金属在冶炼过程中产生的铸态疏松等缺陷,优化微观组织结构,同时由于保存了完整的金属流线,锻件的力学性能一般优于同样材料的铸件。机械设备中负载高、工作条件严峻的重要零件,除形状较简单的可用轧制的板材、型材或焊接件外,多采用锻件。

随着温度的升高,金属易于变形,因此常将金属加热到高温状态进行锻造。锻造可分为自由锻造、模型锻造和胎模锻造等几种。

图 8-5　锻造

2. 自由锻造

自由锻造简称自由锻,是指不使用锻模,只用简单的通用性工具(具有平面或曲面形状的工具),或在锻造设备的上、下砧铁之间直接对坯料施加外力,使坯料产生变形而获得所需的几何形状及内部质量的锻件的加工方法。自由锻造俗称打铁。

由于用人力锻打只能得到较小的变形,利用锻锤的冲击力或压力机的静压力可得到较大的变形,故在汽车制造中常采用操作轻便的气锤。

采用自由锻方法生产的锻件称为自由锻件。汽车的齿轮(见图 8-6)、轴(见图 8-7)等毛坯可用自由锻造的方法加工。

图 8-6　齿轮自由锻件(毛坯)

图 8-7　轴自由锻件(毛坯)

自由锻的基本工序包括拔长、镦粗、冲孔、弯曲、切割、错移、扭转及锻接等。

(1)拔长(也称延伸)是指使坯料横断面积减小、长度增加的锻造工序。拔长常用于锻造杆、轴类零件。

(2)镦粗是指使毛坯高度减小,横断面积增大的锻造工序。镦粗工序主要用于锻造齿轮坯、圆饼类锻件。镦粗工序可以有效地改善坯料组织,减小力学性能的异向性。

镦粗与拔长的反复进行,可以改善高合金工具钢中碳化物的形态和分布状态。

(3)冲孔是指在坯料上冲出透孔或不透孔的锻造工序。

(4)弯曲是指采用一定的工模具将坯料弯成所规定的外形的锻造工序。

(5)切割是指将坯料分成几部分或部分地割开,或从坯料的外部割掉一部分,或从内部割出一部分的锻造工序。

(6)错移是指将坯料的一部分相对另一部分平行错开一段距离,但仍保持轴心平行的锻造工序,常用于锻造曲轴零件。

错移时,先对坯料进行局部切割,然后在切口两侧分别施加大小相等、方向相反且垂直于轴线的冲击力或压力,使坯料实现错移。

(7)扭转是指将坯料的一部分相对于另一部分绕其轴线旋转一定角度的锻造工序。该工序多用于锻造多拐曲轴和校正某些锻件。小型坯料扭转角度不大时,可用锤击方法。

(8)锻接是指将坯料在炉内加热至高温后,用锤快击,使两者在固态结合的锻造工序。锻接的方法有搭接、对接、咬接等。锻接后的接缝强度可达被连接材料强度的 70%~80%。

3. 模型锻造

模型锻造简称模锻,是将金属坯料放在锻模的模膛内承受冲击或压力而成型的加工方法。模型锻造类似面团在模子内被压成饼干形状的过程。与自由锻造相比,模型锻造所制造的工件形状更复杂,尺寸更精确。

金属材料通过模具锻造变形而得到的工件或毛坯称为模锻件。汽车上的模锻件的典型例子是发动机连杆(见图 8-8)、曲轴(见图 8-9)和摇臂、汽车前轴、转向节等。

图 8-8　连杆模锻件(毛坯)

图 8-9　曲轴模锻件(毛坯)

按所用设备不同,模锻可分为锤上模锻、曲柄压力机上模锻、摩擦压力机上模锻等。

锻模由上锻模和下锻模两部分组成,分别安装在锤头和模垫上,工作时上锻模随锤头一起上下运动。上模向下扣合时,对模膛中的坯料进行冲击,使之充满整个模膛,从而得到所需锻件。

按模膛在锻模中的个数,锻模分为单膛锻模和多膛锻模。

4. 胎模锻造

胎模锻造是在自由锻设备上使用可移动模具(胎模)生产模锻件的一种锻造方法。

在生产中、小型锻件时,广泛采用自由锻制坯、胎模锻成型的工艺方法。

5. 汽车零部件的锻造

在汽车制造过程中,广泛采用锻造加工方法。就一般轿车而言,锻件就有 50 种以上,而且通常这些锻件的形状复杂、精度高。为了提高锻造生产的生产率和毛坯质量,汽车锻件生产除了采用普通的模锻工艺外,还大量采用精锻、热挤、冷挤、热墩、轧制等工艺。

如变速器同步器齿环采用精锻工艺后,齿形可不再进行机械加工;等速万向节壳采用锻造→机械加工→冷挤压工艺后,使得这一形状复杂、精度高、尺寸大的工件在冷挤压后,基本上不需要再进行机械加工便可直接装车。

一些直径小、法兰大的零件可采用热挤工艺,花键、齿轮等齿形件可采用冷、热成型轧制工艺,轴类零件可用锟锻工艺……

总之,锻件生产已出现各种特种工艺、专用设备纷呈的局面,有效地提高了锻件质量和生产率。

图 8-10 为曲轴锻造车间的生产情况。

图 8-10　曲轴锻造车间

8.2.4　冲压工艺

1. 冲压

冲压加工是借助于常规或专用冲压设备的动力,使板料在模具里直接受到变形力并进行变形,从而获得一定形状、尺寸和性能的产品(零件)的生产技术。

冲压加工是一种金属冷变形加工方法,所以,被称为冷冲压或板料冲压,简称冲压。它是金属塑性加工(或压力加工)的主要方法之一,也属于材料成型工艺技术。

冲压所使用的模具称为冲压模具,简称冲模。冲模是将材料(金属或非金属)批量加工成所需冲件的专用工具。冲模在冲压中至关重要,没有符合要求的冲模,批量冲压生产就难以进行;没有先进的冲模,先进的冲压工艺就无法实现。冲压工艺与模具、冲压设备和冲压材料构成冲压加工的三要素,只有它们相互结合才能得出冲压件。

冲压所用的板料必须具有足够的塑性。冲压材料的品种和规格很多,常用的金属板材有低碳钢、高塑性的合金钢、铜及铜合金、铝及铝合金等,其厚度一般在 0.7~10mm 之间。

2. 冲压的特点

(1) 多用于形状复杂的薄壁零件,并且能使其强度高、刚度大、重量轻。

(2) 冲压件表面光滑且有足够的尺寸精度,尺寸一致性好,可满足一般互换性要求。

冲压时由于模具保证了冲压件的尺寸与形状精度,且一般不破坏冲压件的表面质量,加之模具的寿命一般较长,所以冲压的质量稳定,互换性好,具有"一模一样"的特征。

(3) 操作简单迅速,易于实现自动化,生产率高且原材料消耗低。

(4) 冲模制造复杂,大批量冲压生产时才能使冲压件成本降低。

3. 冲压的基本工序

生产中常用的冲压工序可分为两大类。一类是分离工序,主要包括切断、落料、冲孔、切口、切边等;另一类是变形工序,主要包括弯曲、拉深、翻边、起伏、缩口和胀形等。

4. 汽车上的冲压件

汽车上的许多结构件广泛采用冲压件。据统计,汽车上有 60%~70% 的零件是用冲压工艺生产出来的。

冲压产品包括车身的内、外覆盖件(见图 8-11 和图 8-12)和骨架件;车架的纵梁、横梁和保险杠等;车轮的轮辐、轮辋和挡圈等;散热器的散热片、冷却水管和储水室等;发动机的汽缸垫、油底壳和滤清器等;底盘上的制动器零件、减振器零件等;座椅的骨架、滑轨和调角器等;车厢的侧板和底板等;车锁及其他附件上的零件等。

图 8-11 地板

图 8-12 油箱

汽车上的冲压件,总的说来具有尺寸大、形状复杂、配合精度及互换性要求高和外观质量要求高等特点。对于不同的零件,还有不同的工艺特点,所用的设备、模具、材料都不同。

例如,汽车覆盖件多为三维非数学曲面,它不仅外观质量要求高,以满足汽车造型的要求,而且要求配合精度高、形状和尺寸的一致性好,以保证其焊接和装配的质量。

因此,生产汽车覆盖件所用的设备、模具和原材料,都和一般冲压件生产所用的设备、模具和原材料有所不同。

5. 冲压工艺装备

冲压工艺装备主要有开卷落料及开卷剪切自动线、全自动(或半自动)冲压生产线、大型三坐标多工位压机和上下料自动化,实现压力机的自动化连线生产;另外还有钣料清洗、涂油机、拆垛机、堆垛机、中间传送装置及冲压机器人等先进装备。

汽车工业用的冲压设备(见图8-13)具有吨位大、台面尺寸大、性能要求高、生产效率高等特点。①压力机吨位从160~40000kN不等,覆盖件拉伸多采用双动压力机(有内外滑块)。②为了适应流水生产的要求,减少换模时间,广泛采用具有活动台面的压力机。③为了满足大量生产的要求,还采用多工位压力机。④机械化、自动化的冲压生产线被广泛采用。

图 8-13 车身冲压设备

汽车冲压件所用钢板(带)要求强度高、工艺性能好。例如,覆盖件和壳体件用的材料,对拉伸性能要求特别高;纵梁和横梁用的材料,对抗弯曲性能和强度要求很高。这些汽车专用的材料,还制定了专门的技术标准。

由于汽车冲压件的尺寸大、形状复杂、生产批量大,因此,汽车工业的模具也具有尺寸大、形状和结构复杂的特点。例如,汽车覆盖件冲模,模具的形状复杂,需有主模型(或数据软件)作依据,在仿形铣床(或数控铣床)上加工,检测需用三坐标测量机,模具的研配需用专门的研配压床(合模机)等。这些都和一般模具制造不同。

汽车特别是乘用车车身绝大部分是冲压件,有很高的质量要求。这些冲压件曲面形状复杂,并要求有较高的尺寸精度和较小的表面粗糙度。

通常,货车冲压件的形面公差和轮廓公差为±1mm,而乘用车则要求±0.5mm。因此,乘用车冲压件的模具制造水平与货车相比要相应提高。

图8-14为车身冲压覆盖件生产车间的情形。

汽车冲压件生产是大批量生产,而且品种繁多,如顶盖、挡泥板、车身侧护板、地板、发动机罩、车门内外板、行李箱盖板、中门柱、前门柱、保险杠等。例如德国奔驰汽车公司辛德尔

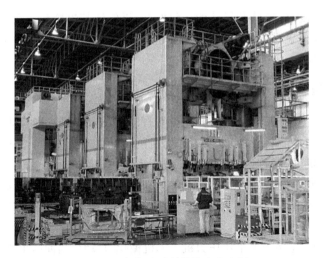

图 8-14　车身冲压覆盖件生产车间

芬根厂冲压车间日产冲压件 1000t,年产 30 万 t,品种 6000 余种。因此,为提高生产率,必须采用机械化、半自动化或全自动化流水生产。

8.2.5　机械加工工艺

1.金属切削加工

金属切削加工是指用刀具将金属毛坯逐层切削而使工件得到所需要的形状尺寸和表面粗糙度的加工方法。

金属切削加工包括钳工和机械加工两种方法。钳工是工人用手工工具进行切削的加工方法,操作灵活方便,在装配和修理中广泛应用。机械加工是借助于机床来完成切削的,包括车、刨、铣、钻、磨等方法。

机械加工方法不同,其切削运动方式就不同,采用的机床和刀具亦不同。切削所选择的刀具材料应比工件材料的硬度更大,主要选择碳素工具钢、合金工具钢、高速钢、硬质合金等材料。

2.金属切削机床

1) 机床的分类

按机床的加工性质和所用刀具来划分,可将机床分为 12 大类:车床、钻床、镗床、磨床、齿轮加工机床、螺纹加工机床、铣床、刨插床、拉床、特种加工机床、锯床和其他机床。每一类机床,又可按其结构、性能和工艺特点的不同细分为若干组。

(1) 车床(见图 8-15)是主要用车刀对旋转的工件进行车削加工的机床。在车床上还可用钻头、扩孔钻、铰刀、丝锥、板牙和滚花工具等进行相应的加工。车床主要用于加工轴、盘、套和其他具有回转表面的工件,是机械制造和修配工厂中使用最广的一类机床。铣床和钻床等旋转加工的机床都是从车床引申出来的。

(2) 铣床(见图 8-16)是指主要用铣刀在工件上加工各种表面的机床。通常铣刀的旋转运动为主运动,工件(和)铣刀的移动为进给运动。它可以加工平面、沟槽,也可以加工各种曲面、齿轮等。

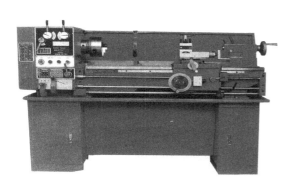

图 8-15　车床

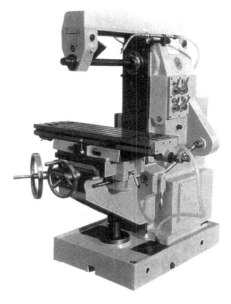

图 8-16　HKX57 型万能升降台铣床

　　铣床是用铣刀对工件进行铣削加工的机床。铣床除能铣削平面、沟槽、轮齿、螺纹和花键轴外,还能加工比较复杂的型面,效率较刨床高,在机械制造和修理部门得到广泛应用。

　　(3) 刨床(见图 8-17)是一种用刨刀对工件的平面、沟槽或成型表面进行刨削的直线运动机床。使用刨床加工,刀具较简单,但生产率较低(加工长而窄的平面除外),因而主要用于单件、小批量生产及机修车间,在大批量生产中往往被铣床所代替。

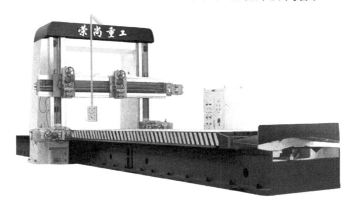

图 8-17　重型龙门刨床

　　根据结构和性能,刨床主要分为牛头刨床、龙门刨床、单臂刨床及专门化刨床(如刨削大钢板边缘部分的刨边机、刨削冲头和复杂形状工件的刨模机)等。

　　(4) 钻床(见图 8-18)是指主要用钻头在工件上加工孔的机床。通常钻头旋转为主运动,钻头轴向移动为进给运动。钻床结构简单,加工精度相对较低,可钻通孔、盲孔,更换特殊刀具,可扩孔、锪孔、铰孔或进行攻螺纹等加工。

钻床的特点是工件固定不动,刀具作旋转运动,并沿主轴方向进给,操作可以是手动,也可以是电动。

(5) 镗床(见图 8-19)是指主要用镗刀在工件上加工已有预制孔的机床。通常,镗刀旋转为主运动,镗刀或工件的移动为进给运动。镗床主要用于加工高精度孔或一次定位完成多个孔的精加工,此外还可以从事与孔精加工有关的其他加工面的加工。

图 8-18　摇臂钻床　　　　　　　　　　　　　　　图 8-19　镗床

镗床在加工过程中工件不动,让刀具移动,将刀具中心对正孔中心,并使刀具转动(主运动)。

(6) 磨床(见图 8-20)是利用磨具对工件表面进行磨削加工的机床。

大多数磨床使用高速旋转的砂轮进行磨削加工,少数磨床使用油石、砂带等其他磨具和游离磨料进行加工,如珩磨机、超精加工机床、砂带磨床、研磨机和抛光机等。磨床能加工硬度较高的材料,如淬硬钢、硬质合金等;也能加工脆性材料,如玻璃、花岗岩石等。磨床能作高精度和表面粗糙度很小的磨削,也能进行高效率的磨削,如强力磨削等。

(7) 齿轮加工机床是加工各种圆柱齿轮、锥齿轮和其他带齿零件齿部的机床。齿轮加工机床的品种规格繁多,有加工几毫米直径齿轮的小型机床,有加工十几米直径齿轮的大型机床,还有大量生产用的高效机床和加工精密齿轮的高精度机床。

齿轮加工机床主要分为圆柱齿轮加工机床和锥齿轮加工机床两大类。

① 圆柱齿轮加工机床主要用于加工各种圆柱齿轮、齿条、蜗轮。常用的有滚齿机、插齿机、铣齿机、剃齿机等。

滚齿机(见图 8-21)用滚刀按展成法粗、精加工直齿、斜齿、人字齿轮和蜗轮等,加工范围广,可达到高精度或高生产率。

展成法亦称范成法、共轭法或包络法,是目前齿轮加工中最常用的一种方法。它是根据一对齿轮啮合传动时,两齿轮的齿廓互为共轭曲线的原理来加工的。其刀具分齿轮型刀具(如齿轮插刀)和齿条型刀具(如齿条插刀和齿轮滚刀等)两大类。

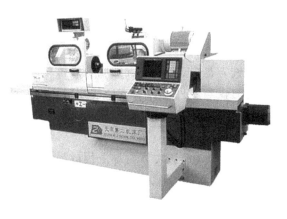

图 8-20　磨床

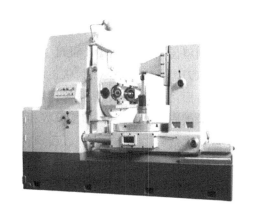

图 8-21　滚齿机

插齿机(见图 8-22)用插齿刀按展成法加工直齿、斜齿齿轮和其他齿形件,主要用于加工多联齿轮和内齿轮。

铣齿机用成型铣刀按分度法加工,主要用于加工特殊齿形的仪表齿轮。剃齿机(见图 8-23)是用齿轮式剃齿刀精加工齿轮的一种高效机床。磨齿机是用砂轮精加工淬硬圆柱齿轮或齿轮刀具齿面的高精度机床。珩齿机是利用珩轮与被加工齿轮的自由啮合,消除淬硬齿轮毛刺和其他齿面缺陷的机床。挤齿机是利用高硬度无切削刃的挤轮与工件的自由啮合,将齿面上的微小不平碾光,以提高精度和光洁程度的机床。齿轮倒角机是对内外啮合的滑移齿轮的齿端部倒圆的机床,是生产齿轮变速器和其他齿轮转换机构不可缺少的加工设备。

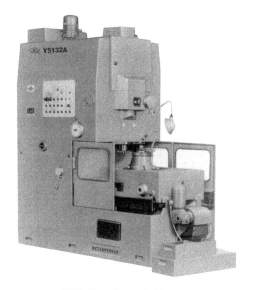

图 8-22　Y5132A 插齿机

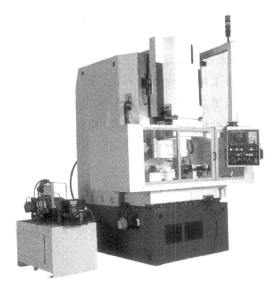

图 8-23　剃齿机

圆柱齿轮加工机床还包括齿轮热轧机和齿轮冷轧机等。

② 锥齿轮加工机床主要用于加工直齿、斜齿、弧齿和延长外摆线齿等锥齿轮的齿部。

直齿锥齿轮刨齿机是以成对刨齿刀按展成法粗、精加工直齿锥齿轮的机床,有的机床还能刨制斜齿锥齿轮,在中小批量生产中应用最广。

双刀盘直齿锥齿轮铣齿机使用两把刀齿交错的铣刀盘,按展成法铣削同一齿槽中的左右两齿面,生产效率较高,适用于成批生产。由于铣刀盘与工件无齿长方向的相对运动,铣出的齿槽底部呈圆弧形,加工模数和齿宽均受到限制。这种机床也可配以自动上下料装置,实现单机自动化。

直齿锥齿轮拉铣机是在一把大直径的拉铣刀盘的一转中,从实体轮坯上用成型法切出一个齿槽的机床。它是锥齿轮切削加工机床中生产率最高的机床,由于刀具复杂,价格昂贵,而且每种工件都需要专用刀盘,只适用于大批量生产。机床一般都带有自动上下料装置。

弧齿锥齿轮铣齿机(见图 8-24)是以弧齿锥齿轮铣刀盘,按展成法粗、精加工弧齿锥齿轮和准双曲面齿轮的机床,有精切机、粗切机和拉齿机等类型。

弧齿锥齿轮磨齿机是用于磨削淬硬的弧齿锥齿轮,以提高精度和光洁程度的机床,其结构与弧齿锥齿轮铣齿机相似,但以砂轮代替铣刀盘,并装有砂轮修整器,也可磨削准双曲面齿轮。

延长外摆线齿锥齿轮铣齿机是利用延长外摆线齿锥齿轮铣刀盘,或双刀体组合式端面铣刀盘,按展成法连续分度切齿的机床。切齿时,摇台铣刀盘和工件均作连续旋转运动,同时摇台作进给运动,加工一个工件摇台往复一次。铣刀盘和工件的连续旋转使工件获得一定齿数的连续分度,并形成齿长曲线。摇台的旋转和工件的附加运动结合起来,产生展成运动,使工件获得齿形曲线。

准渐开线齿锥齿轮铣齿机是用锥度滚刀,按展成法连续分度切齿的机床。切齿时,锥度滚刀首先以大端切削,然后以它较小直径的一端切削,为保证整个切削过程中切削速度一致,机床靠无级变速装置控制滚刀转速。在切齿时,摇台、滚刀和工件均作连续旋转运动,加工一个工件,摇台往复一次。摇台和工件的旋转通过差动机构产生展成运动,使工件获得沿齿长为等高的齿形曲线。

锥齿轮加工机床的配套设备有磨削铣刀盘和拉刀盘刀刃的磨刀机,配研成对锥齿轮的研齿机,检验成对锥齿轮啮合接触情况的锥齿轮滚动检查机和防止齿部热处理变形的淬火压床等。

2) 机床在汽车工业中的应用

金属切削机床在汽车工业中主要用于发动机、变速器、底盘、零部件及模具制造。

由于近年金属切削机床高速化、柔性化、精益化发展趋势明显,国内汽车行业对金属切削机床的需求有了新的变化。

对于发动机缸体、缸盖及变速器壳体等箱体类零件的制造,现在除关键工序外基本上已由高速加工中心替代了原来的专用机床,其他设备中还有一些专用机床,如珩磨机(见图 8-25)、精镗机床、精铣机床等。

图 8-24　弧齿锥齿轮铣齿机

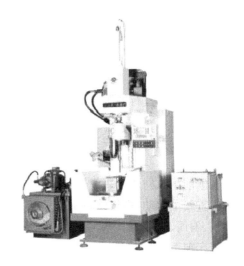

图 8-25　珩磨机

发动机曲轴生产线需要的主要生产设备有数控车床、内铣床、高速外铣床、车-车拉机床、高效柔性两端孔钻床、高效柔性油孔钻床(或高速加工中心)、主轴轴颈磨床、连杆轴颈磨床、随动磨床、端面外圆磨床、抛光机床、圆角滚压机床、动平衡机等。

发动机凸轮轴生产线需要的主要生产设备有数控车床、高效柔性两端孔钻床、凸轮轴无心磨床、凸轮磨床、端面外圆磨床、抛光机床、重熔硬化设备等。

发动机连杆生产线需要的主要生产设备有双端面磨床、胀断设备、立式拉床、钻镗专机或加工中心、精镗机床、珩磨机等。

加工齿轮需要的设备有数控滚齿机(见图 8-26)、数控插齿机(见图 8-27)、数控珩齿机、数控磨齿机、立式拉床、内孔端面磨床、综合检查机等。

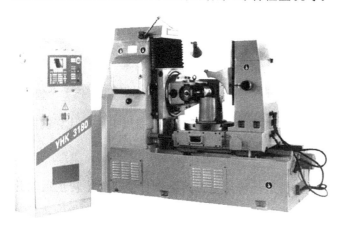

图 8-26　YHK 3180 数控滚齿机

图 8-27　数控插齿机

在汽车底盘及零部件的制造中,需要的设备与发动机、变速器需要的设备种类近似,只是数量更大,规格更多。

3．典型机械加工工艺

1）车削

车削是在车床上用车刀(见图 8-28)加工工件的工艺过程,其运动特点是工件作旋转主运动而刀具作直行的进给运动。车床适于切削各种旋转表面,如内、外圆柱和圆锥面,还可以车削端面。在车削时若进给速度较大,就可以加工螺纹。汽车的许多轴类零件以及在切齿前的齿轮毛坯都是在车床上加工的。

2）刨削

刨削是在刨床上用刨刀(见图 8-29)加工工件的工艺过程,其运动特点是刀具相对于工件作直线主运动,而进给运动则是垂直于主运动的横向直线运动。刨床适于加工水平面、垂直面、斜面、沟槽等。汽车上的汽缸体和汽缸盖的平面、变速器箱体和盖的配合平面等都是用刨床加工的。

3）铣削

铣削是在铣床上用铣刀(见图 8-30)加工工件的工艺过程,其运动特点是铣刀作旋转主运动而工件作直线进给运动。铣床可以加工平面、斜面、沟槽,甚至可加工齿轮和曲面等。与刨削相比,铣削的生产率和加工精度均很高,几乎可全部代替刨削。

图 8-28　车刀　　　　　　图 8-29　四面刨刀　　　　　　图 8-30　盘状铣刀

铣削广泛应用于加工各种汽车零件。汽车车身冲压模具都是铣削加工的。计算机控制的数控铣床可以加工形状很复杂的工件,是现代化加工的一种主要机床。

4）钻削及镗削

钻削及镗削是加工孔的主要切削方法,其运动特点是刀具绕自身轴线作旋转主运动并沿轴线作直行进给运动。

钻头呈麻花形(俗称麻花钻头,见图 8-31),有两条螺旋槽,其主切削刃在钻头顶尖的两侧,副切削刃在螺旋槽的边缘。

铰孔是应用较广的孔的精加工方法,铰刀(见图 8-32)比铰孔用的钻头齿数更多而且导向好。铰孔时,切削速度低而且切削量小,因而可获得精度高而且光整的孔。

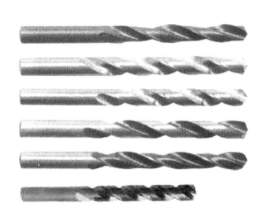

图 8-31 麻花钻头

图 8-32 铰刀

镗削用于加工直径较大的孔,通常在铸件的毛坯中已铸出孔形,再将工件放在镗床上用镗刀(见图 8-33)切削成准确的尺寸。汽车发动机汽缸的孔和变速器箱体的轴承孔等都用镗削加工。

5) 磨削和抛光

磨削是在磨床上用砂轮(见图 8-34)加工工件的工艺过程,其运动特点是砂轮作旋转的主运动而工件作直线的进给运动。

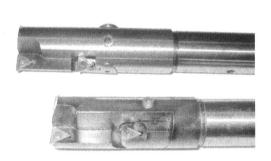

图 8-33 镗刀

图 8-34 砂轮

磨削是一种精加工方法,磨削加工可以获得尺寸精确且光洁的工件,而且可以磨硬度很高的工件。一些经过热处理的汽车零件往往用磨床进行精加工,如发动机曲轴和凸轮轴等。

抛光是利用涂上磨膏的软轮对工件表面细磨的工艺过程。抛光可以获得极具光泽的表面,但不能维持或提高原来的加工精度,所以主要用于装饰性加工,如电镀装饰前的准备工序等。

6) 齿轮加工

齿轮(见图 8-35)的种类很多,加工原理也较复杂。简单地说,相配对的两个齿轮,如果把一个齿轮制成具有切削能力的刀具,就可以将另一个齿轮制造出来。齿轮加工主要有插齿(见图 8-36)、铣齿(见图 8-37)、滚齿(见图 8-38)、磨齿(见图 8-39)等方法。

图 8-35 汽车用高精度齿轮

图 8-36 插齿

图 8-37 锥齿轮铣齿

图 8-38 滚齿

图 8-39 磨齿

7）工装与定位

工件在切削加工时必须在机床上安装夹持牢固,避免窜动和振动而影响精度。此外,在切削加工时还必须使工件和刀具保持正确的相对位置。

因此,除了机床、刀具和工件外,还需要有夹具。夹具不但可使工件夹持牢固,还可以正确定位。例如,车床床头上的卡盘就是典型的夹具,不但可牢固地夹住工件旋转,还能保证工件的轴线与车床的轴线对正。

以大批量生产为特征的汽车零件的机械加工,走过了从普通机床到专用机床和组合机床,再到数控机床(见图 8-40)、加工自动线、加工中心这样一条发展道路。

现在,汽车零件机械加工的自动化水平相当高,绝大部分都采用计算机控制的全自动生产线,少量采用单机生产的设备也都是数控机床,只有少量辅助工序由人工操作。

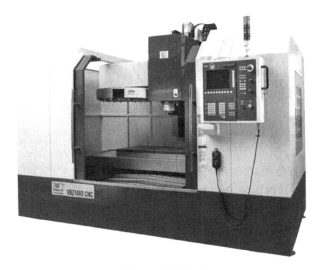

图 8-40　数控机床

8.2.6　特种加工与热处理工艺

1. 特种加工

特种加工亦称非传统加工(non-traditional machining, NTM)或现代加工方法,泛指用电能、热能、光能、电化学能、化学能、声能及特殊机械能等能量达到去除或增加材料的加工方法,从而实现材料被去除、变形、改变性能或被镀覆等。

特种加工与传统机械加工方法相比具有许多独到之处。

(1)加工范围不受材料物理、机械性能的限制,能加工任何硬的、软的、脆的、耐热或高熔点金属以及非金属材料。

(2)易于加工复杂型面、微细表面以及柔性零件。

(3)易获得良好的表面质量,热应力、残余应力、冷作硬化、热影响区等均比较小。

(4)各种加工方法易复合形成新工艺方法,便于推广应用。

特种加工方法有电火花加工(见图 8-41)、电子束加工、激光加工、等离子弧加工、电解加工等。特种加工的加工能量非常集中,可用于对材料进行切削、打孔、切槽等加工。

图 8-41   电火花加工机床

2．热处理

1）热处理的目的与分类

热处理(见图 8-42)是将固态金属材料加热、保温、冷却而改变其组织结构,以满足零件的使用要求或工艺要求的方法。

图 8-42   热处理

根据加热、保温和冷却工艺方法的不同,热处理工艺大致分为整体热处理、表面热处理、化学热处理(见表 8-1)三类。

表 8-1   热处理工艺的类别和特点

分　类	特　　点	常 用 方 法
整体热处理	对工件整体进行穿透加热	退火、正火、淬火+回火、调质等
表面热处理	仅对工件的表面进行的热处理	表面淬火和回火(如感应加热淬火)、气相沉积等
化学热处理	改变工件表层的化学成分、组织和性能	渗碳、渗氮、碳氮共渗、渗金属、多元共渗等

任何热处理工艺一般都可归纳为由加热、保温和冷却三个阶段组成的工艺过程。热处理工艺可用温度-时间坐标图表示,即热处理工艺曲线(见图 8-43)。

加热温度的高低、保温时间的长短、冷却速度的快慢,可使钢产生不同的组织变化。热处理工艺包括退火、正火、淬火、回火等。

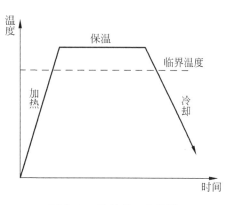

图 8-43　热处理工艺曲线

2) 整体热处理

对工件整体进行穿透加热的热处理称为钢的整体热处理工艺。根据在一般零件的加工工艺路线中所处的位置和作用不同,热处理可分为预备热处理(退火、正火)和最后热处理(淬火、回火)。

一般零件的热处理工艺路线为:毛坯(铸造或锻造)→退火或正火→机械(粗)加工→淬火＋回火(或表面热处理)→机械(精)加工。

退火与正火常作为预备热处理,其目的是为消除毛坯的组织缺陷,或为以后的加工作准备;淬火和回火工艺配合可强化钢材,提高零件或工具的使用性能,可作为最终热处理。

(1) 退火是将钢件加热,保温一定时间,随后连同炉子一起缓慢冷却,以获得较细而均匀的组织,降低硬度,以利于切削加工。

常用退火方法有完全退火、球化退火、去应力退火等。

根据不同情况,退火的作用可归纳为降低硬度,改善钢的成型和切削加工性能;均匀钢的化学成分和组织;消除内应力等。

(2) 正火是将钢件加热,保温后从炉中取出,随后在空气中冷却。它适于对低碳钢进行细化处理。

正火冷却方式最常用的是将钢件从加热炉中取出,然后在空气中自然冷却。对于大件也可采用吹风、喷雾和调节钢件堆放距离等方法控制钢件的冷却速度,达到要求的组织和性能。

正火可以作为预备热处理,为机械加工提供适宜的硬度,又能细化晶粒、消除内应力,并为最终热处理提供合适的组织状态;正火也可作为最终热处理,为某些受力较小、性能要求不高的碳素钢结构零件提供合适的力学性能。

正火还能消除过共析钢的网状碳化物,为球化退火做好组织准备。

常用退火与正火的加热温度和热处理工艺曲线如图 8-44 所示。

(3) 淬火(见图 8-45)是将钢件加热,保温后在水中或油中快速冷却,以提高硬度的热处理方法。

目前应用最广泛的淬火冷却介质是水和油。实际生产中,使用的冷却介质较多,到目前为止,尚未找到一种介质能完全符合理想淬火冷却速度的要求。水具有较强烈的冷却能力,用作奥氏体稳定性较小的碳钢的淬火,水冷却介质最为合适。油的冷却能力比水小,因此,生产中用油作冷却介质,只适用于过冷奥氏体稳定性较大的合金钢淬火。

常用淬火方法主要有单介质淬火、双介质淬火、马氏体等温淬火、贝氏体等温淬火。选择适当的淬火方法可以保证在获得所要求的淬火组织和性能条件下,尽量减小淬火应力,减

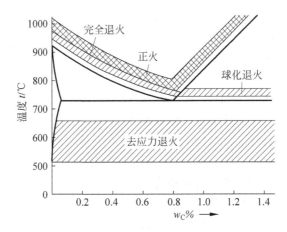

图 8-44 常用退火与正火的加热温度和热处理工艺曲线

图 8-45 淬火

少工件变形和开裂倾向。

（4）回火通常是淬火的后续工序，是指将淬火后的钢件重新加热，保温后冷却，使组织稳定，消除脆性。回火又包括调质处理和时效处理。

钢在淬火后一般很少直接使用，因为淬火后的组织是马氏体和残余奥氏体，并且有内应力产生，马氏体虽然强度、硬度高，但塑性差，脆性大，在内应力作用下容易产生变形和开裂。

此外，淬火后组织是不稳定的，在室温下就能缓慢分解，产生体积变化而导致工件变形。

因此，淬火后的零件必须进行回火才能使用。回火的目的是：减少或消除淬火内应力；稳定组织，稳定尺寸；降低脆性，获得所需要的力学性能。

常用回火方法有低温回火、中温回火和高温回火等几种。

① 低温回火（<250℃）后得到回火马氏体组织。其目的是降低钢的淬火应力和脆性，回火马氏体具有高的硬度（一般为 58～64HRC）、强度和良好的耐磨性。

因此，低温回火特别适用于刀具、量具、滚动轴承、渗碳件及高频表面淬火等要求高硬度和高耐磨性的工件。

② 中温回火（250～500℃）后得到回火托氏体组织，使钢具有高的弹性极限、较高的强度和硬度（一般为 35～50HRC）、良好的塑性和韧性。中温回火主要用于各种弹性元件及热

作模具。

③ 高温回火(>500℃)后得到回火索氏体组织。工件淬火并高温回火的复合热处理工艺称为调质。调质处理后,钢具有优良的综合力学性能(一般硬度为 220~230HBS)。

高温回火主要适用于中碳结构钢或低合金结构钢制作的曲轴、连杆、螺栓、汽车半轴、机床主轴及齿轮等重要的机器零件。常用的回火方法、特点和适用范围见表 8-2。

表 8-2　常用的回火方法、特点和适用范围

回火方法	回火温度/℃	回火组织	回火后硬度	适 用 范 围
低温回火	<250	回火马氏体	58~64HRC	要求高硬度和耐磨的工具和零件,如切削刀具、冷冲模具、量具、滚动轴承、渗碳件等
中温回火	250~500	回火托氏体	35~50HRC	要求高屈服强度和一定韧性的弹性元件,热作模具等
高温回火	>500	回火索氏体	220~230HBS	要求综合力学性能的重要受力零件,如轴、齿轮、连杆、螺栓

④ 时效处理。为了消除精密量具或模具、零件在长期使用中的尺寸和形状变化,常在低温回火后(低温回火温度 150~250℃)、精加工前,把工件重新加热到 100~150℃,保持 5~20h,这种为稳定精密制件质量的处理,称为时效处理。

对在低温或动载荷条件下的钢材构件进行时效处理,以消除残余应力,稳定钢材组织和尺寸,尤为重要。

需要指出的是,在机械生产中,为了稳定铸件尺寸,常将铸件在室温下长期放置,然后才进行切削加工。这种措施也被称为时效处理。但这种时效处理不属于金属热处理工艺。

3) 表面热处理

表面热处理是指通过快速加热,仅对钢件表面进行热处理,以改变表面层组织和性能的热处理工艺。

与整体热处理相比,表面热处理工艺简单、变形小。常用的表面热处理工艺为表面淬火,是强化材料表面的重要手段,特别适合于要求表面具有较高硬度和耐磨性、芯部具有一定强度的零件(如齿轮、活塞销、曲轴、凸轮等)。

表面淬火方法有感应加热表面淬火、火焰加热表面淬火、电接触加热表面淬火、激光表面加热淬火等。

(1) 感应加热表面淬火

感应加热多用于工业金属零件表面淬火,是一种使工件表面产生一定的感应电流,迅速加热零件表面,然后迅速淬火的金属热处理方法。感应加热设备,即对工件进行感应加热,以进行表面淬火的设备。

感应加热的原理:工件放到感应器内,感应器一般是输入中频或高频交流电(10~300kHz 或更高)的空心铜管,其产生的交变磁场在工件中产生出同频率的感应电流,这种感应电流在工件上的分布是不均匀的,在表面强,而在内部很弱,到芯部接近于 0(称为"集肤效应"),可使工件表面迅速加热,在几秒钟内表面温度上升到 800~1000℃,而芯部温度升高很小。

　　感应加热的效果如图8-46所示。感应加热表面淬火的基本原理如图8-47所示,将工件放在用空心铜管绕成的感应器内,通入中频或高频交流电,完成感应加热后立即喷水冷却(或浸油淬火),使工件表面层淬硬。

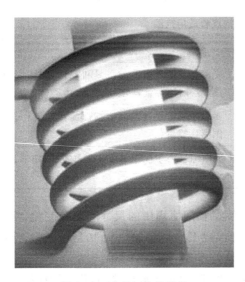

图 8-46　感应加热的效果

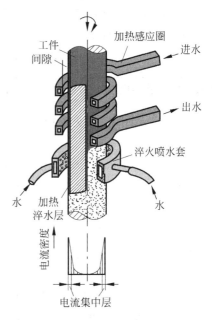

图 8-47　感应加热表面淬火基本原理

　　感应加热表面淬火具有以下特点:表面晶粒细、硬度高;感应淬火能得到很细小的马氏体组织,其硬度也比普通淬火高2～3HRC,且芯部基本上保持了处理前的组织和性能;加热速度快,加热时间很短,一般只需几秒至几十秒即可完成;工件不容易产生氧化脱碳,淬火变形也很小;热效率高,生产率高,生产环境好,易实现机械化、自动化;淬硬层深度易于控制。

　　感应加热表面淬火最适宜的钢种是中碳钢(如40钢、45钢)和中碳合金钢(如40Cr、40MnB钢等),常用零件有齿轮、轴、销类等。感应淬火后一般应采用180～200℃低温回火。它也可用于高碳工具钢、含合金元素较少的合金工具钢及铸铁等。

　　一般中碳钢感应淬火件的典型加工工序为:锻件→正火→机械加工(粗加工)→调质处理→机械加工(半精加工)→感应淬火→精加工。调质处理能获得良好的芯部强韧性,以承受复杂的交变应力。感应淬火能获得表面高硬度,一般为50～55HRC,具有良好的耐磨性。

　　感应淬火方法有高频淬火、中频淬火(见图8-48)、工频淬火三种,其具体应用见表8-3。电流频率越高,淬硬层越薄,一般中小型零件采用高频淬火,大中型件采用中频或工频淬火。

图 8-48　中频感应淬火

表 8-3　感应淬火方法与应用

类　　别	频率范围	淬硬层/mm	应 用 举 例
高频感应淬火	200～300kHz	0.5～2	在摩擦条件下工作的零件,如小齿轮、小轴
中频感应淬火	1～10kHz	2～8	承受扭曲、压力载荷的零件,如曲轴、大齿轮、主轴
工频感应淬火	50Hz	10～15	承受扭曲、压力载荷的大型零件,如冷轧辊

（2）火焰加热表面淬火

应用可燃气体（如氧-乙炔）燃烧产生的高温火焰对工件表面进行加热,并快速冷却的淬火工艺,称为火焰加热表面淬火。

（3）电接触加热表面淬火

利用触头和工件间的接触电阻在通以大电流时产生的电阻热,将工件表面迅速加热到淬火温度,当电极移开,借工件本身的热传导来淬火冷却的热处理工艺称为电接触加热表面淬火。

（4）激光表面加热淬火

应用激光作为能源,以极快的速度加热工件,并通过零件的热传导实现自冷淬火的热处理工艺称为激光表面加热淬火（见图 8-49）。

激光能量密度高、加热速度极快,具有淬火应力小、变形小、氧化少等特点,硬度比常规淬火高 5%～20%,可对零件的局部表面进行淬火,强化表面。

有不少汽车零件,既要保留中心部分的韧性,又要改变表面的组织以提高硬度,就需要采用表面高频淬火或渗碳、氰化等热处理工艺。

4）化学热处理

化学热处理是指金属或合金工件置于一定温度的活性介质中保温,使一种或几种元素渗入工件表层,以改变其化学成分、组织和性能的热处理工艺。常见的化学热处理工艺有渗碳、渗氮、碳氮共渗、渗铝、渗硼等。

化学热处理的目的主要是提高钢件表面的硬度、耐磨性、抗蚀性、抗疲劳强度和抗氧化性等。

（1）渗碳是将工件放在具有活性炭原子的介质中加热、保温,使碳原子渗入工件表层的化学热处理工艺。

常用的渗碳方法有固体渗碳、液体渗碳和气体渗碳等,渗碳新技术有真空渗碳和离子渗碳等。其中气体渗碳（见图 8-50）原料气资源丰富,工艺成熟,应用最广泛。

图 8-49　激光表面加热淬火

图 8-50　井式气体渗碳炉

(2) 碳氮共渗又称氰化(早期的碳氮共渗是在有毒的氰盐浴中进行的,故名氰化)。由于温度比较高,碳原子扩散能力很强,所以以渗碳为主,形成含氮的高碳奥氏体,淬火后得到含氮高碳马氏体。由于氮的渗入促进碳的渗入,使共渗速度较快,保温 4~6h 可得到 0.5~0.8mm 的渗层,同时由于氮的渗入,提高了过冷奥氏体的稳定性,加上共渗温度比较低,奥氏体晶粒不会粗大,所以钢件碳氮共渗后可直接淬油,渗层组织为细针状的含氮马氏体加碳氮化合物和少量残余奥氏体。

碳氮共渗层比渗碳层有更高的硬度、耐磨性、抗蚀性、弯曲强度和接触疲劳强度。但一般碳氮共渗层比渗碳层浅,所以一般用于承受载荷较轻、要求高耐磨性的零件。

8.2.7　焊接工艺

焊接是通过加热或加压或两者并用,并且用(或不用)填充材料,使工件达到结合的一种工艺方法。

焊接和其他连接方法最基本的区别在于:被焊的两部分金属产生了原子之间的互相溶解与扩散,并形成了共同晶体,在宏观上建立了永久性的连接。

按焊接过程的特点不同,焊接可分熔焊、压焊和钎焊三大类。

1. 熔焊

熔焊又称熔化焊,是将待焊处的母材金属熔化以形成焊缝的焊接方法。熔焊在多数情况下同时还要向焊接部位加入熔化状态的填充金属,待冷却凝固后,两部分被焊金属即结合成不可分割的整体。

1) 焊条电弧焊

焊条电弧焊是用手工操纵焊条进行焊接的电弧焊方法,在生产中应用最多,也最常见。它是利用焊条与焊件之间产生的电弧热,熔化焊件与焊条而进行焊接的。

(1) 焊接电弧

焊接电弧是由焊接电源供给的、具有一定电压的两电极间或电极与母材间、在气体介质中产生的强烈而持久的放电现象。

① 焊接电弧的产生。产生焊接电弧的过程如图 8-51 所示,将夹在焊钳上的焊条擦划或敲击焊件,由于焊条末端与焊件瞬时接触而造成短路,产生很大的短路电流,在短时间内产生大量的热,接触点处金属温度迅速升高,使焊条末端温度迅速提高并熔化。

在很快提起焊条的瞬间,电流只能从已熔化金属的细颈处通过,使细颈部分的金属温度急剧升高、蒸发和汽化,焊条末端与工件间隙中的空气被电离,产生了正离子和自由电子,在电场力作用下,正离子奔向阴极,自由电子奔向阳极。在焊条端部与焊件之间形成了电弧,并产生大量的光和热。

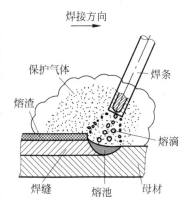

图 8-51　焊条电弧焊焊接过程

② 焊接电弧的极性及应用。用直流弧焊电源焊接时,工件接正极,焊条接负极,称为正接,适于焊接厚件;工件接负极,焊条接正极,称为反接,适于焊接薄件。用交流弧焊电源焊接时,因阳极与阴极不断交替变化,故不存在正、反接问题。

(2) 焊接设备

焊条电弧焊的主要设备是弧焊机。按供给焊接电弧的电流是直流电还是交流电,弧焊机分为直流弧焊机(见图 8-52)和交流弧焊机以及交流直流两用弧焊机(见图 8-53)。

图 8-52 直流弧焊机

图 8-53 交流直流两用弧焊机

直流弧焊机具有电弧燃烧稳定、焊接质量较好的优点。但结构复杂,成本高,维修困难,噪声大,损耗大,适于焊接较重要的工件。交流弧焊机效率较高,结构简单,制造方便,成本较低,使用可靠,维护、保养容易,噪声小,但电弧不够稳定。

(3) 焊条

焊条(见图 8-54)由焊芯和药皮两部分组成。

图 8-54 焊条

焊芯的作用是与焊件之间产生电弧并熔化作为焊缝的填充金属。焊芯的化学成分将直接影响焊缝质量,且对其各合金元素含量有一定的限制,以保证焊缝的性能不低于母材。

焊芯的牌号以 H("焊"字的汉语拼音字头)表示焊接用钢丝,其后的表示法与钢号表示法完全相同。质量不同的焊芯在最后标以一定符号以示区别:A 表示高级优质钢,其 S、P 的质量分数不超过 0.03%;E 表示特级优质钢,其 S、P 的质量分数不超过 0.02%。常用的牌号有 H08、H08MnA、H15Mn 等。

药皮是压涂在焊芯表面上的涂料层。药皮对保证焊缝金属的质量和力学性能极为重要,在焊接过程中有改善焊接工艺性、机械保护和冶金处理作用等。

① 焊条的分类。焊条的分类方法很多,按用途分有碳钢焊条、低合金钢焊条、不锈钢焊条、铸铁焊条、铜及铜合金焊条、铝及铝合金焊条、镍及镍合金焊条、堆焊焊条、特殊用途焊条等。

焊条按药皮熔化后的熔渣特性可分为酸性焊条和碱性焊条。

熔渣中以酸性氧化物为主的焊条称为酸性焊条,酸性焊条的优点是容易脱渣,具有良好的工艺性能,熔渣飞溅小,电弧稳定,焊缝成型美观,抗气孔能力较强,交、直流弧焊机均可使用。缺点是酸性焊条施焊后,焊缝的力学性能和抗裂性比碱性焊条差,尤其是塑性和韧性较差,故多用于焊接一般结构。

碱性焊条熔渣中的主要成分是碱性氧化物,其工艺性能稍差,电弧不稳定,不易脱渣,焊接时烟尘较多,对油、锈、污物敏感,只能采用直流电源焊接。但其抗裂性好、去氢性较强,故又称为低氢型焊条,且焊缝金属力学性能高,一般用于焊接重要结构。

② 焊条型号及牌号。焊条型号是国家标准中的焊条代号,按 GB 5117—2012 和 GB/T 5118—2012 规定,碳钢焊条和低合金钢焊条型号用一个大写拼音字母和四位数字表示。

首位字母 E 表示焊条。此后的前两位数字表示熔敷金属抗拉强度的最小值。第三位数字表示焊条的焊接位置。"0"及"1"表示焊条适用于全位置焊接(平焊、立焊、仰焊、横焊);"2"表示焊条适用于平焊及平角焊;"4"表示焊条适用于向下立焊。第三位和第四位数字组合表示焊接电流种类及药皮类型。

例如:E4315 表示焊缝金属的抗拉强度 $\sigma_b \geqslant 43\text{kgf/mm}^2$,适用于全位置焊接,药皮类型是低氢钠型,电流种类是直流反接。

几种常见碳钢焊条的型号及适用范围见表 8-4。

表 8-4　几种常见碳钢焊条的型号及适用范围

型号	药皮类型	焊接电流	焊接位置	适 用 范 围
E4303	钛钙型	直流或交流	全位置焊条	焊接低碳钢结构
E4316	低氢钾型	直流反接或交流	全位置焊条	焊接重要的低碳钢结构
E4322	氧化铁型	直流或交流	平焊	焊接低碳钢结构
E5003	钛钙型	直流或交流	全位置焊条	焊接重要的低碳钢和中碳钢结构
E5015	低氢钠型	直流反接	全位置焊条	焊接重要的低碳钢和中碳钢结构
E7015	低氢钠型	直流反接	全位置焊条	焊接重要的低碳钢和中碳钢结构

焊条牌号是焊条行业中现行的焊条代号。通常用一个大写的汉语拼音字母和三位数字表示,拼音字母表示焊条的类别,牌号中前两位数字表示焊缝金属抗拉强度的最低值,单位为 kgf/mm^2,最后一位数字表示药皮类型和电流种类。如 J422,"J"表示结构钢焊条,"42"表示焊缝金属抗拉强度不低于 42kgf/mm^2,"2"表示钛钙型药皮,直流或交流。

2）埋弧自动焊

埋弧焊（submerged-arc welding，SAW）是电弧在焊剂层下燃烧进行焊接的方法。埋弧自动焊（automatic submerged-arc welding）是埋弧焊的一种自动化焊接方法，在焊接过程中电弧被焊剂覆盖，用机械装置自动控制送丝和电弧移动，如图 8-55 所示。

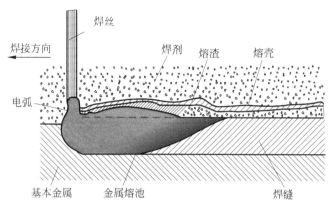

图 8-55　埋弧自动焊原理

埋弧焊的特点：埋弧焊可以使用较大的电流，焊接速度可以很快，生产率较高；焊接时采用渣保护，没有飞溅，焊接质量好；劳动条件好。但埋弧焊在焊接过程中不易观察；适应性差，只能焊平焊位置，通常焊接直缝和环缝，不能焊空间位置焊缝和不规则焊缝；设备结构较复杂，投资大，装配要求高，调整等准备工作量较大。

3）气体保护焊

气体保护电弧焊是利用外加气体作为电弧介质并保护焊接区的电弧焊，简称气体保护焊。常用的有氩弧焊、CO_2 气体保护焊两种。

（1）氩弧焊

氩弧焊是使用氩气作为保护气体的气体保护焊。

氩气是惰性气体，它可以保护电极和熔化金属不受空气的有害作用。它在高温下不和金属起化学反应，也不溶于金属，是一种较理想的保护气体。

按所用电极不同，氩弧焊分为熔化极（焊丝）和不熔化极（钨极）两种。熔化极氩弧焊以连续送进的焊丝作为电极，与埋弧自动焊相似；不熔化极氩弧焊焊接时，电极不熔化，只起导电和产生电弧作用。

氩弧焊的特点是焊缝金属纯净，成型美观，焊缝致密；焊接变形小；焊接电弧稳定，飞溅少，表面无熔渣；明弧可见，便于操作；易于实现自动化。其缺点是设备和控制系统较复杂，氩气较贵，焊接成本较高。

氩弧焊常用于不锈钢、耐热钢和非铁金属的焊接。

（2）CO_2 气体保护焊

CO_2 气体保护焊是利用 CO_2 作为保护气体的气体保护焊，如图 8-56 所示。它用焊丝作电极，靠焊丝与焊件之间产生的电弧热熔化焊件和焊丝，以自动或半自动方式进行焊接。

CO_2 气体保护焊的特点是焊接热量集中，焊件变形小，质量较高；焊丝送进自动化，电

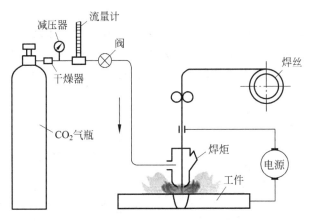

图 8-56　CO_2 气体保护焊示意图

流密度大,焊速快,生产率高;CO_2 气体比较便宜,焊接成本仅是埋弧自动焊的 40% 左右,成本低;操作简便,适用范围广。CO_2 气体保护焊的缺点是飞溅较大,烟雾较多,弧光较强,很难用交流电源焊接,焊接设备比较复杂。

CO_2 气体保护焊主要用于焊接低碳钢和强度等级不高的低合金结构钢。

4)气焊与气割

(1)气焊

气焊是利用气体火焰作热源的焊接方法,常用的是氧-乙炔焊。乙炔与氧混合燃烧所形成的火焰为氧-乙炔焰(见图 8-57)。按氧和乙炔混合(容积)比例不同,火焰分为三种。

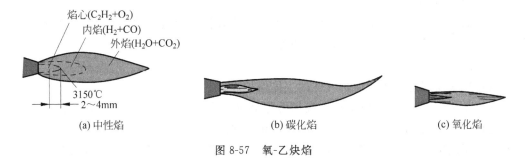

图 8-57　氧-乙炔焰

① 中性焰是氧气与乙炔混合比为 1.1～1.2 时燃烧所形成的火焰。最高温度可达 3150℃,适合于焊接低中碳钢、低合金钢、紫铜、铝及其合金等。

② 碳化焰是氧气与乙炔混合比小于 1.1 时燃烧所形成的火焰,适合于焊接高碳钢、高速钢、铸铁及硬质合金等。

③ 氧化焰是氧气与乙炔混合比大于 1.2 时燃烧所形成的火焰。最高温度可达 3300℃,适合于焊接黄铜、镀锌铁皮等。

气焊的特点是所使用的设备简单、搬运方便、通用性强;火焰温度低,加热缓慢,加热面积大,焊件变形大;接头晶粒较粗,焊缝易产生气孔、夹渣等缺陷,综合力学性能较差;难于实现机械化,生产率低。

气焊通常只适用于焊接厚度小于 5mm 的薄板件、非铁金属及其合金和铸铁件的补焊,还可作为钎焊及钢件表面淬火的热源。

（2）气割

气割是利用气体火焰的热能将工件切割处预热到一定温度后，喷出高速切割氧流，使其燃烧并放出热量，进而实现切割的方法。

气割时，利用气体火焰（氧-乙炔火焰或氧-丙烷火焰）对准割件切口起始处进行预热，待加热到该种金属材料的燃点，然后放开高压氧气流使金属剧烈氧化并燃烧，并吹掉氧化燃烧产生的金属氧化物（熔渣）形成切口，随着割炬的移动，这种预热、燃烧、吹渣的过程重复进行，直至完成切割工作。

割炬的移动速度与割件厚度及使用割嘴的形状有关，割件越厚，气割速度越慢。

金属材料要进行气割，并保证割口质量良好，应满足以下三个条件。

① 金属在氧气中的燃点应比熔点低，为保证割口光洁，气割应在燃烧过程中进行，不应有熔化现象。

② 金属燃烧生成氧化物的熔点应低于金属熔点，使得气割生成的氧化物易于吹掉。

③ 金属在氧流中燃烧时能放出大量热量，且金属本身的导热性要低，金属燃烧时放出的热量和预热火焰一起对下层金属起预热作用，使下层金属有足够高的预热温度，使切割过程不断地进行。

气割只适用于纯铁、低碳钢、中碳钢和低合金结构钢的切割。

2. 压焊

压焊又称压力焊，是指在焊接过程中必须对工件施加压力（加热或不加热），以完成焊接的方法。加压可使两个焊件之间接触紧密，并在焊接部位产生一定的塑性变形，促使原子扩散而使两者焊接在一起。加热则可进一步提高原子扩散能力，也使连接处晶粒细化。压焊最常用的是电阻焊。

电阻焊是工件组合后通过电极施加压力，利用电流通过接头的接触面及邻近区域产生的电阻热进行焊接的方法。电阻焊通常分为电阻点焊、缝焊和对焊。

1）电阻点焊

电阻点焊（见图 8-58）是将工件装配成搭接接头，并压紧在两电极之间，利用电阻热熔化母材金属，形成焊点的电阻焊方法。

电阻点焊时两工件接触面处电阻大，发出的热量使该处温度急速升高，将该处金属熔化形成熔核。断电后，继续保持或稍加大压力，使熔核在压力下凝固，形成组织致密的焊点。

焊接第二个焊点时，有一部分电流会流经已焊好的焊点，称为点焊分流现象。分流将使焊接处电流减小，以致加热不足，造成焊点强度显著下降，影响焊点质量。

因此，两焊点之间应有一定距离以减小分流。而且工件厚度越大，材料导电性能越好，以及工件表面存在氧化物或脏物时，都会使分流现象加重。

提高焊点质量可以通过合理选取焊接电流、通电时间、电极压力和提高工件表面清理质量等方法实现。

2）缝焊

缝焊（见图 8-59）是将工件装配成搭接或对接接头，并置于两滚轮电极之间，滚轮加压工件并转动，连续或断续送电，形成一条连续焊缝的电阻焊方法。

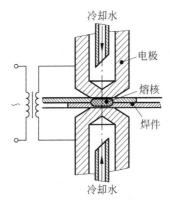

图 8-58 电阻点焊示意图

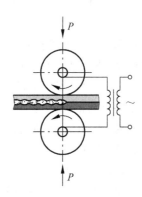

图 8-59 缝焊示意图

缝焊时，相邻焊点互相部分重叠，密封性良好。但缝焊分流现象严重，焊接相同厚度的工件，其焊接电流为点焊的 1.5～2 倍。一般只适合于焊接 3mm 以下的薄板结构，如易拉罐、汽车油箱、烟道焊接等。

3）对焊

对焊是对接电阻焊，按焊接过程不同可分为电阻对焊和闪光对焊。

（1）电阻对焊

工件装配成对接接头，使其端面紧密接触，通电后利用电阻热加热至塑性状态，然后断电并迅速施加顶锻力完成焊接的方法称为电阻对焊，如图 8-60(a)所示。

电阻对焊操作简单，接头比较光滑，但焊前对工件端面加工和清理有较高的要求，否则端面加热不均匀，容易产生氧化物夹杂，质量不易保证。因此，电阻对焊一般仅用于端面简单、直径小于 20mm 和强度要求不高的工件。

（2）闪光对焊

工件装配成对接接头，接通电源，并使其端面逐渐移近达到局部接触，利用电阻热加热这些接触点（产生闪光），使端面金属熔化，直至端部在一定深度范围内达到预定温度时，断电并迅速施加顶锻力完成焊接的方法称为闪光对焊，如图 8-60(b)所示。

闪光对焊在焊接前对工件端面清理要求不严格，因为在焊接过程中，工件端面的氧化物

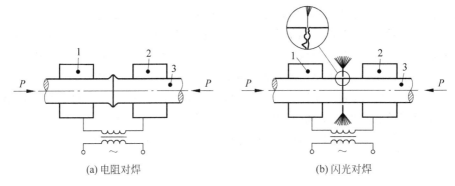

(a) 电阻对焊　　　　　　　　　　(b) 闪光对焊

图 8-60 电阻对焊示意图

1—固定电极；2—可移动电极；3—焊件；P—压力

及杂质一部分随闪光火花带出，一部分在加压时随液体金属挤出，使得接头中夹渣很少，质量较高。但金属损耗较多，工件需留出较大余量，焊后要清理毛刺。

闪光对焊可以焊接相同的金属材料，也可以焊接异种金属材料，广泛用于刀具、管子、自行车圈、钢轨等的焊接。

3. 钎焊

钎焊是指采用比母材熔点低的金属材料作钎料，将工件和钎料加热到高于钎料熔点、低于母材熔化温度，利用液态钎料润湿母材、填充接头间隙并与母材相互扩散实现连接工件的方法。

与熔焊相比，钎焊焊接变形小，焊件尺寸精确，可以连接异种材料；生产率高，易于实现自动化。钎焊根据钎料熔点的不同可分为硬钎焊和软钎焊两种。

1）硬钎焊

使用硬钎料进行的钎焊称硬钎焊。熔点高于 450℃ 的钎料称为硬钎料，有铜基、铝基、银基、镍基钎料等，常用的为铜基。焊接时需要加钎剂，铜基钎料常用硼砂、硼酸、氯化物、氟化物等。硬钎焊的加热方式有氧-乙炔火焰加热、电阻加热、感应加热、炉内加热等。硬钎焊适合于工作温度较高、受力较大的工件，如刀具的焊接。

2）软钎焊

使用软钎料进行的钎焊称软钎焊。熔点低于 450℃ 的钎料称为软钎料，有锡铅钎料、锡银钎料、铅基钎料、镉基钎料等，常用的是锡铅钎料（又称焊锡）。

软钎焊常用的钎剂为松香、氯化锌溶液。钎焊时可用烙铁、炉子加热焊件。软钎料强度低，工作温度低，主要用于工作温度较低、受力较小的工件，如电子元件的焊接。

4. 汽车车身焊装

汽车车身焊接通常称焊装，是将车身冲压零件组装和焊接成符合产品设计要求的白车身（即未经涂装的车身）的工艺过程。

在乘用车车身焊装（见图 8-61）过程中，一般是先将整个车身分成几个大的总成进行焊装，如地板总成、发动机舱总成、左侧围总成、右侧围总成、后围总成、顶盖总成、左车门总成、右车门总成、发动机罩总成、行李箱盖总成、左右翼子板总成等；然后再将这几个大的总成焊装成白车身（见图 8-62）。

图 8-61　车身底板焊装　　　　　　　　图 8-62　焊装完毕的白车身

车身上的小分总成一般在单机上进行焊装,各大总成的焊装和车身焊装则在流水生产线上完成。因此,通常车身焊装需建立十几条生产线。生产线上配备各种焊接设备和工具、定位和夹紧工装、机械化运输系统、生产过程控制和质量检测与控制系统、安全防护设施等。生产线之间的运输通常用悬挂式输送机和搬运机械手等完成。

车身焊装所用的焊接方法以电阻焊居多,一般占焊接总量的 90% 以上,主要是点焊和凸焊,其生产率高、成本低。所用的设备有悬挂式点焊机(见图 8-63)、固定点焊机、多点焊机、螺柱焊机、焊接机器人等。

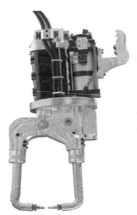 

图 8-63　悬挂式点焊机

在汽车车身制造中应用最广的是点焊。点焊适于焊接薄钢板,操作时,两个电极向两块钢板加压力使之贴合并同时使贴合点(直径为 5～6mm 的圆形)通电流加热熔化从而牢固接合。

两块车身零件焊接时,其边缘每隔 50～100mm 设置一个焊点,使两零件形成不连续的多点连接。焊好一个轿车车身,通常需要上千个焊点。

焊点的强度很高,每个焊点可承受 5000N 的拉力,甚至将钢板撕裂,仍不能将焊点部位分离。

由于气焊的热影响区较大,容易使焊脚产生变形和金相组织变化,性能下降,因此,气焊在汽车制造中应用极少。但由于其使用灵活,故在汽车修理厂应用较多。

焊接机器人(见图 8-64)的应用越来越广泛,并出现了机器人焊装线和无人操作机器人焊装车间。采用焊接机器人可使焊接质量稳定,但投资较大。发展中的点焊逆变电源变压器将使焊接变压器的体积大大缩小,会进一步推进自动化焊接技术的发展。

为了在同一条焊装线上组织生产几种不同品种而工艺相似的车身,已出现了所谓混流生产柔性焊装线,它通常用机器人点焊和更换夹具来实现。

在车身焊装过程中,各大总成和白车身在焊装完成后均要进行严格的质量检验。例如,在生产线上设自动检测机检查装配、焊接质量和尺寸,在白车身完成后用三坐标测量机进行抽检等。

图 8-64　焊接机器人

8.2.8　涂装工艺

汽车涂装工艺一般可分为涂装前金属的表面处理(亦称前处理)和涂装施工工艺两大部分。

1. 表面处理

表面处理是防锈涂装的重要工序之一。表面处理主要包括清除工件表面的油污、尘土、锈蚀以及进行修补作业时旧涂料层的清除等,以改善工件的表面状态。包括根据各种具体情况对工件表面进行机械加工和化学处理,如磷化、氧化和钝化处理等。

表面处理工艺流程为:预脱脂→脱脂→热水洗→冷水洗→酸洗→冷水洗→中和→冷水洗→表面调整→磷化→冷水洗→热水洗→纯水洗→干燥。

上述工艺过程也可根据薄板冲压件的油、锈情况作适当调整,或不用酸洗工序,或不用预脱脂工序。而脱脂和磷化是化学处理工艺中的关键工序,这两道工序直接影响工件化学处理的质量和防锈涂层的质量。有关工艺参数和相关辅助设备也是影响表面处理质量的不可忽视的因素。

2. 涂装

汽车涂装工艺根据汽车类型的不同而各有特点和侧重点。

载货汽车的主要涂装件是前部驾驶室,涂装要求最高;其他部件如车厢、车架等涂装要求比驾驶室低。

客车的涂装与载货汽车的涂装有较大区别。客车车身包括大梁、骨架、车厢内部、车身外表面,其中以车身外表面要求较高。车身外表面不但要求具有良好的保护性和装饰性,而且喷涂面积大、平面多,有两种以上的颜色,有时还有汽车色带,因此,施工周期比载货汽车长,施工要求比载货汽车高,施工过程比载货汽车复杂。

乘用车和小型旅行车,不论在表面装饰性还是底层保护性上都比大型客车和载货汽车的要求高。其表面涂层属于一级装饰精度,具有美丽的外观,光亮如镜或光滑的表面,无细微的杂质、擦伤、裂纹、起皱、起泡及肉眼可见的缺陷,并应有足够的机械强度。

底面涂层属于优良保护层,应有优良的防锈性和防腐蚀性,很强的附着力;局部或全部刮涂附着力好、机械强度高的腻子,使用数年也不会出现锈蚀或脱落等现象。

乘用车、客车车身和货车驾驶室的涂漆不仅装饰性要求高,而且还要求高的抗蚀性。装饰性要求包括涂层光亮、平滑、丰满、美感强;抗蚀性要求包括外观锈蚀、穿孔腐蚀、损坏结构腐蚀出现的使用时间,例如,加拿大规定这三种腐蚀出现的使用时间应分别保证 5 年、10 年和 20 年。

为保证喷漆质量,车间厂房及其环境要求非常干净,并注意将产尘区与喷漆工作区分开。

涂漆有好几道工序,先经电泳底漆,后喷中间涂料,最后作面漆施工。面漆施工是决定车身美观的最后一关,面漆类型有氨基醇酸类、聚酯类、丙烯酸类等。通常用高速旋转静电喷枪喷涂,其厚度单色面漆为 $30\sim35\mu m$,金属闪光漆为 $15\mu m$,要求得到较高的光泽和鲜艳度。

为了确保高质量、快节奏,涂漆生产较多地采用往复式喷涂机、喷漆机器人(见图 8-65)等装备,构成自动化程度较高的生产线。考虑到轿车面漆的返修率较高,一般在车间设计中安排一条较大的返修生产线,供正常返修使用。

返修喷涂时,多采用人工喷涂(见图 8-66)方法进行,但工人要穿戴好相应的防护装具。

图 8-65　喷漆机器人　　　　　　　　　　　图 8-66　人工喷涂

完成喷涂、烘烤之后的车身则通过输送机构流向下一道工序(见图 8-67)——总装配生产线。

图 8-67　完成喷涂之后的车身通过输送机构流向下一道工序

8.2.9　总装工艺

汽车总装是汽车全部制造工艺过程的最终环节,是把经检验合格的数以千、万计的各类零件,按规定的精度标准和技术要求组合成总成、整车,并经严格的检测程序,确认其是否合格的整个工艺过程。

总装工艺包括发动机装配线、底盘装配线、车门分装线(见图 8-68)、仪表台板分装线(见图 8-69)、内饰分装线(见图 8-70)、后桥分装线、最终装配线、最终检测线等。

图 8-68　车门分装线(机械辅助安装车门)

图 8-69　仪表台板分装线

发动机装配线主要完成发动机的装配。将外购或已经加工好的发动机零部件按照一定的流程,装配成为发动机总成,其生产情景如图 8-71～图 8-73 所示。发动机总成装配完成后,还要视需要进行测试(见图 8-74)。

图 8-70　内饰分装线

图 8-71　待组装的发动机半成品

图 8-72　组装发动机

图 8-73　组装完毕的发动机

底盘线布置在高工位,车辆在空中,人在下面操作,主要装一些制动油管、油箱、发动机、制动器、车轮等零部件;最终装配线装配的则是座椅、转向盘、车门等零部件,制动液、防冻液、助力转向油液、洗涤液、空调制冷剂(冷媒)、燃油(汽油或柴油)的加注也在该装配线完成。一般情况最后一个工位是对车辆进行防盗配钥匙,之后就可以下线进行车辆的检测。

总装配生产线(见图 8-75)由一系列输送设备构成"立体装配",并设置许多装配台架和电动、风动工具。根据投资强度和生产批量,总装配生产线上安装一定数量的自动化设备,如不少汽车厂安装仪表板、前后风挡玻璃(见图 8-76)、座椅、车轮、发动机、车桥等时实现自动化装配(见图 8-77),但与焊装相比,总装配仍有不少环节需靠人工进行。

图 8-74　发动机冷磨测试

图 8-75　总装配生产线

图 8-76　风挡玻璃自动涂胶

图 8-77　自动底盘合装机器人

汽车装配的特点是零件种类多、数量大、作业内容复杂。装配零部件除发动机、传动系、车身、悬架、车轮、转向系、制动系、空调系等之外,还有大量内外饰件、电器、线束、软管、硬管、玻璃,以及各类油液加注等。

汽车总装工作量占全部制造工作量的 $20\%\sim25\%$,其操作内容包括过盈配合、焊接、铆接、粘接、镶嵌、配管、配线、螺纹连接、各类油液定量加注等。

除产品设计先进、零件制造精良外,好的装配工艺是保证汽车产品水平、质量,降低生产成本和提高劳动生产率的重要因素。

装配的生产组织、生产线、设备、工具、检测手段的配备以及提高装配自动化程度等问题,也是汽车制造的重要课题。

在总装配线的出口处,要对汽车进行严格的检查、调整和整车检测(见图 8-78 和图 8-79),其中包括发动机综合测试、废气排放测试、灯光测试、前轮定位测试、密封性测试和电器检验等,还要对一定比例的整车在试车跑道上进行抽检。

图 8-78　漆面检测　　　　　　　　　　　图 8-79　淋雨测试

质量保证部门每天从当天总装线上生产出来的车辆中抽出 1～2 辆车进行全面检验,以此考核各部件质量和总装质量,并反馈给生产管理部门和技术部门,以便采取措施,不断提高产品质量。

复习思考题

1. 汽车制造的特点有哪些?
2. 简述锻造工艺在汽车制造中的应用。
3. 简述冲压工艺在汽车制造中的应用。
4. 简述焊接工艺在汽车制造中的应用。
5. 简述涂装工艺在汽车制造中的应用。

第 9 章　汽车认证与新车评价

!教学提示：汽车必须获得政府主管部门的批准才能进行销售，汽车产品的市场准入制度称为汽车产品认证制度。新车评价规程主要是对新车的被动安全性进行评价。

!教学要求：本章主要介绍汽车产品认证制度和新车评价规程，要求学生了解汽车技术法规体系，熟悉汽车产品认证制度，掌握新车评价规程的测试项目和评价方法。

9.1　汽车产品认证制度

9.1.1　美国汽车产品认证制度

1. 美国技术汽车法规体系

美国联邦政府对汽车产品的设计和制造专门立法，以《国家交通及机动车安全法》《机动运载车辆法》《机动车情报和成本节约法》《噪声控制法》《清洁空气法》等为依据，分别授权美国运输部（DOT）和美国联邦环境保护署（Environmental Protection Agency，EPA）制定并实施有关汽车安全、环保、节能和防盗方面的汽车法规，按照汽车技术法规对汽车产品实施法制化管理，实现政府对汽车产品在安全、环保、节能、防盗等方面的有效监管。

1）美国汽车安全技术法规

美国承担汽车安全立法和管理的主要机构——运输部国家公路交通安全管理局（DOT/NHTSA）一直在加强对汽车安全的立法和管理工作。

1966 年 9 月，美国颁布实施《国家交通及机动车安全法》，授权美国运输部对乘用车、多用途乘用车、载货车、挂车、大客车、学校客车、摩托车以及这些车辆的装备和部件制定并实施联邦机动车安全标准（Federal Motor Vehicle Safety Sandards，FMVSS）。任何车辆或装备部件如果与 FMVSS 不符合，不得为了销售而生产，不得销售或引入美国洲际商业系统，不得进口。

在美国《国家交通及机动车安全法》的授权下，由美国运输部国家公路交通安全管理局具体负责制定、实施联邦机动车安全标准。FMVSS 法规目前共计 56 项，分为 5 大类，见表 9-1。

表 9-1 美国汽车安全技术法规类别

类　　别	类 别 内 容
FMVSS100 系列	避免车辆交通事故即汽车主动安全,目前共计 26 项
FMVSS200 系列	发生事故时减少驾驶员及乘员伤害即汽车被动安全,目前共计 22 项
FMVSS300 系列	防止火灾,5 项
FMVSS400 系列	乘用车行李厢内部开启机构,1 项
FMVSS500 系列	低速车辆,1 项

美国运输部和美国联邦环境保护署以公报的形式向全社会公开征求意见,以此来开展技术法规的制定、修订工作。

2) 美国汽车环境保护法规

在美国《噪声控制法》及《清洁空气法》的授权下,美国联邦环境保护署制定了汽车的排放和噪声方面的汽车技术法规。

美国联邦环境保护署既是美国政府控制污染措施的执行机构,也是制定环保法规(包括大气、水质、噪声、放射性污染等方面法规)的主要机构,所制定的这些法规都收录在美国联邦法规集(CFR)中。

除了美国联邦机动车排放法规外,美国加利福尼亚州也制定了机动车排放法规,且严于联邦机动车排放法规,这种情况在其他国家是没有的。

3) 美国汽车燃料经济性法规(节能技术法规)

1957 年由美国运输部根据《机动车情报和成本节约法》的授权,美国运输部国家公路交通安全管理局(National Highway Traffic Safety Administration,NHTSA)以法规的形式制定美国汽车燃料经济性标准,主要规定了制造厂商在各车型年内必须遵守的汽车平均燃料经济性指标,即各公司在各车型年内所生产的所有车型的最高平均燃料经济性水平,简称CAFE。

此外,美国联邦环境保护署也根据《机动车情报和成本节约法》制定了一系列有关节能的汽车技术法规,这些法规主要规定了燃料经济性的试验规程、计算规程、标识等方面的内容。

4) 美国汽车防盗技术法规

1984 年美国发布《机动车辆防盗法实施令》,根据该法令的规定,相应在美国《机动车辆信息及成本节约法》中增加新的篇章,即第六篇:防盗。

这些法律规定:为了防止盗窃机动车辆后,非法拆解获取其零部件,要求乘用车辆及其主要的可更换零部件必须带有车辆识别代号(VIN);要求美国运输部完成旨在减少和阻止机动车辆盗窃的法规制定工作,包括制定机动车辆防盗技术法规,选择确定哪些车辆及这些车辆中的哪些零部件具有较高被盗风险(定量地确定出车辆的被盗率),必须带有车辆识别代号;要求保险公司有义务向美国联邦政府提供有关车辆被盗及被找回的档案记录。

从 1985 年开始,美国运输部国家公路交通安全管理局在上述法律的授权下,对机动车辆防盗发布了一系列技术法规。1992 年美国政府又公布《1992 年反轿车盗窃法》,进一步加强对车辆防盗的法制化管理。

2. 美国汽车型式认证制度

美国实行的是汽车产品型式认证制度。汽车产品型式认证是指依据汽车技术法规和质量保证标准,经认证机构确认并通过颁发认证证书来批准同一型式汽车产品的生产、销售或进口的活动。型式认证的核心是技术法规。

自从 1953 年美国在世界上首先颁发《联邦车辆法》以来,美国政府就开始对车辆进行有法可依的管理。与美国的政体一样,美国汽车法规有联邦法规,也有州法规。美国汽车联邦统一的汽车认证主要分为两个部分认证:安全认证和环境保护认证。

美国的汽车型式认证最大的特点是自我认证、自我检测试验、强制召回,即汽车制造商可按照联邦汽车法规的要求自己进行检查和验证。如果企业认为产品符合法规要求,即可投入生产和销售。

因此,自我认证体现了美国式的自由,汽车企业对自己的产品具有直接发言权。实行自我认证,从表面上看生产企业是宽松了,实际上压力更大了,迫使汽车生产企业一丝不苟地开发、研究和生产,更不敢弄虚作假欺骗政府。当然,自我认证的前提是国家的法制十分健全。

美国政府主管部门的任务就是对产品进行抽查,以保证车辆性能符合法规要求。在美国,汽车安全的最高主管机关是隶属于运输部的国家公路交通安全局。为确保车辆符合联邦车辆安全法规的要求,NHTSA 可以随时在制造商不知情的情况下对市场中销售的车辆进行抽查,也有权调验厂家的鉴定实验室数据和其他证据资料,如果抽查发现不符合车辆安全法规要求,主管机关将向制造商通报,责令其在限期内整改,并要求制造商召回故障车辆,这就是所谓的强制召回。

同时,如果不符合法规的车辆造成了交通事故,厂家将面临巨额惩罚性罚款。在这种严厉的处罚背景下,汽车企业对产品设计和生产过程中的质量控制不敢有丝毫懈怠,而且对召回非常热心,一旦发现车辆质量瑕疵,就主动召回,否则被公路交通安全局查出,后果将不堪设想。

美国汽车燃料经济性标准同样采取自我认证的实施方式,而汽车排放是采用政府环境保护署的认证方式,不是自我认证。首先厂家向政府主管机关提出申请,并附上有关数据和资料;主管机关审查认证申请资料后,选择试验样车或样机,进行 EPA 法规要求的试验。试验结果如果符合 EPA 法规要求,则认为该车型或发动机通过认证,并给予官方公布。

9.1.2 欧洲汽车产品认证制度

1. 欧洲汽车技术法规体系

欧洲汽车技术法规体系包括联合国欧洲经济委员会以《1958 年协定书》为法律框架文件制定的 ECE 汽车技术法规和由欧洲经济共同体(现为欧洲联盟)制定的 EEC 汽车技术指令。

1) ECE 汽车技术法规

联合国欧洲经济委员会(UN/ECE)以 1958 年签订的《关于采用统一条件批准机动车和部件并互相承认此批准的协定书》(即《1958 年协定书》)为法律依据,通过 ECE 下属的车辆结构工作组(WP29)和各专家工作组制定并实施了全欧洲统一的汽车技术法规——ECE 法规。

任何一个缔约国都可提出制定或修订草案,也可以宣布采用或停止采用某一 ECE 法规,因此 ECE 法规的缔约国是自愿采用的。尽管如此,由于 ECE 法规具有极大的国际性,各有关国家(不论是缔约国还是非缔约国)只要条件具备都尽可能采用,以促进国际技术交流和自由贸易。

2) EEC 汽车技术指令

EEC 指令自 1970 年制定以来,随着其协议的修改而不断补充和完善。EEC 技术指令由欧洲联盟制定,其要求涉及灯光与视野、制动、转向、乘员保护、车辆结构、车身安全件与安全玻璃、排放、噪声、油耗等。

EEC 汽车技术指令一经发布生效,即在欧共体成员国内强制实施,并优先于本国法规。凡经过 EEC 认证的汽车(包括摩托车)产品,各成员国不得以结构或性能为理由禁止销售和使用。

进入欧共体市场的汽车产品必须符合 EEC 指令的要求,否则不得进口。进入欧共体各国的国外汽车产品除了符合 EEC 要求外还应符合进口国国内法规。

2. 欧洲汽车型式认证制度

欧洲虽然实行的也是认证制度,但与美国有较大的区别。美国是企业自己进行认证,欧洲则是由独立的第三方认证机构进行认证,而且欧洲对流通过程中车辆质量的管理没有美国那样严格,他们是通过检查企业的生产一致性来确保产品质量的。

欧洲各国的汽车认证都是由本国的独立认证机构进行的,但标准则是全欧洲统一的,依据的是 ECE 技术法规、EEC 汽车技术指令,主要有"E"标志认证和"e"标志认证两类,如图 9-1 所示。

1) E/e 认证标志

"E"标志源于 ECE 技术法规。这个法规是推荐性的,不是强制标准,也就是说欧洲各国可以根据本国具体法规操作。"E"标志认证的执行测试

图 9-1 E/e 认证标志

机构一般是 ECE 成员国的技术服务机构,发证机构是 ECE 成员国的政府部门。"E"标志证书只涉及产品的零部件及系统部件,不包括整车认证,获得"E"标志认证的产品是为市场所接受的。

"e"标志是欧盟委员会依据 EEC 指令强制成员国使用整车、安全零部件及系统的认证标志。测试机构必须是欧盟成员国内的技术服务机构,如德国的 TUV、荷兰的 TNO、法国的 UTAO、意大利的 CPA 等。发证机构是欧盟成员国政府交通部门,如德国的交通管理委员会(KBA)。获得"e"标志认证的产品各欧盟成员国都认可。

欧洲各国 E/e 证书有相应的编号,见表 9-2。

表 9-2 欧洲各国 E/e 证书编号

编 号	国 家	编 号	国 家	编 号	国 家
E1/e1	德国	E11/e11	英国	E22/e22	俄罗斯
E2/e2	法国	E12/e12	奥地利	E23/e23	希腊
E3/e3	意大利	E13/e13	卢森堡	E25/e25	克罗地亚
E4/e4	荷兰	E14/e14	瑞士	E26/e26	斯洛文尼亚
E5/e5	瑞典	E16/e16	挪威	E27/e27	斯洛伐克
E6/e6	比利时	E17/e17	芬兰	E28/e28	白俄罗斯
E7/e7	匈牙利	E18/e18	丹麦	E29/e29	爱沙尼亚
E8/e8	捷克	E19/e19	罗马尼亚	E31/e31	波黑
E9/e9	西班牙	E20/e20	波兰	E37/e37	土耳其
E10/e10	南斯拉夫	E21/e21	葡萄牙		

注:"E"标志为大写的"E",后有一阿拉伯数字,并用一个圆圈圈起来,其后的阿拉伯数字代表发证国家;"e"标志为小写的"e",后有一阿拉伯数字,并用一个矩形框圈起来,其后的阿拉伯数字代表发证国家

2) ECE 型式认证

ECE 型式认证以《1958 年协定书》为法律依据,对不同汽车部件和项目按不同的 ECE 技术法规进行汽车产品型式认证,任何一个缔约国都有权对申请的汽车产品按 ECE 法规进行型式试验,如满足相应 ECE 法规,且企业具备批量生产能力,则对该产品批准型式认证并颁发批准标志和批准通知书。批准标志粘在同一型式的每一辆汽车上,其标志为"E"。

批准通知书由该缔约国报送其他所有参加《1958 年协定书》的缔约国,所有缔约国均有义务承认该产品已获得 ECE 型式认证批准。对某一汽车产品颁发型式认证批准的缔约国要始终负责该产品生产一致性控制,可在任何时间对此进行验证和审查。

ECE 型式认证所需型式试验由该缔约国指定的公平、公正的独立的第三方型式试验机构进行,亦即 ECE 型式认证是以国家指定型式试验机构试验合格为依据,而不是以企业自我进行型式试验为依据。我国汽车整车和零部件要出口到欧洲 ECE 缔约国也必须按 ECE 型式认证的技术法规获得"E"认证证书。

3) EEC 型式认证

EEC 指令在所有欧盟成员国是强制执行的,因此汽车产品生产企业可向任何一个成员国申请 EEC 型式认证批准。接受申请的成员国在对该汽车产品的样品由国家指定的型式试验机构进行试验并符合 EEC 指令和生产一致性要求后即颁发 EEC 型式认证批准,其标志为"e",该批准在所有成员国中得到承认。

ECE 型式认证针对汽车各零部件进行,并涉及几个整车项目,如制动和排放;而 EEC 型式认证为整车认证,整车型式认证涉及的 47 个零部件项目符合相应 EEC 指令,并符合生产一致性要求后即批准该车型的型式认证。

根据 98/14/EC 中的规定,M1 类车辆生产企业可以任意采取下列两种方式之一获取整车型式认证。

(1) 在 EEC 型式认证时一次性做完整车型式认证中规定的 47 种零部件检验项目,合格后可取得 EEC 整车型式认证批准。

(2) 由生产企业在不同时间内分阶段、分步骤进行规定 47 项零部件项目认证,然后以这些零部件项目的认证批准书获得 EEC 整车型式认证证书。

一般汽车生产企业均采用第二种方式,即在车型开发、试制时就逐步有计划地对 47 项

零部件进行 EEC 认证试验和认证批准,到产品进行批量生产时就已全部完成了 47 项 EEC 指令的整车型式认证批准,可大大缩短开发周期,确保产品尽快投入市场销售。在 ECE M1 类车整车型式认证中的 47 项零部件,EEC 指令中有 33 项完全与 ECE 法规等同,也即在申请 M1 类整车型式认证时,如这 33 项零部件已通过 ECE 型式认证,则无须再按 EEC 指令进行认证。

9.1.3　中国汽车产品认证制度

1. 中国汽车技术法规体系

1) 概述

1989 年我国开始实施《中华人民共和国标准化法》,将标准分为国家标准、行业标准、地方标准和企业标准四级。同时按标准的性质,又把国家标准和行业标准分为强制性标准和推荐性标准。

在我国,汽车产品标准是开展汽车产品认证的基础,分为强制性标准和推荐性标准两大类。我国汽车强制性标准体系主要以 ECE/EEC 体系为参照,包括安全、环保、节能、防盗等方面,安全标准按照主动安全、被动安全和一般安全划分。

2) 安全标准

我国的汽车强制性标准首先从主动安全开始,随着汽车工业的发展和技术进步,逐步向一般安全、被动安全扩展。目前批准发布的汽车(含摩托车)强制性标准约 80% 与 ECE 法规等效,其中安全标准占强制性标准实施数量的 80% 以上。

(1) 主动安全标准

主动安全配置是指发生撞击之前所动作的辅助装置,这些装置在车辆接近失控时便会开始动作,以各种方式介入驾驶,保持车辆的操控状态,全力让驾驶员恢复对车辆的控制,保证驾驶员安全有效地驾驶车辆,其目标是避免车祸和意外事故的发生。

我国汽车主动安全标准体系已比较完善,大部分项目在技术内容上参照欧洲 ECE/EEC 技术法规制定,有少数项目,如汽车制动软管、汽车罩(盖)锁系统、车辆识别代号、世界制造厂识别代号(WMI)等,由于欧洲没有相应的法规项目,因此我国在制定强制性标准时参照了美国汽车安全技术法规或国际标准。

(2) 一般安全标准

一般安全标准涉及视野、指示器与信号装置、车辆结构和防盗等几个方面。

① 视野　主要涉及汽车驾驶室前方视野要求及测量方法,汽车风窗除霜、除雾性能要求及实验方法,汽车、摩托车和轻便摩托车后视镜性能和安装要求以及汽车刮水器、洗涤器的性能要求及试验方法等方面。

② 指示器与信号装置　主要涉及汽车、摩托车操纵件、指示器及信号装置的标志、汽车用车速表、汽车和挂车号牌板(架)及其位置、汽车电喇叭的性能要求及试验方法及车辆识别代号管理规则等几个方面。

③ 车辆结构和防盗　主要涉及汽车外廓尺寸界限、机动车运行安全技术条件、汽车加速控制系统技术要求、汽车罩(盖)锁系统、客车安全结构要求、汽车防盗装置性能要求、摩托车和轻便摩托车转向锁止防盗装置等几个方面。

3) 环保与节能标准

出于环保与节能的考虑,全球范围内排放标准、噪声标准、燃料经济性标准和电磁兼容标准日益提高。我国汽车环保与节能标准主要包括以下几个方面。

(1) 污染物排放标准

由于汽车排放污染物对环境造成的危害日趋严重,各个国家和地区先后制定了限制汽车废气排放的限量值,其中欧盟制定的欧洲标准是一项大多数国家和地区参照执行的标准。根据这些有害物质的含量和执行时间的逐步推进,欧洲标准分为Ⅰ、Ⅱ、Ⅲ、Ⅳ、Ⅴ、Ⅵ等多个阶段,数字越大级别越高,污染相对越小。美国加利福尼亚州对传统动力总成系统提出了近乎零排放的要求,这一趋势将对机动车和动力总成的发展产生持久的决定性影响。

目前我国执行的汽车污染物排放标准是《轻型汽车污染物排放限值及测量方法(中国第五阶段)》(GB 18352.5—2013),到 2020 年 7 月 1 日,将执行《轻型汽车污染物排放限值及测量方法(中国第六阶段)》(GB 18352.6—2016),以期不断强化对汽车污染物排放的限制,持续改善空气质量。

(2) 噪声标准

解决汽车的噪声是一项涉及整车方方面面的技术问题,包括发动机的结构、材料质量分布、工艺水平、装配密封性等。表 9-3 为我国现行汽车噪声标准。

表 9-3 汽车环保与节能标准——噪声

序号	标准编号	标准名称	实施日期
1	GB 1495—2002	汽车加速行驶车外噪声限值及测量方法	2002-10-01
2	GB 16169—2005	摩托车和轻便摩托车 加速行驶噪声限值及测量方法	2005-07-01
3	GB 4569—2005	摩托车和轻便摩托车 定置噪声限值及测量方法	2005-07-01

(3) 燃料经济性标准

国家质检总局、国家标准委于 2004 年联合发布了《乘用车燃料消耗量限值》标准,这是我国第一个控制汽车油耗的强制性国家标准。

这项标准的颁布实施具有重要意义,填补了我国汽车节能标准方面的空白,充实和完善了我国汽车强制性标准法规体系,有利于推动我国汽车燃料经济性的提高和汽车技术的全面进步,并为国家汽车主管部门制定出台各项汽车节能政策奠定了基础。

2. 中国汽车产品型式认证制度

1) 概述

我国对汽车产品行使管理职能的主管部门有中央国家机关(如工业和信息化部、国家市场监督管理总局、生态环境部)和地方机关(如北京市环保局)两大类。政府各相关部门依据汽车技术标准法规实施管理职能。

我国的汽车产品型式认证是产品型式核准认证,只有通过了产品型式核准认证,汽车产品才能获得"准生证"。一款全新车型在上市销售之前,必须通过上述政府部门的认证认可,才能获得销售资格。

目前,在我国,工业和信息化部的道路机动车辆生产企业及产品公告、国家市场监督管理总局(认监委)的 CCC 认证(中国强制性认证)、生态环境部的国家环保目录、北京市环保局的地方环保目录四种认证型式并存,各种认证之间关系如图 9-2 所示。

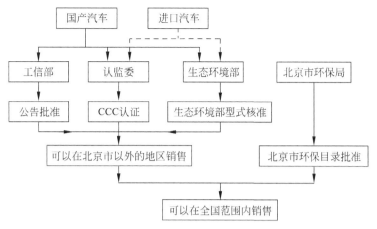

图 9-2　四种认证型式之间的关系

2）工信部的道路机动车辆生产企业及产品公告认证

工信部的道路机动车辆生产企业及产品公告认证包括两项内容——车辆生产企业的行业准入认证和车辆产品的型式核准认证。

车辆生产企业的行业准入认证流程如图 9-3 所示，车辆产品的型式核准认证流程如图 9-4 所示。只有通过工信部关于车辆生产企业的行业准入认证，经工信部审核签批，并通

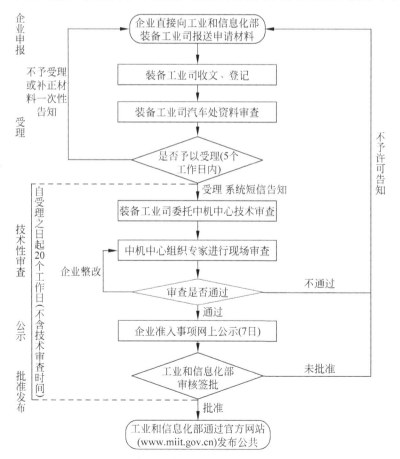

图 9-3　车辆生产企业的行业准入认证流程

过工信部官方网站发布公告之后，车辆生产企业方能获得进行车辆产品生产的许可证；车辆生产企业拟生产的汽车产品只有通过工信部关于车辆产品的型式核准认证，经工信部审核签批，并通过工信部官方网站发布公告之后，方可生产。

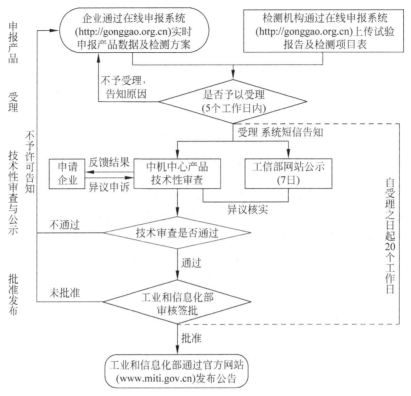

图9-4　车辆产品的型式核准认证流程

3）认监委的 CCC 认证

CCC 认证中的"CCC"为中国强制性认证（China Compulsory Certification）的英文缩写。作为强制性产品认证，它是政府为保护广大消费者人身和动植物生命安全，保护环境，保护国家安全，依照法律法规实施的一种产品合格评定制度，要求产品必须符合相应的国家标准和技术法规。

CCC 认证分为整车 CCC 认证和零部件 CCC 认证，其中零部件 CCC 认证是整车 CCC 认证的前提条件。根据 CCC 认证要求，汽车产品只有获得整车 CCC 认证，并加贴 CCC 认证标志（见图9-5）后方能生产、销售和使用。

图9-5　CCC 认证标志

CCC 认证的政府主管部门是国家认证认可监督管理委员会（简称认监委，隶属于国家市场监督管理总局）。认监委要求车辆生产企业向中国质量认证中心（China Quality Certification Centre，CQC）或中汽产品认证中心（China Certification Center for Automotive Products，CCAP）申请 CCC 认证。

4）国家环保目录认证

国家环保目录认证是生态环境部为贯彻我国《大气污染防治法》，加强对新生产机动车执行国家机动车排放标准的监督管理力度,对达到排放标准的车型和发动机开展的型式核准认证。

国家环保目录认证的重点,是检测机动车尾气污染物排放水平(见图 9-6)是否达到了相应的国家标准。未经生态环境部核准公布的车型和发动机不得销售和使用。

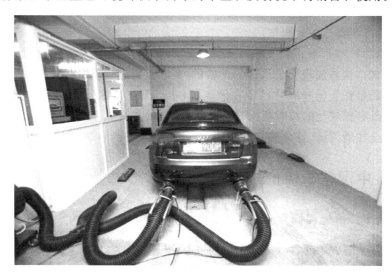

图 9-6　检测机动车尾气污染物排放水平

5) 地方环保目录认证

地方环保目录认证是地方政府为改善当地大气环境质量、减少机动车排放污染,对在当地销售的车辆按照地方排放标准进行核准的一项管理措施。未经地方环保目录认证的车型和发动机不得在本地区销售和使用。

实行地方环保目录认证的地区往往是经济发达地区(如北京市),且其地方排放标准比国家标准更为严格。

9.2　新车评价规程

9.2.1　被动安全标准

被动安全装置是在车祸意外发生、车辆已经失控的状况之下,用于尽可能保护车内、车外人员安全的装备。它对于乘坐人员进行被动的保护作用,希望通过固定装置,让车室内的乘员固定在安全的位置,并利用结构上的导引与溃缩,尽量吸收撞击的力量,确保车室内乘员的安全,其目标就是要减少事故造成的伤害。

被动安全的主要措施有安全车身、安全气囊、安全带、坚固的溃缩式车架、侧撞保护杠、安全转向柱、车轮防盗螺栓、行人安全保护装置以及儿童座椅等。

被动安全标准是汽车安全标准中非常重要的一部分,严格的被动安全标准能够有效降低车辆事故对人员的伤害。我国的汽车被动安全标准主要包括座椅、安全带、凸出物、车身、碰撞防护、防火等几个方面。

9.2.2 新车评价规程

NCAP 是英文 new car assessment program 的缩写,即新车评价规程。NCAP 通过对新车进行正面碰撞、侧面碰撞安全性试验,以检查汽车内驾驶人及乘员在碰撞时所受伤害程度,是最能考验汽车安全性的测试。

美国、欧洲和日本都有成熟的相关法规,定期对本国及地区生产及进口的新车进行 NCAP 碰撞测试。这些法规中公认最为严格的,是欧盟实施的 EURO-NCAP 测试。

NCAP 是最早在美国开展并已经在欧洲、日本等发达国家运行多年的新车评价规程,一般由政府或具有权威性的组织机构,按照比国家法规更严格的方法对在市场上销售的车型进行碰撞安全性能测试、评分和划分星级,向社会公开评价结果。

9.2.3 中国新车评价规程

1. 中国新车评价规程简介

中国汽车技术研究中心在深入研究和分析国外 NCAP 的基础上,结合我国的汽车标准法规、道路交通实际情况和车型特征,并进行广泛的国内外技术交流和实际试验后确定了 C-NCAP(中国新车评价规程)的试验和评分规则,对新车的被动安全性做出评价。

与我国现有汽车正面和侧面碰撞的强制性国家标准相比,它不仅增加了偏置正面碰撞试验,还在两种正面碰撞试验中在第二排座椅增加假人,以及更为细致严格的测试项目,技术要求也非常全面。

C-NCAP 对试验假人及传感器的标定、测试设备、试验环境条件、试验车辆状态调整和试验过程控制的规定都要比国家标准更为严谨和苛刻,与国际水平一致。

C-NCAP 是将在市场上购买的新车型按照比我国现有强制性标准更严格和更全面的要求进行碰撞安全性能测试,评价结果按星级划分并公开发布,旨在给予消费者系统、客观的车辆信息,促进企业按照更高的安全标准开发和生产,从而有效减少道路交通事故的伤害及损失。

C-NCAP 经过多年发展,日益成熟。目前,我国执行的是 2012 版本的 C-NCAP,简称 C-NCAP-2012。

2. C-NCAP-2012 试验项目

碰撞试验、低速后碰撞颈部保护试验为 C-NCAP-2012 的正式评价项目,燃料消耗量试验为附加试验项目。

1) 正面 100% 重叠刚性壁障碰撞试验

正面 100% 重叠刚性壁障碰撞试验(frontal impact test against a rigid barrier with 100% overlapping)简称正面 100% 碰撞试验或完全正面碰撞试验。

如图 9-7 所示,试验按照 C-NCAP-2012 试验程序进行,试验车辆以 100% 重叠正面冲击固定刚性壁障,壁障上附以 20mm 厚胶合板。碰撞速度为 50^{+1}_{0} km/h(试验速度不得低于 50km/h)。试验车辆到达壁障的路线在横向任一方向偏离理论轨迹均不得超过 150mm。

在前排驾驶员和乘员位置分别放置一个 Hybrid Ⅲ 型第 50 百分位男性假人,用以测试

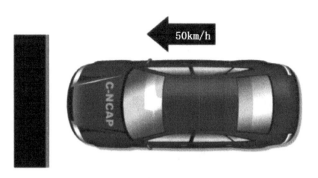

图 9-7　正面 100％重叠刚性壁障碰撞试验

前排乘员遭受伤害的情况。

　　在第二排座椅最左侧座位上放置一个 Hybrid Ⅲ 型第 5 百分位女性假人,最右侧座位上放置一个 P 系列 3 岁儿童假人,用以测试第二排乘员遭受伤害的情况。若车辆第二排座椅 ISOFIX 固定点仅设置于左侧,可以将女性假人放置的位置与儿童约束系统及儿童假人调换。

　　2）正面 40％重叠可变形壁障碰撞试验

　　正面 40％重叠可变形壁障碰撞试验（frontal impact test against a deformable barrier with 40％ overlapping）亦称偏置碰撞试验。

　　如图 9-8 所示,试验按照 C-NCAP-2012 试验程序进行,试验车辆 40％重叠正面冲击固定可变形壁障。碰撞速度为 64^{+1}_{-1}km/h,试验车辆与偏置的可变形壁障碰撞重叠宽度应在 40％车宽±20mm 的范围内。

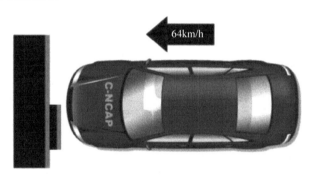

图 9-8　正面 40％重叠可变形壁障碰撞试验

　　在前排驾驶员和乘员位置分别放置一个 Hybrid Ⅲ 型第 50 百分位男性假人,用以测试前排乘员遭受伤害的情况。在第二排座椅最左侧座位上放置一个 Hybrid Ⅲ 型第 5 百分位女性假人,用以测试第二排乘员遭受伤害的情况。在试验中还需测试 A 柱、转向管柱和踏板的变形量。

　　3）可变形移动壁障侧面碰撞试验

　　可变形移动壁障侧面碰撞试验（side impact test against a mobile deformable barrier）简称侧面碰撞试验。

　　如图 9-9 所示,试验按照 C-NCAP-2012 试验程序进行,在移动台车前端加装可变形蜂窝铝,移动壁障行驶方向与试验车辆垂直,移动壁障中心线对准试验车辆 R 点,碰撞速度为 50^{+1}_{-0}km/h（试验速度不得低于 50km/h）。

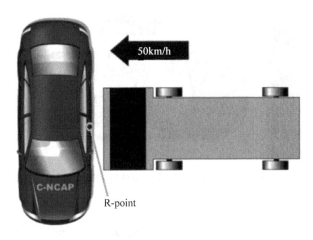

图 9-9　可变形移动壁障侧面碰撞试验

注：R 点即 R-point，是汽车座椅的乘坐基准点(seating reference point)的简称，亦略作 SgRP。在空间位置上，R-point 与第 95 百分位成年男性假人的胯点 H-point(设计 H 点)重合。因此，在某些技术资料中，R-point 也被称为 design H-point(设计 H 点)。对于已经设计完成的汽车座椅而言，其 R-point 是唯一的，也是确定不变的。由于人体尺寸不同，假人有无限多个实际胯点(actual H-point)，但是，只有 design H-point 与 R-point(SgRP)重合。

移动壁障的纵向中垂面与试验车辆上通过碰撞侧前排座椅 R 点的横断垂面之间的距离应在 ±25mm 内。在驾驶员位置放置一个 Euro SID Ⅱ 型假人(见图 9-10)，在第二排座椅被撞击侧放置 SID-Ⅱs(D 版)假人(见图 9-11)，用以测试驾驶员及第二排乘员遭受伤害的情况。

图 9-10　在驾驶员位置放置 Euro SID Ⅱ 型假人

4) 低速后碰撞颈部保护试验

低速后碰撞颈部保护试验亦称鞭打试验(whiplash test)。它是利用液压滑台模拟低速后碰撞试验，评价座椅在低速后碰撞过程中对颈部的保护能力，并据此评估驾驶员颈部遭受鞭打伤害的情况。

鞭打伤害(whiplash injury)是指在低速后碰撞(追尾事故)中，被碰撞车辆的驾驶员、乘员在碰撞加速度与头部惯性力的共同作用下，颈部会产生一个像被鞭子猛抽(颈部前移、头部后甩)的动作(见图 9-12)，从而使颈部遭受的伤害。事故后，伤者的颈部会感到不同程度

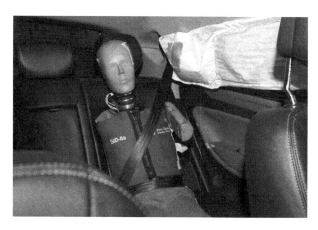

图 9-11　在第二排座椅被撞击侧放置 SID-Ⅱs(D 版)假人

的不适,这种伤害并不致命,但是伤后康复的过程非常复杂、漫长,有些甚至是不可治愈的永久性伤害。

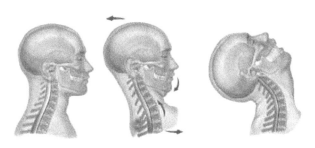

图 9-12　鞭打伤害(颈部运动姿态)

如图 9-13 所示,试验按照 C-NCAP-2012 试验程序进行,将驾驶员座椅及约束系统仿照原车结构,固定安装在移动滑车上(见图 9-14)。动力装置以特定的加速度曲线(见图 9-15)将滑车连同驾驶员座椅、假人及约束系统弹射出去,以此模拟后碰撞过程。驾驶员座椅上放置 Bio RIDⅡ型假人(见图 9-16),用以测试在后碰撞过程中,驾驶员颈部遭受伤害的情况,并据此评价车辆座椅头枕对乘员颈部的保护效果。

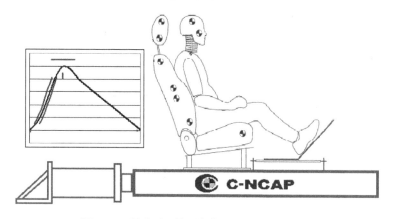

图 9-13　低速后碰撞颈部保护试验(鞭打试验)

图 9-14　将驾驶员座椅及约束系统安装在移动滑车上

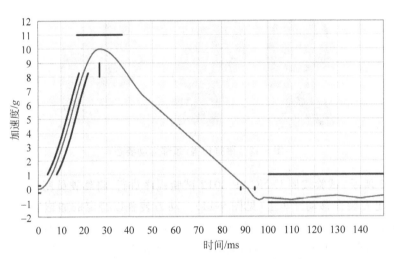

图 9-15　鞭打试验中滑车的加速度波形图

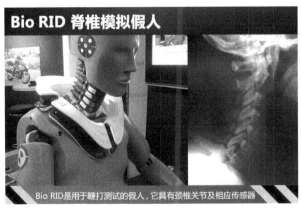

图 9-16　Bio RIDⅡ型脊椎模拟假人

由图 9-15 可见,鞭打试验中滑车的加速度曲线为中等强度的三角波波形(该波形与美国公路安全保险协会(Insurance Institute for Highway Safety,IIHS)的试验波形及 Euro NCAP 的中强度加速度波形完全一致),加速度由零开始,以较大的斜率快速上升,历时约28ms 后,达到峰值(峰值加速度约 10g)。此后,加速度开始逐渐降低,并于约 63ms 后降到零值。至此,鞭打试验结束,整个试验过程历时约(91±3)ms。

在鞭打试验过程中,滑车的峰值速度控制在(15.65±0.8)km/h 范围内,与绝大多数市区道路行车(红灯较多,走走停停)时发生追尾碰撞的速度吻合。

图 9-17～图 9-19 为一组鞭打试验的照片。

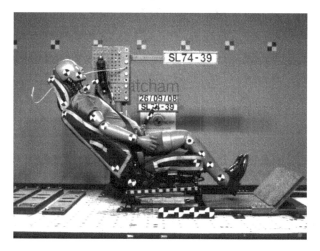

图 9-17　良好(good)

图 9-18　基本合格(marginal)

在图 9-17 中,座椅靠背倾角不大,头枕对假人头部保护充分,颈部承受的冲击载荷较小,总体表现良好;在图 9-18 中,座椅靠背倾角不大,头枕对假人头部保护尚可,颈部承受的冲击载荷不大,总体表现尚可;在图 9-19 中,座椅靠背倾角过大,头枕对假人头部保护丧失,颈部承受的冲击载荷过大,总体表现不合格。

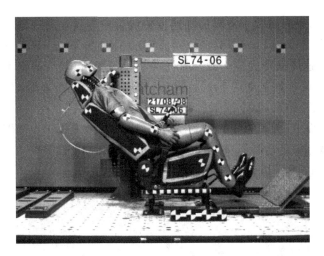

图 9-19　不合格（poor）

3. C-NCAP-2012 的评价标准

C-NCAP-2012 试验的最高得分为 62 分。其中，三项碰撞试验每项满分为 18 分，鞭打试验满分为 4 分。对带有安全带提醒装置和 ISOFIX 装置的车辆，分别有 1.5 分和 0.5 分的加分；对带有侧气帘（及侧气囊）和电子稳定控制系统（electronic stability control，ESC）的车辆，分别有 1 分的加分。

将以上各项得分之和（四舍五入至小数点后一位）记为总分（见表 9-4），并按表 9-5 确定评价星级。试验车辆得分越多，星级就越高。相应地，车辆的被动安全性就越好。

表 9-4　C-NCAP-2012 评价项目分值构成表

试 验 项 目		满　分
正面 100％重叠刚性壁障碰撞试验（完全正面碰撞试验）		18
正面 40％重叠可变形壁障碰撞试验（偏置碰撞试验）		18
可变形移动壁障侧面碰撞试验（侧面碰撞试验）		18
低速后碰撞颈部保护试验（鞭打试验）		4
加分项	驾驶员侧安全带提醒装置	0.5
	前排乘员侧安全带提醒装置	1
	ISOFIX 装置	0.5
	侧气帘及侧气囊	1
	电子稳定控制系统（ESC）	1
总分（合计）		62

表 9-5　C-NCAP-2012 得分与星级评价

试验得分（总分）	星　级	星级符号
≥60	5+	★★★★☆
≥52 且＜60 分	5	★★★★★
≥44 且＜52 分	4	★★★★
≥36 且＜44 分	3	★★★
≥28 且＜36 分	2	★★
＜28 分	1	★

华晨汽车集团控股有限公司生产的 2012 款中华 H230、1.5L 手动酷悦型乘用车 (SY7150E1SBAE) 在天津中国汽车技术研究中心进行的 C-NCAP-2012 试验中,获得了 5 星级的好成绩。图 9-20～图 9-26 为一组测试过程照片,图 9-27 为最终公示的测试成绩。

图 9-20　完全正面碰撞测试

图 9-21　正面 40％碰撞测试

图 9-22　侧面碰撞测试

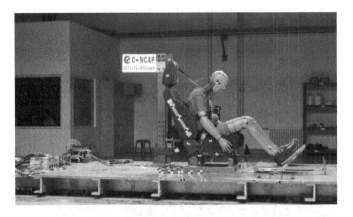

图 9-23　鞭打测试

图 9-24　气囊弹出（完全正面碰撞测试后）

图 9-25　前围损毁情况（正面 40％碰撞测试后）

图 9-26　车身侧面损毁情况（侧面碰撞测试）

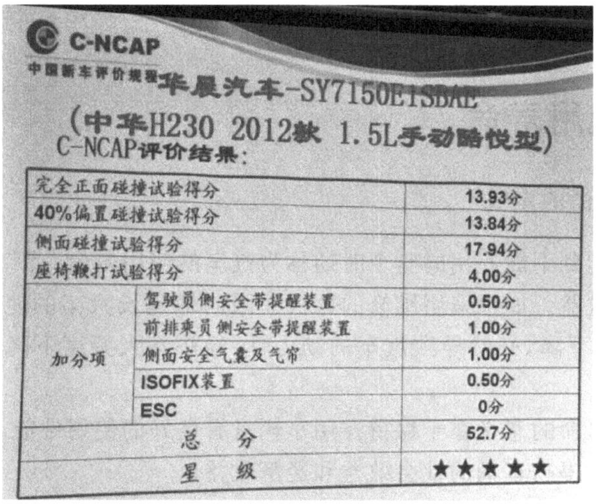

C-NCAP 中国新车评价规程 华晨汽车-SY7150E1SBAE（中华H230 2012款 1.5L手动畅悦型） C-NCAP 评价结果：		
完全正面碰撞试验得分		13.93分
40%偏置碰撞试验得分		13.84分
侧面碰撞试验得分		17.94分
座椅鞭打试验得分		4.00分
加分项	驾驶员侧安全带提醒装置	0.50分
	前排乘员侧安全带提醒装置	1.00分
	侧面安全气囊及气帘	1.00分
	ISOFIX装置	0.50分
	ESC	0分
总　　分		52.7分
星　　级		★★★★★

图 9-27　最终公示的测试成绩

复习思考题

1. 简述汽车产品认证制度的作用和意义。

2. 美国、欧洲和中国的汽车产品认证制度各有何特点？

3. C-NCAP-2012 新车评价规程是如何对碰撞测试成绩进行评价的？

第 10 章　汽车报废回收与循环经济

⚠️**教学提示**：推行汽车回收再利用工程，发展循环经济，对于推动社会、经济、环境的协调发展具有重要意义。

⚠️**教学要求**：本章主要介绍汽车的报废和汽车回收再利用技术，重点内容是汽车回收再利用技术。要求学生了解我国关于汽车报废的相关规定，熟悉汽车回收再利用技术，树立发展循环经济、推动汽车工业健康发展的理念。

10.1　汽车使用寿命

1. 汽车使用寿命的定义

汽车从开始使用到不能使用的整个时期称为汽车的使用寿命。汽车使用寿命的长短直接影响汽车的使用效益。如果采用维修的方法无限制地延长汽车的使用寿命，则由于车辆陈旧，车辆的完好率下降，必然导致汽车的动力性、经济性大幅度下降，排气污染和噪声严重，运输成本增高。

研究汽车使用寿命的意义在于保持在用车辆具有良好的使用性能，减少环境污染，节约能源，提高运力，充分提高车辆的社会效益和经济效益。

汽车使用寿命可具体分为技术使用寿命、经济使用寿命、合理使用寿命三种。

2. 汽车技术使用寿命

汽车技术使用寿命是指汽车已达到技术极限状态而不能用修理的方法恢复其主要使用性能的使用期限。这种极限的标志在结构上是零部件的工作尺寸、工作间隙极度超标；在性能上通常表现为车辆总体的动力状况或燃、润料的极度超耗。

汽车的技术寿命主要取决于各部分总成的设计水平、制造质量和合理使用与维修。汽车到达技术寿命时，应对车辆进行报废处理，其零部件也不能再作备件使用。汽车维修工作越好，汽车的技术寿命越长，但一般随着汽车使用时间的延长，汽车维修费用也日益增加。

3. 汽车经济使用寿命

汽车经济使用寿命是指汽车使用到相当里程后，考虑车辆的各种消耗，用最佳经济效果的观点进行全面的经济分析，保证车辆总使用成本最低时的使用期限。

所谓全面的经济分析，就是从汽车运输总成本出发，分析汽车制造成本、使用与维修费用、企业管理开支、车辆当前的折旧以及市场价格变化等一系列因素,把分析结果作为综合的经济评定指标,并确定其经济是否合理,能否继续使用。

4. 汽车合理使用寿命

汽车合理使用寿命是以汽车经济使用寿命为基础,在考虑整个国民经济发展和能源节约的实际情况后,制定出符合实际情况的使用期限。也就是说,汽车已经到达了经济寿命,但是否要更新,还要视国情而定,如更新汽车的来源、更新资金等因素。为此,国家根据上述情况制定出汽车更新的技术政策,规定车辆更新期限。

汽车技术寿命、经济寿命和合理使用寿命三者的关系如下：技术使用寿命＞合理使用寿命≥经济使用寿命。

10.2　汽车的报废与回收

1. 汽车的报废

我国现行的《机动车强制报废标准规定》对机动车的使用年限提出了明确的要求,详见表 10-1。

表 10-1　机动车使用年限

车辆类型与用途			使用期限/年
载客汽车	营运	出租客运　小型、微型	8
		出租客运　中型	10
		出租客运　大型	12
		租赁	15
		教练　小型	10
		教练　中型	12
		教练　大型	15
		公交客运	13
		其他　小型、微型	10
		其他　中型	15
		其他　大型	15
		专用校车	15
	非营运	小型、微型客车及大型汽车(即私家车)	无
		中型客车	20
		大型客车	20
载货汽车		微型	12
		轻型、中型	15
		重型	15
		危险品运输	10
		三轮汽车、装用单缸发动机的低速货车	9
		装用多缸发动机的低速货车	12
专项作业车辆		有载货功能	15
		无载货功能	30

对于达到使用年限的车辆,必须强制报废。

虽然目前对小、微型非营运载客汽车和大型非营运汽车(即私家车)没有使用时间的限制,但当其行驶里程达到 60 万 km 的,国家将引导报废。

另外,对于未达到使用年限,但使用频率较高,行驶里程已经达到一定限值的其他车辆,国家也将引导报废。

2. 汽车的回收

2001 年 6 月颁布实施的《报废汽车回收管理办法》对我国报废汽车的回收、拆解和管理工作做出了明确规定。

国家对报废汽车回收业实行特种行业管理,对报废汽车回收企业实行资格认定制度。除取得报废汽车回收企业资格认定的外,任何单位和个人不得从事报废汽车回收活动。

报废汽车回收企业除应当符合有关法律、行政法规规定的设立企业的条件外,还应当具备下列条件:

(1) 注册资本不低于 50 万元人民币,依照税法规定为一般纳税人;

(2) 拆解场地面积不低于 5000m²;

(3) 具备必要的拆解设备和消防设施;

(4) 年回收拆解能力不低于 500 辆;

(5) 正式从业人员不少于 20 人,其中专业技术人员不少于 5 人;

(6) 没有出售报废汽车、报废"五大总成"(发动机、方向机、变速器、前后桥、车架)、拼装车等违法经营行为记录;

(7) 符合国家规定的环境保护标准。

报废汽车拥有单位或者个人应当及时向公安机关办理机动车报废手续。公安机关应当于受理当日,向报废汽车拥有单位或者个人出具《机动车报废证明》,并告知其将报废汽车交售给报废汽车回收企业。

报废汽车回收企业凭《机动车报废证明》收购报废汽车,并向报废汽车拥有单位或者个人出具《报废汽车回收证明》。报废汽车拥有单位或者个人凭《报废汽车回收证明》,向汽车注册登记地的公安机关办理注销登记。

报废汽车回收企业必须拆解回收的报废汽车。其中,回收的报废营运客车以及汽车车身、发动机和大梁等关键部件,应当在公安机关的监督下解体破坏(见图 10-1),以防流入汽车维修市场,成为事故隐患。

拆解的"五大总成"应当作为废金属,交售给钢铁企业作为冶炼原料;拆解的其他零配件能够继续使用的,可以出售,但必须标明"报废汽车回用件"。

报废汽车回收企业拆解报废汽车,应当遵守国家环境保护法律、法规,采取有效措施,防治污染。

报废汽车的收购价格,按照金属含量折算,参照废旧金属市场价格计价。

图 10-1 破坏报废汽车的关键部件

10.3　循环经济与汽车工程

10.3.1　汽车回收再利用——循环经济

汽车经长期使用或在交通肇事后报废了,但并不等于是废品。对报废汽车的零部件采取相应的技术措施,回收再利用,完全可以变废为宝,使其在钢铁、冶金、建材、能源等诸多领域发挥作用(见图 10-2)。

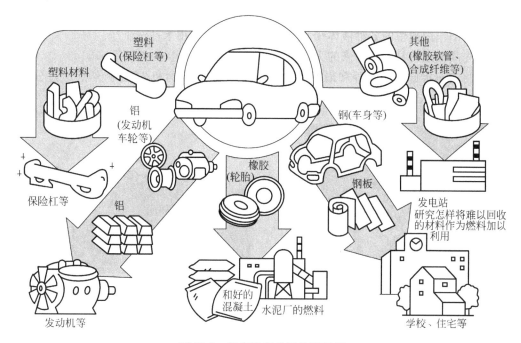

图 10-2　报废汽车的回收再利用

推行汽车回收再利用工程,发展循环经济,不仅可以促进汽车回收行业的发展,更是解决废旧汽车引发的社会公害问题的有效措施。坚持科学发展观,从可持续发展的理念出发,依托科技进步,研究对废旧汽车的有效回收、再利用和妥善处置,对环境保护及资源的循环利用,解决我国废钢资源紧缺及促进我国汽车工业的健康发展,推动社会、经济、环境的协调发展具有重要和深远的意义。

10.3.2　报废汽车有色金属的回收再利用

1. 报废汽车中有色金属的回收再利用

一般认为,最理想的有色金属回收方法是原零件的重新利用,这是一种人工为主的回收方法,即人工分解汽车,然后将各种材料和零部件分类放置。这样,铝、镁、铜等合金零部件可按变形或铸造合金,或者按不同合金系进行回收再生。

但是,目前工业发达国家用人工拆卸旧车已不再是唯一的方法,并且在逐年减少。原因有以下几个方面。

(1) 人工拆卸的费用高。

(2) 拆卸下来的零部件直接利用性不高,特别是乘用车更新换代很快,拆卸下的零部件互换性不大。

(3) 市场上对零部件的需求量很小。这样,经人工拆卸下的汽车零部件还需重熔回收,而拆卸费用加重熔回收费用促使总费用很高。

目前回收旧车上的材料,已从回收零部件的旧模式转向回收原材料的新模式,即从人工拆卸零部件转向机械化、半自动化回收原材料。现在已较多采用切碎机切碎旧车主体后再分别回收不同的原材料,方法如下。

(1) 将旧车内残留的各种液体彻底清除(见图 10-3)后用水冲洗干净。

(2) 先局部地将易拆卸下来的大件(车身钢板、车轮、底盘等)拆卸下来。

(3) 将旧车拆卸下的大件和未拆卸的旧车剩余体,经压力机先压扁,然后经过分检(见图 10-4),分别进入切碎机系统流水线,然后在多刃旋转切碎装置上切成碎块。

图 10-3　彻底清除车内残留的各种液体

图 10-4　输送、分检压扁的汽车车身

(4) 流水线对碎块进一步处理,其顺序是:全部碎块通过空气吸道,利用空气吸力吸走轻质塑料碎片;通过磁选机,吸走钢和铁碎块;通过悬浮装置,利用不同浓度的浮选介质分别选走密度不同的镁合金和铝合金;由于铅、锌和铜密度大,浮选方法不太适用,利用熔点不同分别熔化分离出铅和锌,最终余下来的是高熔点的铜。

这种回收方法流程合理,成本相对不高,但对回收铝、镁合金也并非完美无缺,最大的缺点是轿车上用的铝、镁合金属于不同的合金系,既有形变合金又有铸造合金,经破碎和浮选后,不能再进一步分离,成为不同合金的混合物,这就给随后重熔再生合金的化学成分和杂质元素控制带来相当大的困难,大多数情况下仅能作为重熔铸造合金使用,降低了使用价值和广泛性。

为了解决铝、镁合金重熔回收后成分混杂、使用价值低的问题,汽车设计师和材料工程师分别在车上主要部件设计以及材料选用上进行了努力。另外,新的分离方法也在不断开发出来,如铝废料激光分离法、液化分离法等。

2. 铝合金液化分离装置

铝合金材料含量很高的汽车会大量使用铝板类材料,主要是为了减轻重量而使用铝合金车身,铝质车身表面会有大量的油漆、涂料和黏结剂。

当报废车被拆解之后,车身被粉碎以分离铝和其他材料,当废旧油漆车身被重熔时,车身上的油漆和黏结剂经高温热解可保证彻底分开,将去除油漆和涂料的废车身及铝制零件再分成不同种类的铝合金,有利于提高废旧铝料的回收价值。

废旧铝料经机械切割、磁选,再经液化分离装置,分离掉涂料和黏结剂中的大部分成分和残渣,然后再对废旧铝料用激光光学探测谱进行分类。

液化分离装置具有很高的热分解效率,高温去除附着在铝制车身上的有机涂料,温度必须在 450℃以上,这种情况下得到的产品是气体、焦油类和炭类成分。气体蒸发后剩下的焦炭和焦油层通过分离器内部的氧化装置去除。

液化装置有一个可允许气体通过的过滤装置,使用时,在液化层的铝沉积到底部,而其中的有机成分分解。选择合适的温度可保证有机材料的彻底分解而不熔化其他成分。传输过来的热量用于废旧铝料的分解之后,通过燃烧有机材料而散发出去,达到平衡。这种装置比现有的对流式热传输装置效率高 5～10 倍。

在液化分离装置中,废料通过旋转鼓搅拌,液化仓中残渣停留时间为 2～15min,在液化仓内部,废料与仓中的溶解液混合,沙石等杂质被分离到沙石分离区,被废料带出的溶解液通过溶解液回收螺旋桨送回液化仓。氧化区与排气导管相连接,氧化那些游离的碳氧化物并防止液化仓底部物质损失。

10.3.3 报废汽车黑色金属的回收再利用

从废旧汽车回收金属材料的莱茵哈特(Reinhard)法工艺流程如图 10-5 所示。

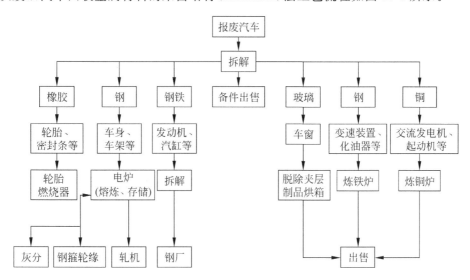

图 10-5 莱茵哈特(Reinhard)法工艺流程

废旧汽车经拆卸、分类后作为材料回收,必须经机械处理,然后将钢材送钢厂冶炼,铸铁送铸造厂,有色金属送相应的冶炼炉。当前机械处理的方法有剪切、打包、压扁和粉碎等。

对黑色金属材料的 3 种机械处理方案见表 10-2。

表 10-2 对黑色金属材料的 3 种机械处理方案

处理方案	处理对象	处理措施	推荐设备/工艺路线
方案 1	汽车壳体	采用金属打包机打包	Y81-250,Y81-315,Y81-400 系列打包机
	汽车大梁	采用废钢剪断机剪断	Q43-63B 型鳄鱼式废钢剪断机
	变速器、发动机缸体	铸铁破碎机破碎	PSZ-160 型铸铁破碎机
方案 2	汽车壳体和大梁	门式废钢剪断机预压剪断	Q91Y-630, Q91Y-800, Q91Y-1000, Q91Y-1200 系列剪断机
	变速器、发动机壳体等	铸铁破碎机破碎	PSZ-460 型铸铁破碎机
方案 3	废旧汽车黑色金属材料的机械处理	采用废旧汽车处理专用生产线整车处理	送料→压扁→剪断→小型粉碎机粉碎→风选→磁选→出料或送料→大型粉碎机粉碎→风选或水选→出料

方案 1 的特点是投资小,处理灵活,占地面积小,适合于私人或较小企业使用。

方案 2 与方案 1 的主要区别在于对钢件的处理设备不同,投资较多,处理后废钢质量好,所选用的机器寿命长,生产效率高,适合于中型企业使用。

方案 3 的特点是可以将整车一次性处理,可将黑色金属和非金属材料分类回收,所回收的金属纯度高,是优质的炼钢原料,适合于大型企业报废大量废旧汽车处理使用。此方案的生产效率很高,如英国群鸟集团公司安装的粉碎生产线,处理能力可达到 250t。但是它的占地面积也大,功率大(小型粉碎机的功率在 1000kW 以上,大型的在 4000kW 以上),需要的投资也较多,适合于大量处理旧车的专业厂。

10.3.4 报废汽车轮胎的回收再利用

废旧轮胎被称为"黑色污染",其回收和处理技术一直是世界性难题,也是环境保护的难题。

1. 废旧轮胎翻新

处理和利用废旧轮胎,主要有两大途径:一是旧轮胎翻新;二是废轮胎的综合利用,包括生产胶粉、再生胶等。翻新是利用废旧轮胎的主要和最佳方式,就是将已经磨损的、废旧轮胎的外层削去,粘贴上胶料,再进行硫化,重新使用。

翻新是发达国家处理废旧轮胎的主要方式,目前世界翻新轮胎(翻胎)年产量 8000 多万条,为新胎产量的 7%。美国年产轮胎 2.8 亿条,居世界之冠,年翻修轮胎约 3000 万条,是新胎产量的 10% 左右,其中,翻新乘用车轮胎 200 万条、轻型卡车轮胎 680 万条、载重车轮胎 2000 万条,飞机、工程车等其他翻新轮胎约 70 万条。

美国现拥有轮胎翻修企业 1100 多家,90% 属中小企业,设备先进,全部生产过程实行计算机联网、自动化操作,年产值 400 亿美元。翻新轮胎业在美国的发展得益于政府的鼓励与支持。为了鼓励企业利用废旧轮胎资源,美国规定:回收商收购一条乘用车废旧轮胎补助 1.9 美元,收购一条载重车废旧轮胎补助 2.3 美元。欧盟规定 2000 年产生的废旧轮胎中必须有 25% 得到翻新。

实践证明,翻新胎可以按照新胎同样的合法速度行驶,在安全、性能和舒适程度上不亚于新胎。

因此,在美国等许多国家,政府和军事用车包括邮政服务用车都使用翻新轮胎。校车和公交用车使用翻新轮胎,出租车、赛车和工厂用车也可使用翻新轮胎;几乎百分之百的工程车、载重车使用翻新轮胎;就连警车、消防车和其他急救车辆、运输机和高性能的战斗机都使用翻新轮胎。欧盟在乘用车轮胎维修厂销售中翻新轮胎销售量占 18.8%,而中国翻新乘用车轮胎数量几乎为零。

传统的轮胎翻新方式是将混合胶粘在经磨锉的轮胎胎体上,然后放入固定尺寸的钢质模型内,经过温度高达 150℃ 以上硫化的加工方法,俗称"热翻新",或热硫化法。该法目前仍是中国翻胎业的主导工艺,但在美国、法国、日本等发达国家已逐渐被淘汰。

随着高科技工艺的发展以及新一代轮胎的推出,对翻新轮胎的要求提高,一种新型的、被称为"预硫化翻新"、俗称"冷翻新"的轮胎翻新技术已经在发达国家成功应用,并传入中国。

"预硫化翻新"由意大利马朗贡尼(Marangonp)集团研发并于 1973 年投放市场。"预硫化翻新"技术是将预先经过高温硫化而成的花纹胎面胶粘在经过磨锉的轮胎胎体上,然后套上具有伸缩性的耐热胶套,置入温度 100℃ 以上的硫化室内进一步硫化翻新,这项技术可确保轮胎更耐用,提高每条轮胎的翻新次数,使轮胎的行驶里程更长,平衡性更好,使用也更加安全。

与马朗贡尼齐名的还有美国奔达可(Bandag)公司,该公司自 20 世纪 80 年代投身轮胎翻新业以来,每年营业额均达 30 亿美元以上。近年来崛起的后起之秀是米其林轮胎翻新技术公司(MRT),它是排在世界轮胎业前三名的法国米其林集团设在北美地区的子公司。MRT 拥有两项专利技术:预硫化翻新 Recamic 技术和热硫化翻新 Remix 技术。通过自办轮胎翻新厂和向其他轮胎翻新厂出让技术,MRT 公司已建立起庞大的轮胎翻新网络。

2. 再生胶

通过化学方法,使废旧轮胎橡胶脱硫,得到再生橡胶是综合利用废旧轮胎最古老的方法。

目前采用的再生胶生产技术有动态脱硫法(恩格尔科法)、常温再生法、低温再生法(TCR 法)、低温相转移催化脱硫法、微波再生法、辐射再生法和压出再生法等。

由于再生胶的生产严重污染环境,国外已经淘汰,而再生胶仍是中国利用废轮胎的主要方法。不少企业还处于技术水平低、二次污染重的家庭作坊式生产阶段,胶粉产品也未形成规模。

3. 报废轮胎用作建筑材料

近年来,废旧轮胎在土木(岩土)工程中的应用在逐步增加,通常是将整条轮胎切成50～300mm 的碎片。在岩土工程中使用碎轮胎的益处是,碎轮胎的密度小,只是常用回填土的 1/3,因而用其作填料所产生的上覆压力要比泥土回填材料所产生的小得多。这对软弱地基而言,将会明显地减少沉降,增强整体稳定性;并且碎轮胎填料施加在挡土结构上的水平应力不到泥土回填材料的一半,为大幅降低挡土结构的造价创造了条件。

橡胶土是一种新的轻质多孔隙建筑材料。该材料主要由碎橡胶、水泥、煤灰或粉煤灰、橡胶粉或聚合物纤维和水制成。碎橡胶主要来自去掉钢丝的废旧橡胶轮胎,也可从其他回收的橡胶制品中获得。将上述原料以预定比例充分混合制浆即可浇筑成轻质多孔隙的建筑材料。同样,也可将制成的浆倒入铸模浇铸成轻质建筑预制件。应用的领域包括路堤、挡土结构、山坡填土、地下厂房回填、道路填土、土地开垦及其他的土木工程应用。

4. 原形改制

原形改制是通过捆绑、裁剪、冲切等方式,将废旧轮胎改造成有利用价值的物品。最常见的是用作码头和船舶的护舷(绑船帮)、用作汽车赛道围挡、沉入海底充当人工渔礁、用作航标灯的漂浮灯塔等。

原形改制是一种非常有价值的回收利用方法,但该方法消耗的废旧轮胎量并不大,所以只能当作是一种辅助途径。

5. 热能利用

废旧轮胎是一种高热值材料,每千克的发热量比木材高 69%,比烟煤高 10%,比焦炭高4%。以废旧轮胎当作燃料使用,一是直接燃烧回收热能,此法虽然简单,但会造成大气污染,不宜提倡;二是将废旧轮胎破碎,然后按一定比例与各种可燃废旧物混合,配制成固体垃圾燃料供高炉喷吹,代替煤、油和焦炭作烧水泥的燃料或代替煤以及火力发电用。

同时,该法还有副产品——炭黑生成,经活化后可作为补强剂再次用于橡胶制品生产。

在综合利用中,热能利用是目前能够最大量消耗废旧轮胎的唯一途径,不仅方便、简洁,而且设备投资最少。

6. 报废轮胎制胶粉

通过机械方式将废旧轮胎粉碎后得到的粉末状物质就是胶粉,其生产工艺有常温粉碎法、低温冷冻粉碎法、水冲击法等。与再生胶相比,胶粉无须脱硫,所以生产过程耗费能源较少,工艺较再生胶简单得多,降低环境污染,而且胶粉性能优异,用途极其广泛。

通过生产胶粉来回收废旧轮胎是集环保与资源再利用于一体的很有前途的方式,这也是发达国家摒弃再生胶生产,将废旧轮胎利用重点由再生胶转向胶粉和开辟其他利用领域的原因。

胶粉有许多重要用途,譬如掺入胶料中可代替部分生胶,降低产品成本;活化胶粉或改性胶粉可用来制造各种橡胶制品(汽车轮胎,汽车配件,运输带,挡泥板,防尘罩,鞋底和鞋芯,弹性砖、圈和垫等);与沥青或水泥混合,用于公路建设和房屋建筑;与塑料并用可制作防水卷材、农用节水渗灌管、消音板和地板、水管和油管、包装材料、框架、周转箱、浴缸、水箱;制作涂料、油漆和黏合剂;生产活性炭,等等。

7. 热分解

热分解是用高温加热废旧轮胎,促使其分解成油、可燃气体、碳粉的回收方法。热分解所得的油与商业燃油特性相近,可用于直接燃烧或与石油提取的燃油混合后使用,也可以用作橡胶加工软化剂;所得的可燃气体主要由氢和甲烷等组成,可作燃料使用,也可以就地燃烧,供热分解过程的需要;所得的碳粉可代替炭黑使用,或经处理后制成特种吸附剂。这种吸附剂对水中污物,尤其是水银等有毒金属有极强的滤清作用。此外,热分解产物还有废钢丝。

10.3.5　报废汽车玻璃的回收再利用

报废汽车的玻璃主要来自车灯、后视镜和驾驶室。在意大利,每年从废车上大约要回收 6 万 t 这样的玻璃。由于用这些玻璃制造二次产品的技术性能低于一次产品,所以它们主要用于制造各种玻璃瓶或其他非汽车用玻璃制品。

汽车玻璃除传统的玻璃以外,现在广泛采用的是一种为提高强度而制造的夹层玻璃。所谓夹层玻璃即在两层普通玻璃中间夹有一层高分子聚合物层,以增加玻璃的安全性。对这种玻璃可将夹层玻璃加热到中间聚合物的软化温度,从而将玻璃和高聚物分开,再分别回收。

也可将这样的夹层用于制砖工业,因为玻璃可以替代砖中的石英砂,聚合物可以替代锯末、纸浆或其他可燃材料,在砖上形成空洞以达到隔热的效果。实验证明,如果加入适量的玻璃和聚合物,可以降低生产过程中的能耗,同时改善砖的微结构,使砖的密度降低而强度提高,从而改善砖的性能。

总体来看,汽车废玻璃的回收和再利用同汽车上其他非金属材料一样,虽然在技术上是可行的,但实际操作起来却比较困难。这是因为这些材料的回收一般都是采用手工拆卸,故成本过高;回收过程中容易混入其他杂质,造成回收材料的纯度不够,不仅增加了回收的难度,而且影响了再利用的效果;再就是现有进行材料回收的基础设施还不够,造成回收工作难以进行。

近年来,随着人们日益追求和强调汽车的主动安全性和美观,车用玻璃材料也在不断变化。为此,回收的难度也在不断加大。汽车设计人员如何从开始设计汽车时就考虑到回收再利用的问题,变现在的被迫回收为将来的主动利用,将是汽车制造工业面临的一个重要问题。

10.3.6　报废汽车塑料的回收再利用

塑料是一种难以自燃、分解的物质,有些改性后的塑料材料使用寿命更长,若是通过焚烧的方式来处理会造成严重的大气污染。

报废汽车的塑料最理想的出路是回收再利用,但其回收处理工艺十分复杂,即使在一些回收处理技术较先进的国家,对于塑料件的回收和再生利用也不十分成熟。

目前,国外仍主要采用燃烧利用热能的方式来处理汽车废旧塑料件,并通过一定的清洁装置,将不能利用的废气和废渣进行无害化处理。

但日本及欧洲各国已分别提出了对汽车废旧塑料的利用要求,并规定了具体的年限。由于汽车工业发达国家政府的高度重视,促进了包括塑料和橡胶在内的废旧材料的回收利用,汽车废塑料制品的实际利用率在 2000 年已达 85% 左右,2015 年已达到 95%。

目前,汽车废旧塑料的回收、再生与利用技术,在国外已成为一个热点并逐步形成一种新兴的产业。

我国报废汽车回收工作目前还处于初级阶段,作为汽车产业链中的最后一个环节,报废汽车的回收再利用与汽车产业的发展有密切的关系。如何促进汽车从设计、生产制造、使用到回收再利用成为一个真正的绿色循环链,推动循环经济,进一步促进汽车工业的持续、健康发展,将是汽车工程界必须面对的一个重要课题。

复习思考题

1. 汽车技术寿命、经济寿命和合理使用寿命三者的关系如何?
2. 简述我国关于汽车报废的相关规定。
3. 简述报废汽车轮胎的综合利用方法。
4. 简述报废汽车玻璃的回收再利用方法。
5. 简述报废汽车黑色金属材料的回收再利用方法。

参 考 文 献

[1] 凌永成.汽车工程概论[M].北京：机械工业出版社,2015.
[2] 凌永成.汽车文化[M].3 版.北京：清华大学出版社,2017.
[3] 凌永成.汽车电子控制技术[M].3 版.北京：北京大学出版社,2017.
[4] 凌永成.汽车电气设备[M].3 版.北京：北京大学出版社,2016.
[5] 凌永成.汽车检测诊断技术[M].2 版.北京：清华大学出版社,2016.
[6] 凌永成.汽车维修技术与设备[M].2 版.北京：北京大学出版社,2015.
[7] 凌永成.汽车空调技术[M].北京：机械工业出版社,2014.
[8] 凌永成.车载网络技术[M].北京：机械工业出版社,2013.
[9] 凌永成.汽车运行材料[M].2 版.北京：北京大学出版社,2013.
[10] 凌永成.现代汽车与汽车文化[M].2 版.北京：清华大学出版社,2010.
[11] 李育锡.现代汽车概论[M].北京：高等教育出版社,2008.
[12] 张京明.汽车工程概论[M].北京：北京大学出版社,2008.
[13] 王丰元.汽车试验测试技术[M].北京：北京大学出版社,2008.
[14] 张彦如.汽车材料[M].合肥：合肥工业大学出版社,2006.
[15] 肖生发.汽车工程概论[M].北京：北京理工大学出版社,2005.
[16] 刘大维.汽车工程概论[M].北京：机械工业出版社,2004.
[17] 陈家瑞.汽车构造[M].北京：机械工业出版社,2005.
[18] 郭应时.汽车试验学[M].北京：人民交通出版社,2006.
[19] 康展权.汽车工程手册(设计篇)[M].北京：人民交通出版社,2001.
[20] 谷正气.轿车车身[M].北京：人民交通出版社,2002.
[21] 李尹熙.汽车用非金属材料[M].北京：北京理工大学出版社,1999.
[22] 陈维常.车用非金属材料教程[M].北京：北京理工大学出版社,1998.